格助詞「ガ」の通時的研究

ひつじ研究叢書〈言語編〉

【第67巻】古代日本語時間表現の形態論的研究　鈴木泰 著
【第68巻】現代日本語とりたて詞の研究　沼田善子 著
【第69巻】日本語における聞き手の話者移行適格場の認知メカニズム　榎本美香 著
【第70巻】言葉と認知のメカニズム－山梨正明教授還暦記念論文集　児玉一宏・小山哲春 編
【第71巻】「ハル」敬語考－京都語の社会言語史　辻加代子 著
【第72巻】判定質問に対する返答－その形式と意味を結ぶ談話規則と推論　内田安伊子 著
【第73巻】現代日本語における蓋然性を表すモダリティ副詞の研究　杉村泰 著
【第74巻】コロケーションの通時的研究－英語・日本語研究の新たな試み　堀正広・浮網茂信・西村秀夫・小迫勝・前川喜久雄 著
【第76巻】格助詞「ガ」の通時的研究　山田昌裕 著
【第77巻】日本語指示詞の歴史的研究　岡﨑友子 著
【第78巻】日本語連体修飾節構造の研究　大島資生 著
【第79巻】メンタルスペース理論による日仏英時制研究　井元秀剛 著
【第80巻】結果構文のタイポロジー　小野尚之 編
【第81巻】疑問文と「ダ」－統語・音・意味と談話の関係を見据えて　森川正博 著

ひつじ研究叢書〈言語編〉第76巻

格助詞「ガ」の通時的研究

山田昌裕 著

ひつじ書房

まえがき

本書は、古代語から現代語にかけての、格助詞「ガ」の用法・機能の変化に関して、特に主語表示を中心としてまとめたものである。本研究は、日本語表現における主語表示法の変遷の一端を窺い知るものとして位置づけられるであろう。

本書で言う主語表示とは、主語の存在が明示されているか明示されていないかという表示ではない。またある接尾辞が上接部を文法機能としての主語であると表示するという意味でもない。いわゆる主語とされる成分が、ある文脈において、あるいはある構文において、どのような形式(助詞)で提示されているか、というほどの意味で用いている。要するに、主語であると思われる成分にどのような助詞が下接しているか、という意味での主語表示である。また本書では助詞が下接していない無助詞形式も主語表示の一形式として対象としている。

そもそも主語とは何か、日本語において主語は存在するのか、しないのか。この議論は未だ決着を見ていないと言ってよいであろう。原因の一つは主語の定義が確立していないところにある。本書は、日本語における主語の有無を明らかにすべくその定義を記述するというものではないが、主語の有無を明らかにするための基盤的研究として位置づけられるものである。

本書の構成は以下の通りである。

第一章では、日本語の主語がどのように定義されてきたか、主語廃止論者と主語擁護論者がそれぞれどのような主張をしてきたかなど、明治期以降の研究史を概観したうえで、本書で対象として扱う主語の暫定的定義をする。

第二章では、原初格助詞「ガ」が接続助詞や終助詞に分化していく様相に関して、主語表示「ガ」の発達拡大に伴う各種制約からの解放に関して、それぞれ文法化としての位置づけを試みる。

第三章では、主語表示「ガ」の拡がりに関して、強調表現における係助詞「ゾ」「コソ」との関わりから、疑問表現における係助詞「ヤ」「カ」との関わりから、また連体形終止文の表現性との関わりなどから記述する。

第四章では、平安期から江戸期にかけての格助詞「ガ」の連体性の後退に関して記述し、さらに鎌倉期から江戸初期にかけての主語表示「ガ」の拡がりに関して、無助詞主語との関わりを中心に記述する。

第五章では、鎌倉期から江戸期にかけての主語表示「ガ」の勢力拡大の様相に関して、「ノ」との関わりから記述し、さらに一七世紀共時態としての「ガ」と「ノ」の表現価値に関しても言及する。

第六章では、なぜ主語表示「ガ」の勢力が拡大することになったのか、その根本的要因に関して、古代中央語、一七世紀中央語、古代沖縄方言、各現代方言それぞれの主語目的語表示システムを比較することにより考察する。

第七章では、『捷解新語』や狂言資料に見られる、現代語の用法にはない主語表示「ガ」に関して、『あゆひ抄』に見られる「ガ」と「ハ」の使い分け意識に関して、「コソガ」形式や「ガコソ」形式の発生に関してなど、主語表示「ガ」の勢力拡大に伴う周辺的問題をとりあげる。

第八章では、主語表示「ガ」の発達に関する総括をする。

本書で用いた用例や数値は、原則として巻末に付した【主要資料一覧】に基づいている。適宜参照されたい。

なお本書は、平成二一年度科学研究費補助金(研究成果公開促進費)学術図書(課題番号・二一五〇五一)の助成を受けてなったものであることを付記しておく。

目次

第四章 「ガ」の変質と主節における拡がり 125

第五章　主語表示「ガ」と「ノ」　185

第一章　主語の定義

歌学を始めとする文法的研究は、近世期に至り、富士谷成章や本居宣長などを始めとして、いわゆる国文法の基盤となる文法的研究が見られたが、西欧文典の知識が導入されるまでは主語や主格などという術語や、それに該当する概念は示されていないと考えてよいであろう。

松本克己（二〇〇六）には、以下のような記述がある。

> 結局のところ、SAE（山田注　Standard Average European　標準ヨーロッパ語）で主語と呼ばれているものの正体は、談話機能的な「主題」、名詞の格標示としての「主格」、そして動詞の最も中心的な意味役割としての「動作主」（ないし「主役」）という三つの違ったレベルに属する言語事象がただひとつの統語的カテゴリーの中に収斂し、分かち難く融合してしまったものと言えるであろう。――（中略）――ここから、主語について当面の結論を導くとすれば、まず、主語は「普遍文法」にとって、おそらく、必要不可欠なカテゴリーではない。少なくともSAEの主語現象から判断するかぎり、それは一部の言語の表層的統語現象として現れた歴史的所産にすぎない

と見られるからである。従って、このような言語に基づいて築き上げられた文法理論は、もしそれが個別文法の枠をこえた一般性と普遍性を目指すならば、根本的に再検討されなければならない。（二五七～二五八頁）

本書は、主語という概念に捕らわれないような普遍文法の再構築を目的とするものではないが、そのための基礎的な研究に位置づけられるものと考える。

一方で、角田（一九九一）には、以下のような記述がある。

日本語に主語が有るか無いかという論争があった。実は、この論争は、「有る」、「無い」という言葉を使ってはいるが、有るか無いかを問題にしているのでは無い。この論争の本当の問題は次の二点である。

（A）日本語の文法を分析する時に（あるいは、教えるときに、あるいは、学習するときに）文法機能のレベルを設定すると便利か、あるいは、設定しても無駄か？

（B）もし文法機能のレベルを設定すると便利だとしたら、このレベルでの分類の一つに主語を設定すると便利か、あるいは設定しても無駄か？（一八六頁）

本書で扱う名詞（句）群を総称して何と呼ぶべきか、それを考えるとき、松本克己（二〇〇六）の言を踏まえながらも、やはり「主語」という術語を用いた方が分析をする上では利便性が高い。「主語」を普遍文法に組み込むかどうか、組み込むとしたらどのように位置づけるかなどの問題は、今後の問題として検討を要するであろうが、当面はこれを認める立場で述べていきたい。

本章では、主語の研究史を概観した上で、本書において認める主語について定義する。

一・一　研究史概観[1]

一・一・一　主語廃止論までの流れ

まずは、大槻（一八九七）の主語、説明語の記述から見てみたい。大槻の文法は和洋の折衷文典として文法学の基礎をなし、学校文法にも大きな影響を与えた。

> 人ノ思想ノ上ニ、先ヅ、主トシテ浮ブ事物アリテ、次ニ、コレニ伴フハ、其事物ノ動作、作用、形状、性質、等ナリ。「花、咲く。」志、堅し。」ナドイフニ、「花、」又ハ、「志」ハ、先ヅ、心ニ浮ブ事物ニテ、次ニ、「咲く、」（或ハ、「落つ、」）ナドイヒテ、「花」ノ作用ヲ述べ、又ハ、「堅し、」（或ハ、「薄し、」）ナドイヒテ、「志」ノ性質ヲ述ブ。「花、」又、「志、」ハ、其作用ヲ起シ、又ハ、其性質ヲ呈スル主タル語ナレバ、主語（又ハ文主）ト称シ、「咲く、」又ハ、「堅し」ハ、其ノ主ノ作用、性質、ヲ説明スル語ナレバ、説明語ト称ス。――（中略）――主語、上ニ居リ、説明語、下ニ居ルヲ、正則トス。主語ト説明語トヲ具シタルハ、文ナリ、文ニハ、必ズ、主語ト説明語トアルヲ要ス。
>
> （二五一～二五二頁）

主語に関してはこれ以上の詳細な解説はないが、「其作用ヲ起シ、又ハ、其性質ヲ呈スル主タル語ナレバ、主語（又ハ文主）ト称シ」の一節は、後に見る認知的立場からの定義に近いと思われる一面もある。しかし、『言海』の「編纂ノ大意」にある、「西洋文法ノ位立ヲ取リテ、新ニ一部ノ文典ヲ編シテ、其規定ヲ本書ニ用ヰタリ」という記述を踏まえて、「文ニハ、必ズ、主語ト説明語トアルヲ要ス」を見ると、西洋文法のsubjectを引きずっているとも考えられる。

山田孝雄(一九三六)では、いわゆる主語のことを主格と称し、「用言その者の有する属性と待立するもの」と捉える。主格は位格のうちの一つに位置づけられている。

この位格といふ語は既にいへる如く英文典などにいふcaseの訳語たる格といふ語を借用したるものなれど、吾人の用ゐるものはそれらよりも一層意義汎く観念語の運用せらるゝ場合に於ける一定の資格をさすに用ゐたり。
位格は上述の如く、観念語の運用上生ずる一定の資格をさすものなるが、その資格は多くの場合に於いて観念語相互の間に於ける種々の関係に於ける資格をさすなり。その相互の関係とは体言が他の語に対して起す種々の関係、用言が他の語に対して起す種々の関係、副詞が他の語に対して起す種々の関係をさすものにして、それらの各種の語が他の語に対する関係は内容上よりいへば千差万別なるべしといへども、その用ゐらるゝあらゆる場合を研究して帰納して得たる一定の方式あり。この一定の方式即ち型を称してこゝに位格といへるなり。

(六六九頁)

と述べ、呼格、述格、主格、賓格、補格、連体格、修飾格など七つの位格を認めている。そして主格に関しては次のように述べる。

主格はその本質として述格と対立するにあらずして、用言その者の有する属性と待立するもの即ち賓位観念としての属性に対して立つものなるを知るべきなり。——(中略)——実際上その用言が、上述の如く述格に立つ場合にも連体格として体言の限定をなす場合にも又花の咲くを見る。

といふやうに用言が準体言たる場合にも、又

勢よく走る。

の「よく」の如く用言が修飾格として用ゐらるゝ場合にも伴ひてあらはるゝものなり。要するに用言の有する属性観念に対比してそれの説明の対象たるべきものならばいつも主格といふことをうるものなりとす。（六九三頁）

また、「補格」に関しては、次のように述べ、「主格」との違いを明確にしている。

抑も実質用言はそれ自身に属性観念を具有するが故に、そのまゝにて相当に具体的の意義を有すれども、なほ不十分なることあり。たとへば

一、鶯　鳴く。
二、政府は　発行す。
三、彼　戒む。
四、太郎は　載せたり。

の各例を見るに、各主格は存在し、実質用言にての述格またあり。而して「一」はそのまゝにて意義完全なれど、「二」「三」「四」はその動詞のみにては思想を十分にあらはすこと能はざるものなり。今これにある語を加へて

二、政府は　紙幣を　発行す。
三、彼は　店員を　戒めたり。
四、太郎は　車に　荷を　載せたり。

の如くせば、動詞の意義を十分に明かならしむることをうべし。この際に使用せられたる「紙幣」「店員」「車」「荷」の如き語は、その補充せられたる観念をあらはすものとして用言に伴ひて用ゐらるゝものにして、かゝる用をなす語の位格を補格といひ、その補格に用ゐらるゝ語を補語といふ。

（七二七〜七二八頁）

この補格を示す場合には「格助詞「を」「に」「へ」「と」「より」「から」「で」を用ゐるを常とす」（七三二頁）と述べていることから、補格（補語）は現代語のいわゆる補足語に相当すると考えられるが、主格は「用言の説明対象たるべきもの」と述べ、その形式として「の」「が」「は」「φ(2)」などが用例中に認められ、いわゆる補足語としての主格ではないことが窺える。

松下（一九三〇）においても、主語は他の補足語成分と一線を画している。主語に関する記述は「主体関係」を説明する中に見られる。

或る事柄の観念が主体の概念と作用の概念との二つに分解され再び同一意識内に統合された場合に、二者の関係

を主体関係といふ。前者を表す成分を主語と云ひ、後者を表す成分を叙述語といふ。

花咲く　月出づ　山高し　月小なり
花が咲く　月が出る　山が高い　月が小い

の═は主語であつて━に従属し、━は叙述語であつて═を統率する。

（六三五頁）

また、「客体関係」に関しては以下のように述べる。

或る事柄の観念が客体の概念と客体を控除した残りの概念との二つに分解され、其れが再び同一意識内に統合された場合は、二者の関係を客体関係といふ。前者を表すものを客語と云ひ、後者を表すものを帰著語といふ。

花を折る　月を観る　花折る　月観る
舟に乗る　鄙へ罷る　山より下る　舟から上る
人と交る　花より美し　人を以て　東京に於て
寒くなる　軽くする　静になる　面白く思ふ

の═は客語で━へ従属し、━は帰著語で═を統率する。

（六三五～六三六頁）

客体関係において用いられる助詞は、例文によれば「を」「に」「へ」「より」「から」「と」などのいわゆる格助詞であり、「客語」は山田孝雄(一九三六)の言う補格に相当するものと思われるが、一方で「寒く」「軽く」「面白く」なども例文に見られ、連用修飾成分と補足語成分が混在している。しかし、いずれにしても山田孝雄(一九三六)同様、「主語」はやはり「叙述語」(述語)と対立するものと捉えられている。ただし、以下の記述に見られるとおり、主語表示形式としては「が」「φ」であり、「は」を主語表示形式として認めていない点は山田孝雄(一九三六)と異なる。

> 月は出でたり　　月は出た
> 孔子は大聖人なり　　孔子は大聖人だ
>
> の‖は主格的一般格の提示態であつて主語ではなく、随つて┃は叙述語ではない。
>
> (六四四頁)

以上見たように、松下(一九三〇)では主語と客語はレベルの違う成分のように扱われ、主語と他の補足語とは一線を画しているようであるが、また一方で、いわゆる補足語として同レベルの成分として扱っていると思われる節も見られる。

> 補充とは他語の意義の欠陥を補ふために従属することで、修飾とは他語の意義を精密にするために従属することである。――(中略)――連用関係に於ては補充と修飾とは明確に区別されてゐる。補充的連用は之を補用と云ひ、修飾的連用は之を修用といふ。補充的連用即ち補用は更に関係物(主客体)の概念を補充するのと実質の概念を補充するのとの二つに分たれ、関係物の概念を補充するのは主体を補充するのと客体を補充するのとに分かたれる。
>
> (六三九～六四〇頁)

「関係物の概念を補充するのは主体を補充するのと客体を補充するのとに分かたれる」という記述からすると、松下（一九三〇）の言う「主体関係」と「客体関係」はいずれも補充成分の下位分類として存在していることになり、主語が他の補足語成分と同等に扱われているとみなせば、後に見る三上の主語廃止論へと一歩近づいたことになる。

　さらに時枝（一九五〇）になると、基盤となる入子型構造ゆえ、主語は連用修飾語の中の一種となり、他の補足語成分と同等のものとして扱われることになる。時枝（一九五〇）は、「彼は勉強家です」の、いわゆる入子型構造図を示し、次のように述べる。

> 右の図形から結論することが出来る重要な点は、国語に於いては、主語は述語に対立するものではなくて、述語の中から抽出されたものであるといふことである。国語の特性として、主語の省略といふことが云はれるが、右の構造から判断すれば、主語は述語の中に含まれたものとして表現されてゐると考へる方が適切である。必要に応じて、述語の中から主語を抽出して表現するのである。それは述語の表現を、更に詳細に、更に的確にする意図から生まれたものと見るべきである。――（中略）――述語に対する主語の関係を以上のやうに見て来るならば、主語は、後に述べる述語の連用修飾語とは本質的に相違がないものであることが気付かれるであらう。
>
> （二一六〜二一七頁）

国語に於いて、主語、客語、補語の間に、明確な区別を認めることが出来ないといふ事実は、それらが、すべて述語から抽出されたものであり、述語に含まれるといふ構造的関係に於いて全く同等の位置を占めてゐるといふことからも容易に判断することが出来る。

私は六時に友人を駅に迎へた。

に於いて、「私」「六時」「友人」「駅」といふやうな成分が、すべて、「迎へる」といふ述語に対して、同じ関係に立つてゐるのである。（二二九頁）

以上の引用から明らかなように、時枝（一九五〇）では、主語を連用修飾語とみなし、客語や補語と同じものとして扱っている。山田孝雄（一九三六）において指摘された、「用言の説明対象たるべきもの」としての主語と「補充せられたる観念をあらはすものとして用言に伴ひて用ゐらるゝ」補語との違いが失われたことになる。

時枝（一九五〇）の主語に対する認識をさらに発展させ、主語廃止論を提唱したのが三上章である。三上（一九五三）では、

甲ガ
乙ニ ――紹介シ――タ
丙ヲ

という図を示し

「甲ガ」も「乙ニ」や「丙ヲ」と並んで同じ補語仲間に踏止まっているのである。むろん甲がシテ、乙がツレ、丙がワキというふうな、役の軽重はある。軽重はあるが、建前は、三人の共力すなわちアンサンブルである。

（七九頁）

と述べている。「甲ガ」は、与格補語である「乙ニ」や対格補語である「丙ヲ」と同様、主格補語であり、特別な位置にあるわけではなく、したがってこれを特別に主語と認める必要はないと言う。

一・一・二　三上説に対する反論と擁護論

鈴木（一九七五）では、三上が主張した、主語は他の補語と変わらない、という主語＝補語説の問題点を以下のように指摘する。

第一に、主体と対象とは、動作に対する意味論的な関係においてことなる性格をもっている。すなわち、対象は、（とくに義務的な対象は、）それなしには動作がなりたたないという点で、ひろい意味での動作にふくまれるが、主体は動作にはふくまれない。なぜなら、動作は、動作する主体から抽象されたものだから、主体をふくんだ動作というものは、もはや単なる動作ではない。（それは一つのできごとでもよぶべきものだ。）――（中略）――「読書する」「パン食する」などは、対象をうちにふくんでいて、他に対象を示す単語(対象語)を必要としないが、「芽ばえる」「腹がたつ」などは、全体で動作(作用)をあらわしていて、主体は別の単語(主語)でしめさなければならない。

草木が　芽ばえる。
太郎は　腹が　たった。

この点で、対象語は、述語のしめす動作・状態のなりたつための対象をしめして、述語の意味を一層くわしくするといえるが、主語は、述語の意味を一層くわしくするのではない。述語の意味に対立する主体をしめして、主語と述語全体で、特定の主体の動作・状態をしめすのだ。述語文は、属性(動作・状態)を一般的にしめすのではなく、特定のものの属性をあらわすのだ。

「主語は、述語の意味を一層くわしくするのではない。述語の意味に対立する主体をしめして、主語と述語全体で、特定の主体の動作・状態をしめすのだ」などの指摘は、大槻や山田に見られた主語の捉え方に近づいていると言えよう。さらに、第二の問題点として、三上説の述語中心の考え方の問題点をあげている。

これ(山田注　主語=補語説)によると、まず、述語が存在し、しかるのちに補語が存在するということをみとめることになる。しかし、すでにのべたように、述語は絶対的な成分ではなく、主語と相関的な成分だ。現実には属性は実体につきまとっているものであって、属性だけで独立に存在するものではない。文において、述語が属性だけをあらわすことができるのは、主語によって、そのもちぬしがしめされるからだ。

三上の言う補語は「名詞句（「……こと」）のなかに典型的なすがたであらわれるもの」であり、「文の成分レベルのものではない」と指摘する。その一例として、命令文に見られる二人称制限、決意文に見られる一人称制限などの現象が主語＝補語説では無視されるということをあげている。

柴谷（一九八五）では、他動詞述語文などにおいて共起する名詞句を同じ「補語」とする三上説に対して、「主格名詞句が他の名詞句よりも統語現象により優先的に関与する」事例をあげて、以下のような、統語的に特別な働きをする名詞句を主語とした。

①格助詞「が」で示される。
②基本語順で文頭に起こる。
③尊敬語化を引き起こす。
④再帰代名詞の先行詞として働く。
⑤等位構文においてφとなったり、φの先行詞として働く。
⑥主文と補文において同一名詞句が要求される構文では、補文のφとなる。
⑦「の」と「が」の交替を許す。
⑧恣意的なゼロの代名詞がその位置に起こる。

実は、主格名詞句が語法上、他の名詞句よりも相対的に優位であることはすでに三上（一九五三）も指摘していたところであった。

西洋の主格と違い、我が主格には語法上の特権がない。西洋文法では主格を正格とし、その他の格を一括して斜格とするほどに差別待遇するのであるが、日本語の主格はそのような性質上の絶対的優越を示さず、程度において相対的優位にあるにすぎない。しかしその程度は相当なものであって、次の五つの方面にあらわれる。

一、主格はほとんどあらゆる用言に係るが、他の格は狭く限られている。

二、命令文で振り落とされる。

三、受身は主格を軸とする変換である。

四、敬語法で最上位に立つ。

五、用言の形式化に最も強く抵抗する。

（九八〜九九頁）

しかし三上（一九五三）は、「その程度は相当なもの」である主格の優位性を認めつつも、西洋文法程には述語の結びつきが弱いということから、主語廃止論を進めたわけである(3)。

三上も柴谷も「が」が下接するいわゆる主格名詞句の統語上の特徴を認めているわけであり、これを主格と呼ぶにせよ、主語と呼ぶにせよ、内実は同じであるということになる。

しかし柴谷（一九八五）では、与格構文「先生にお金が沢山おありになる」や二重主格構文「先生が花子さんがお好きな（こと）」などについて、前者では「に」が下接する名詞句、後者では「が」が下接する一番目の名詞句に、尊敬語化現象を引き起こしたり再帰代名詞の先行詞になったりする性質が見られることから、与格構文では与格名詞句が主語の統語特性を帯び、二重主格構文では最初の主格が主語の働きをするということと共に、これらの構文では二番目の名詞句が、「が」で示されているにもかかわらず、主語的でないということが分かった。

と述べ、プロトタイプの(典型的な)主語とは離れている成分、すなわち「主語らしくない主語・主語のような非主語」もあると指摘した。形態上同じ「ガ」が下接する成分でも、その文法的機能には差異が見られ、「ガ」で表示された成分がすべて主語であるとは限らないことを示したわけである。

これに対して北原(一九八一)では、尊敬語化現象を引き起こしたり再帰代名詞の先行詞になったりするという文法的機能のために主語という範疇を設定しなくても、主格や場所格の相対的優位性を認めれば十分であるとし、三上説を擁護する。

山田先生が校長先生に申し上げなさる
山田先生にたくさんの借金がおありになる

などを見ると謙譲語化現象が与格によって誘発され(前者の例文)、尊敬語化現象が、主格(前者の例文)や場所格(後者の例文)によって誘発されるものであることがよく理解される。したがって、主語などという範疇を設けずに、主格、場所格の相対的優位をいっておけば十分だということになる。(一二三九頁)

機能の違いが存在しても、それをその格の相対的優位性として捉えるなら、主語はその優位性の中に解消し、定義の必要性がなくなるであろう。一方で、機能の違いを重視すれば、主語という術語の必要性が生じるということになる。日本語に主語はあるのかないのか、主語を認めるのか認めないのか、という問題はどこまでも平行線を辿ることになってしまう。

一・一・三　新たな展開

この問題に関して新たな展開が見られたのは、角田(一九九一)である。角田(一九九一)では、形態である格と文法的機能との峻別をしなければならないことを述べる。

格は名詞、代名詞、副詞などに現れる、または、付けられる、形の一種である。格は形に関することであることを強調しておきたい。(下で見る働き・役目・機能とは別物である。)また、ゼロ格も格の一種である。

(一六七頁)

この様に、働きを考慮すると、主格は主語とは限らないし、また、主語は主格とは限らない。同様に、対格は目的語とは限らないし、また、目的語は対格とは限らない。格のレベルと文法機能のレベルを分けることによって、格と文法機能がどの様に対応するか、どの様に食い違うかが分かる。

(二一〇頁)

柴谷や北原は、与格構文あるいは場所格(つまり格助詞「ニ」)において尊敬語化現象が見られたり、再帰代名詞の先行詞になったりすることを指摘していた。しかし柴谷は、主語の条件として、第一に格助詞「ガ」で示されるということをあげたため、この与格を「主語らしくない主語」として扱わざるをえなくなった。格表示と文法的機能を切り離してみれば、この与格もまた主語として機能していると言えるわけである。また北原は、尊敬語化現象を引き起こす成分が、主格や場所格などに見られることを指摘しながらも、この現象をそれぞれの格成分の相対的優位として解消しようとした。しかし、相対的優位という語で説明せざるをえなかった背景には、やはり格表示と文法的機能を切り離せなかったということがあったのではないかと思われる。

こうして格表示と文法的機能とを切り離すことによって、文法的機能としての主語の必要性が明らかになったわけである。この観点から角田（一九九一）はさらに、主語の表示は多くの場合「ガ」で表示されるが、「ニ」「デ」「カラ」などで表示されることもあるということを、以下のような例文をあげて指摘した。

山田先生には　僕が　よくおわかりにならない。
宮内庁では　今、花嫁候補を　捜しておられます。
お父さんから　少し　小言を　おっしゃってくださいよ。

（一七一頁）

一・一・四　認知的観点からの規定

主語を認めるにせよ認めないにせよ、その論理は述語と対立する成分としてなされることが多かったが、尾上（二〇〇四）では、主語を事態認識の中核項目であるとし、認知的立場から主語を規定している。

それによれば、形態上「ガ」によって表示されている成分はもちろんのこと、「ガ」表示になっていない成分でもガ格になりうる項（ガ格項）はすべて主語であるという。

日本語の主語規定の可能性として残るのは、形態上の観点のみである。――（中略）――名詞自身が形態変化をしない日本語においては〔名詞＋格助詞〕の形を名詞の一つの格形態と見ることになる。「Xガ」を名詞のガ格（主格）、「Xヲ」をヲ格（対格）、「Xニ」をニ格（与格）などと呼ぶが、これらの名詞項に係助詞や副助詞が下接した場合、「Xハ」「Xモ」「Xコソ」「Xダケ」「Xサエ」のように格助詞が表面上消えることもあるので、それらの場合を含めて「ガ格に立つ項」（その名詞項と述語との意味関係を大きく変えないで格助詞で言うとすればガが用いられる項：「ガ格項」とも）「ヲ格に立つ項」などと呼ぶことが一般的である。表面上格助詞がない場合でも（「Xハ」の場合は従属句埋め込みの形にするなどの方法によって）その名詞項が何格の項であるのかは容易に判断できる。日本語の主語を形態論的観点において規定しようとすれば、このような意味で「ガ格に立つ項（ガ格項・主格項）が主語である」とすることになるが、そのようにして主語を規定することは十分に可能であり、主語であるものとないものとの区分けも確実にできるということになる。

（八頁）

そして、このガ格項の共通性は、事態認識の中核項目であるとし、次のように説明する。

「月は（が）まるい」と言うとき、「月」について「まるい」ということを語る。「猫がねずみを追いかけている」と言うとき、登場人物は複数あってもそのうちの「猫」を状況描写の中核項目として、「猫」の運動としてそれを語る。人はある状況の中核にモノを求め、固定して、そのモノのあり方あるいは運動としてその事態を語ることになる。――（中略）――「まるい」「白い」というような形や色にしても、まるいという形状をもって存在しているモノ、白いという色を表面から発して存在しているモノの認識なしにそのあり様だけが認識されることはありえない。モノを中核とし、基盤としてこそ、事態は認識されるのである。そのような事態認識の中核項目ないし基盤が主語なのであり、事態を語る言語形式としての文(平叙文および疑問文)に(意味として)主語というものが必ずある理由もここに求められる。

（九頁）

仁田(二〇〇七)においても、同様の主旨が述べられている。

文の表す事態は、その事態を、主語によって表されている存在に生じ成立した事態として差し出している。主語とは、事態がそれについて(それをめぐって)語ることになる存在・対象である。これを、主語は、述語の表す動き・状態・属性を体現し担う主体として、文の表している事態が、それを核として形成される、という事態の中心をなす要素、と説明することもできよう。また、主語の外的な現れの基本は、題目表示形式や取り立て助辞の外皮を取り去れば、ガ格で表示される要素である。

また同じく、認知的立場からの規定としては山口明穂(二〇〇〇)もあげられる。主格やいわゆる対象語格などの「ガ」を統一的に説明する。『あゆひ抄』にある「□何が」は、その受けたる事に物実をあらせて、それがと指す言葉なり」という富士谷の言をヒントに、「ガ」の機能について次のように述べる。

「物実」とは、その「物」を生み出す、おおもとの物という意味の語である。そこで、富士谷成章の記した一文は、

「何が」は、その「が」を受けた言葉の表す内容に、それを生み出したもとになるものを言葉の上に表して、それを指し示す言葉である。

という意味になる。（二四三頁）

という解釈をあげ、これをもとに「花が咲く」「父が建てた家」「外のテラスの方が美味しい」「電話は昼が安い」「僕が歯を抜いた」「犬がこわい」「風が吹く」などの例をあげ、「花」「父」「外のテラスの方」「昼」「僕」「犬」「風」などは、すべて「咲く」「建てた」「美味しい」「安い」「歯を抜いた」「こわい」「吹く」などの源、すなわち事態を生み出すもとになっており、それを「ガ」が示していると述べる。

以上のような認知的立場による主語の捉え方は、日本語だけではなく、他言語においても同様の指摘がなされており(4)、汎用性が高いと思われる。ただし汎用性が高いとしても、松本克己(二〇〇六)に指摘があったように、主語というものが普遍文法の中に位置づけられるかどうかに関しては注意を要する。

一・二　本書で扱う主語の定義

さて、以上のことを踏まえて、本書で用いる主語の定義をしてみたい。本書では、古代語から近代語にかけての、係助詞から「ガ」表示への移行、無助詞から「ガ」表示への移行、「ノ」から「ガ」への移行などについて考察するが、これらの問題について語るとき、主語をどのように規定するのが適当であろうか。

主語は必ずしも実際の言語運用において顕在するものではなく、潜在する場合が多い。さらに言えば、古代日本語から主語はあったのか、という問いに対して正確な答えは見いだされていないとも言えるであろう。しかし、一方で述語に対立するような成分が存在することも確実であり、この成分を扱うためには何か命名をしておかなくてはならないであろう。もちろん、この成分の正体がわかってから初めて命名されるべきなのであろうが、何らかの呼び名がなければ不都合である。したがって、本書で扱う成分を仮に主語と命名し、その定義をしておきたい。日本語の主語論はその後改めてなされるであろう。

まず主格という用語についてであるが、格は表示形態の問題であり、「ガ」が下接している成分に対しては適用できるであろうが、無助詞の場合や、係助詞や「ノ」が下接している成分には適用できないであろう。

述語の尊敬語化、再帰代名詞の先行詞になるかどうかなどの文法的機能から見た主語は、古典語について内省が効かない我々にとって不明な点が多いので適用することは難しい。

事態認識の中核項目としての主語は、係助詞から「ガ」への移行が「卓立の強調」（プロミネンス）に関わる問題と捉えることができるので[5]、この点に関しては適用可能であろう。また以下に示す、狂言資料の「ガ」の例1〜5や現代語の「ガ」の例6〜8などは、「ガ」に上接する名詞句が事態認識の中核項目であるとみなすこともできるであろう（但し、8は誤用であるが）。

1　太郎くわじやつれてきたものを見付て、むこ殿は、あれがそでありさうなといひて、しうとに其よしをいふ、しうときひた体が、むこ殿はそれがしにめんぼくうしなはせうと云ことであらふ、ひやうげた人じやときひた程に、そのやうな事もあらふ　（虎明本・上・三六五頁）

2　いつもの御だんなしうで御ざるに、わるひ酒をしんじては、以来がうられませぬに依て申、ようできた時かさねて御さう申さう程に、かならずなまいつて下されそ　（虎明本・中・二五二頁）

3　いや此川は、かみがふつたやらことの外水がでたよ　（虎明本・中・九二頁）

4　人があいてにいたせば、又うちかへす事もござれども、もとでがなひに依て、今は人があひてにせうといふものもござらぬ　（虎明本・下・五八頁）

5　当年はうぢがきが大なりが致てござるに依て、事の外たくさんに御ざある　（虎明本・下・六二頁）

6　「あっ、あそこの店でいちごが売ってる」（店でいちごが売られている場合）

7　「あれっ、席が動いてる」（座っていた人の場所がもとの位置と違っている場合）

8　「朝早くからこのように皆様が、お集まりいただいてありがとうございました」

しかし、無助詞から「ガ」への移行、「ノ」から「ガ」への移行においては、前者が格表示体制の変質によるもので、後者は敬語法の変質であり、これらをすべて事態認識の中核項目として扱う訳にはいかないであろう。したがって、内実はさておき、とりあえずガ格項が主語であるという考え方だけ踏襲したい。

しかし、それでもなお問題は残る。平安期鎌倉期の「名詞―φ」の中には、格助詞を代入できないようなものも含まれており(6)、したがって、ガ格項といっても、判定が確実なガ格項から可能性としてガ格項であると認めることができる成分まで、かなりガ格項の基準を緩める必要がある。また、古典語における形容詞文では、現代語ではガ格項であるはずの名詞句が「ヲ」で表示される場合がある。すると、形容詞文の無助詞名詞句をガ格項として認めてよいかどうか微妙な問題となるが、本書ではこれらの名詞句もガ格項として扱うこととする。

以上をまとめると、本書で言う主語は、無助詞であれ、係助詞や「ノ」が下接している場合であれ、述語において説明される対象となる成分で、他の格による表示もありうるが、現代語的な観点から少なくとも「ガ」で表示可能な成分となっているもの、ということになる。

なお、本書で対象とする主語は、特に断らない限り主節における主語を中心とする。

注

（1）主語の定義や主語論争など、主語に関連する研究史は百年に及び、いまここで詳細な議論をする余裕はない。奥津（一九七五）、鈴木（一九七五）、北原（一九八一）、益岡（二〇〇〇）、淺山（二〇〇四）、仁田（二〇〇七）などを参照されたい。

（2）本書では、助詞が下接していない名詞(句)を「ϕ」で示す。

（3）この点に関して内田（一九八五）は、「その主格の人称、性、数などの要素が述語動詞を形態的に拘束する現象をもつヨーロッパ言語の一般のような現象を呈しないことをもって、国語にはそのような主格の語としての主語が存在しないという立論である」と述べ、「ないものをないと言ってみせた」奇妙な論理であると指摘する。

（4）Langcker (1991)7.3.1 Subject 参照。

（5）近藤（二〇〇三）では、「卓立の強調」（プロミネンス）とは、音声上の強調のことであるとし、

卓立の強調は、文の成分のどこにも任意に加えることができ、疑問語やとりたてにも加えることができるのであるが、実は、この特徴は、古典語の係助詞の持っている特徴と等しい。（二五〇頁）

と述べている。

（6）小田（一九九七）では、源氏物語における無助詞の名詞に現れうる成分として、主格、ヲ格、ニ格、種々の格（山田注　ニテ格、ト格

等)、接続句的に解釈されるもの、格関係を有さない提題などをあげ、

これだけ多様であってみれば、無助詞の名詞は、特定の格に係わらず、構文的職能を明示しない表現として、単に、文中に放り出されたものと考えることができるだろう。

と述べている。

第二章　格助詞「ガ」の文法化

文法化の研究は、Antoine Meillet（一八六六〜一九三六）に始まるとされているが、日本語による概説的な記述は、松本曜（一九九五）、秋元（二〇〇二）、大堀（二〇〇二、二〇〇四、二〇〇五）などに見られる。本章では、格助詞「ガ」の変化を文法化現象として位置づけてみたい。

二・一　原初格助詞「ガ」の分化と多機能性（Polyfunctionality）

野村（一九九三a）によれば、基本的に体言（もちろん活用語連体形もある）に付いてそれを修飾語化し、被修飾語と強く一体化させるのが奈良期の「ガ」の機能であり、主語表示や連体表示という分化はしていないという。

1　吾背子（わがせこ）が（吾背子我）古家（ふるへ）の里の明日香には千鳥鳴くなり島待ちかねて　（万葉集・二六八）

2　恋しくは形見にせよと吾背子（わがせこ）が‖（吾背子我）植ゑし秋萩花咲きにけり　（万葉集・二一一九）

3　畳薦(たたみけめ)牟良自(むらじ)が礒の離磯(はなりそ)の母を離れて行くが悲しさ(由久我加奈之佐)　(万葉集・四三三八)

4　見むと言はば否と言はめや梅の花散り過ぐるまで君が来まさぬ(伎美我伎麻左奴)　(万葉集・四四九七)

5　明日よりは吾(あれ)は恋むな名欲山(なほりやま)岩踏みならし君が超えいなば(君我越去者)　(万葉集・一七七八)

6　日な曇り碓氷(うすひ)の坂を越えしだに妹が恋しく(伊毛賀古比之久)忘らえぬかも　(万葉集・四四〇七)

格助詞「ガ」に多く見られる連体表示は、1のような「体言^1+が+体言^2」型であり、「体言^1+が」が「体言^2」へと係る連体用法であると言える。2の「体言^1+が—連体形+体言^2」型も「体言^2」があることによって、3の「連体形+が—さ(形容詞名詞化)」型も体言があることによって、4の「体言+が—連体形終止」型は「連体形」に体言性を認めることによって、それぞれの2〜4の「ガ」も、1と同様、連体用法であるとみなすことができる。従来は、この連体表示機能が格助詞「ガ」の基本であるとされてきた。しかし、5、6などの主語表示とみなせる「ガ」は、「超えいぬ」や「恋しく」に係る連用用法であり、従属節内にあるからといって、これを連体用法に準じて考えることには飛躍があると、野村(一九九三a)は言うのである。そして、この飛躍を解消し、連体用法・連用用法という相容れがたいような性質を統一的に説明するものとして、上接語と被修飾語とを強く一体化させるのが「ガ」の機能であり、主語表示や連体表示という機能に関しては未分化である、という定義がなされたわけである(1)。本書では、この未分化の「ガ」を原初格助詞と呼んでおく。

現代日本語における助詞「ガ」には、格助詞・接続助詞・終助詞などが見られ(2)、さらに格助詞の用法としては主語表示と連体表示がある。これらは原初格助詞「ガ」から分化したものである。これらの「ガ」がどのように発達してきたのかを図に示しておこう(時代はあくまでも目安である)。**(図1)**

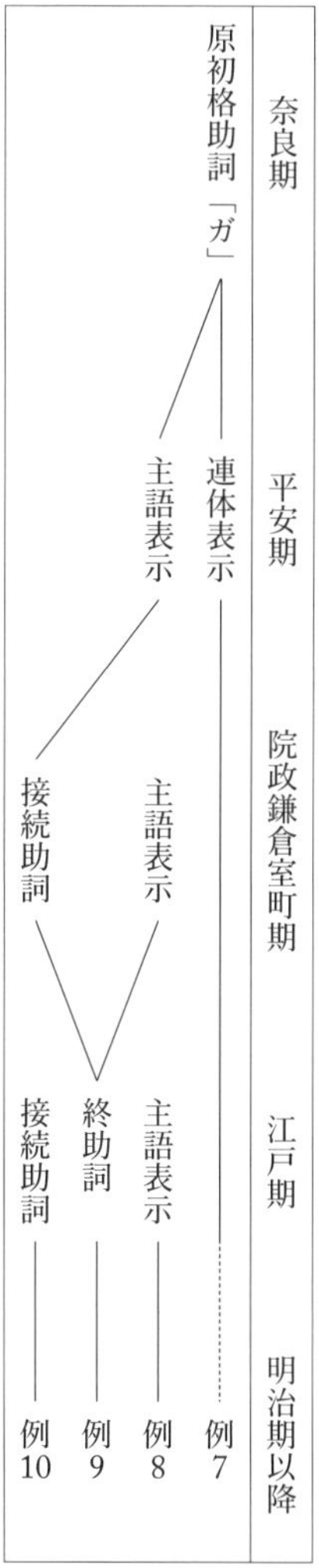

図1 助詞「ガ」の分化

7 我らが英雄。我が日本。美しが丘。百合が原。
8 花が咲く。空が青い。みそ汁が恋しい。ワインが飲みたい。
9 この親不孝者めが。今日は早く帰りたいのですが。うまくできればいいがなあ。
10 店に行ったが閉まっていた。見ていたがいつの間にかいなくなった。

文法化現象で中心的に扱われるのは、語における内容語から機能語への移り変わりの過程である。大堀(二〇〇四)では文法化の定義について、「語彙的要素(動詞、名詞など)が意味的に抽象化し、文法的要素(とりわけ膠着的接辞／屈折形態)となったもの」であると述べ、これを脱語彙化(delexicalization)と呼んでいる。また脱語彙化ではないが周辺的な文法化の例として、大堀(二〇〇二)では多機能性について以下のように述べる。

> 変化の結果として新たな文法上の要素が成立するケースを文法化と考えるならば、もともと文法形式であったものがさらに拡張されて異なる機能をになうようになるプロセス、すなわち多機能性(polyfunctionality)の発達も対象となる。
> (一八六頁)

原初格助詞「ガ」はそもそも文法的機能を担っている助詞であるが、多機能性という点では、（図1）で見た「ガ」の機能の分化は文法化現象として捉えることができるであろう。

二・二　主語表示「ガ」の変化と一般化（Generalization）

二・二・一　一体化から主語表示へ

平安期になると、上接語を修飾語化し、被修飾語と強く一体化させるという原初格助詞から逸脱する、主語表示の「ガ」が多く見られるようになる。言い換えれば、原初格助詞「ガ」が主語表示と連体表示に分化したということになる。

11　世の末に、かく、すきたまへる心ばへを見るが、をかしうもあはれにもおぼゆるかな。（源氏物語・三・一六八頁（胡蝶））

12　「いでや、めでたきにつけても、思し数まへし果ては、いかなる物思ひの種とかならん」と思ふが、口惜しかりけり。（狭衣物語・三・一五頁）

13　大尼君の孫の紀伊守なりけるが、このころ上りて来たり。（源氏物語・六・三四四頁（手習））

14　わらすぢ一すぢが、柑子三つになりたりつ。柑子三つが、布三疋になりたり。（古本説話集・一九二頁）

15　乳母にてはべる者の、この五月のころほひより、重くわづらひはべりしが、頭剃り戒受けなどして、そのしるしにやよみがへりたりしを、このごろまた起こりて、弱くなんなりにたる。（源氏物語・一・二四八頁（夕顔））

11は、「心ばへを見る(こと)が」が「をかし」や「あはれなり」の対象を示している点で3の派生形と見ることはできるが、この「ガ」は、上接語とそれが係り行く語との一体化を強くめざしているわけではない。「をかしうもあはれにもおぼゆる」全体に係っており、述語と対峙する主語表示であると考えられる。しかし、いまだ連体形終止で体言性を残しているという点では一体化を捨て切れていないとも言える。12になると、終止形終止文となっていることから、「思ふ(こと)が」は「口惜し」との一体化から解放された一文の主語表示であると言えるであろう。13も終止形終止文であり、やはり一文の主語表示として機能していると考えられるが、この場合の「ガ」は形容詞の対象ではなく、「紀伊守なりける(人)が」という行為者を表示しており、さらに発展した形式であると言える。また「連体形＋が―終止形終止」だけではなく、14のような「体言＋が―終止形終止」も見られるようになる。15の「ガ」などは、もはやどこまで係っているのか明確にならないくらいであり、一体化するという機能が働いているとはみなしがたい。

このように格助詞「ガ」には、上接語とそれが係る語とを一体化するという機能から解放された例が見られるようになることから、この期になって主語表示と連体表示に分化したと考えられるのである。

しかし、この格助詞「ガ」の、上接語と係り先の語句とを一体化しようとする力は後の時代まで残存し、そのため格助詞「ガ」の中心的機能は連体表示であった。（表1）は、格助詞「ガ」の連体表示と主語表示の割合の移り変わりを示したものである。およそ一六世紀以降から格助詞「ガ」の中心的機能が主語表示へと変わったことが窺える。

二・二・二　変化1――構文的制約からの解放

格助詞「ガ」は、その中心的機能が主語表示となるにともない、活動領域を連体節から主節へと移行させる。（表2）

表１　格助詞「ガ」の機能の推移

	連体表示	主語表示	合計
平家物語（13世紀前期）	301（60.8%）	194（39.2%）	495（100%）
曽我物語（14世紀南北朝）	299（71.5%）	119（28.5%）	418（100%）
湯山聯句抄（1504年）	145（17.7%）	672（82.3%）	817（100%）
御伽草子（16世紀後期）	277（69.6%）	121（30.4%）	398（100%）
天草版平家物語（1592年）	340（30.9%）	759（69.1%）	1099（100%）
仮名草子（1609〜1665年）	108（35.3%）	198（64.7%）	306（100%）
大蔵虎明本狂言（1642年）	514（16.6%）	2575（83.4%）	3089（100%）

は、主語表示の「ガ」がどのような状況下で用いられているか、構文的条件で分類したものである。

連体表示と主語表示の使用頻度が逆転する一六世紀あたりから、主節において主語表示「ガ」が多く使われるようになることがわかる。この期に入って初めて格助詞「ガ」の一体化しようとする力がなくなり、従属節という構文的制約から離れることになったことが窺えるのである。

二・二・三　変化２――上接語の拡大

主語表示「ガ」は、平安期以降、強調表現や疑問表現において主語に下接する係助詞「ゾ」、「ヤ」、「カ」の位置を凌駕する。その変化の過程において時代とともに上接語の制限がなくなっていくのは一つの特徴であると言える（本書三・一及び三・三参照）。

奈良期・平安期においては、主語表示「ガ」の上接語は原則として「一・二人称代名詞、人固有名詞」（これを有情Aとし、これに該当しない人名詞を有情Bとする）である（例16〜19）。鎌倉期になると、主語表示「ガ」は有情B（例20〜22）や非情名詞（例23、24）、また不定成分（例25、26）も受けるようになる。

16　「新中納言のことはよべきこしめしたりや。いとこそおかしかりけれ。かの

表2　主語表示「ガ」の分布

	連体節	従属節	主節	合計
平家物語	98(50.5%)	45(23.2%)	51(26.3%)	194(100%)
曽我物語	64(53.8%)	26(21.8%)	29(24.4%)	119(100%)
湯山聯句抄	66(9.8%)	289(43.0%)	317(47.2%)	672(100%)
御伽草子	62(51.2%)	22(18.2%)	37(30.6%)	121(100%)
天草版平家物語	179(23.6%)	284(37.4%)	296(39.0%)	759(100%)
仮名草子	24(12.1%)	46(23.2%)	128(64.7%)	198(100%)
大蔵虎明本狂言	205(8.0%)	725(28.1%)	1645(63.9%)	2575(100%)

三条に、むかしの人をむかへをきて、さもしらせで、をのが侍るぞとて、ゐてまかりたりければ」
（宇津保物語・一五二〇頁）

17　君もうつぶし、我もうつぶしたるほどに、懐なる文のおちぬるもえ知らず。少将見つけ給ひて、ふと取り給ひつ。御鬢かきはてて入給ふに、いとをかしければ、三の君に「これ見給へ。惟成が落としたりつるぞ」とて奉り給ひて
（落窪物語・八三頁）

18　かかる鬼の口よりかかる偈を云ひ出づべからずと思へども、また異人なければ「もしこのことはなむぢが云ひつるか」と問へば
（三宝絵詞・上・九五頁）

19　「此レ、若シ、我ガ子、伯奇ガ鳥ト化セルカ。然ラバ、来テ我ガ懐ニ入レ」
（今昔物語・二・二一四頁）

20　「少将をばしばらく教盛にあづけさせおはしませ。教盛かうで候へば、なじかはひが事せさせ候べき」と申されければ、季貞まいて此由申す。「あはれ例の宰相が物に心えぬ」とてとみに返事もし給はず
（平家物語・上・一六六頁）

21　「たとへば都の守護してあらんものが、馬一疋づゝかうてのらざるべきか。いくらもある田どもからせて、ま草にせんを、あながちに法皇のとがめ給ふべき様やある」
（平家物語・下・一五二頁）

22　これをみて「たが書きて候にか」と、おどろきたるけしきにてとひければ、

あるじうちわらひて、「これはまことしき物ゝかきたるには候はず。愚息の小童が書て候」といはれければ
（古今著聞集・三一八頁）

23 「日来はなにともおぼえぬ鎧が、けふはおもうなたるぞや」
（平家物語・下・一七九頁）

24 「事あたらしき男のとひ様かな。曾我の冠者ばらが、親の敵うちていづると、幾度いふべきぞ。臆して耳がつぶれたるか。親の敵は、陣の口をきらはず。さて、か様に申は誰人ぞ。きかん」といふ
（曽我物語・三五九頁）

25 上皇「何者が汝をうたんと申ぞ」とてあきれさせ給へる御様也
（平治物語・一九四頁）

26 父又、「佛のをしへによりてなるなり」とこたふ。又とふ、「教へ候ひける佛をば、なにがをしへ候ひける」と
（徒然草二四三段・一五二頁）

二・二・四 「一般化」(Generalization)

以上見たように主語表示「ガ」は、時代が下るとともに構文的条件や上接語の制限から解放されるようになる。このように選択制限から解放され、多様な文脈で広く使われるようになる変化は文法化の一特質である「一般化」(Generalization)として捉えることができる。

制約からの解放を意味する「一般化」に関してホッパー・トラウゴット(二〇〇三)では、例をあげて以下のように説明している。

もともとはたいへん制約されていた進行の構造be V-ing、つまり動作主主語の構造が、最初は受身にも使われるようになり(the house was buildingが一八世紀の終わりにthe house was being builtになった)、後にThere are statues standing in the park（像が公園に立っている）のように状態を表して「付随(contingency)」の機能を果たすようになった。（一二三頁）

また、秋元(二〇〇二)も同様の例をあげ、「be going toは文法化が進むにつれて、その選択制限を失い始め、一般化されるにつれて、より広い文脈で使われるようになった」と述べる。

原初格助詞「ガ」の分化だけでなく、主語表示「ガ」においても文法化現象が見られるわけである。

二・三　「一般化」(Generalization)の背景

では主語表示「ガ」においてなぜ「一般化」が起きたのであろうか。文法化に関して、定延(二〇〇七)は以下のように述べる。

個人の個別的行動こそ言語共同体における言語習慣(文法)の源だと考えている。数限りない個別の日常的談話の中で、繰り返し生じる単語列のパターンが、やがて文型になり、文法として立ち上がる(つまり「文法化する」)。

またホッパー・トラウゴット(二〇〇三)においても同様の記述が認められる。

そのような(山田注　通時的)発展におけるそれぞれの段階は、新しい言語的実体を生み出す最初の行為も含めて、すべて刷新(innovation)である。新しい実体が一般的になり、言語共同体において伝統的実体と競い合って使われるようになるのは、数え切れないほどの個人の、受け入れたり採用したり獲得したりといった改新的行為によるのである。

（四八頁）

主語表示「ガ」において見られた「一般化」は、構文的条件や上接語の制限の緩和の過程であった。使用上の制限がなくなっていくということは、それを使用する際の使い勝手のよさを向上させようとする思いの表れと考えることができる。そしてそれを目指したのは他でもない個々の言語使用者である。個々の言語使用者が主語表示「ガ」を使用する上で、便利さを追求し改良をしてきたわけである。ある一定期間における、その個別的行動の総体として、主語表示「ガ」において「一般化」が見られたと考えられよう。

しかし、「一般化」が起こる以前の、すなわち制限から解放される以前の主語表示「ガ」を用いたとしても、情報伝達には支障がなかったはずである。事実、変化が全くないとは言えないものの、奈良期から平安期までは構文的拘束や上接語の制限を受けながら主語表示「ガ」は使用されてきたわけであるから。個々の言語使用者が使い勝手のよさを追求するようになるには、何らかの内的あるいは外的な要因がなければならないであろう。

ホッパー・トラウゴット（二〇〇三）は使用頻度の増大が文法化を引き起こす一つの要因であると述べている。

ある形式がテキストで起れば起るほど、それはより文法的になると思われる。使用頻度が使用パターンの一般化を示すのである。

（一一五頁）

主語表示「ガ」に「一般化」が見られた背景には、主語表示「ガ」の使用頻度の増大があることを見逃してはならないであろう（**表1**参照）。そして、この主語表示「ガ」の使用頻度の増大が言語使用者に使い勝手のよさを追求さ

表３　主語目的語表示システムの多様性

	主語表示形式	目的語表示形式
古代中央語	名詞句—ϕ	名詞句—ヲ
17世紀中央語	有生名詞句—ϕ 無生名詞句—ガ	名詞句—ヲ
『おもろさうし』	名詞句—ϕ	名詞句—ϕ
現代沖縄方言	名詞句—ガ	名詞句—ϕ
喜界島方言	有生名詞句—ガ 無生名詞句—ϕ	名詞句—ϕ
水海道方言	名詞句—ϕ	有生名詞句—ゴト 無生名詞句—ϕ

せたものと思われる。なぜなら日常多く使用するようになれば、各種の制限はスムーズな言語行動の支障となるからである。

では、なぜ主語表示「ガ」の使用頻度が高まったのであろうか。その社会的な要因として、鎌倉期以降、異種方言話者間におけるコミュニケーションの増大があったのではないかと考える。

(表3)は、各資料に見られる、主節における主語目的語表示形式をまとめたものである。同じ日本語ではあるものの、地域によって時代によって主語目的語の表示システムが異なっており、多様な主語目的語表示形式が存在していることがわかる。そして互いに異なる主語目的語表示形式を持つ方言話者間のコミュニケーションにおいて支障となるのが無助詞名詞句である。各方言によって無助詞名詞句の役割が違っているからである。そこで異種方言話者間において相互の情報伝達を円滑にするために無助詞名詞句の使用を避け、格助詞「ガ」を用いて主語の明示をする必要があった。このことが主語表示「ガ」の使用頻度を高めた要因であると考えたい(詳しくは第六章で述べる)。

主語表示「ガ」の制約からの解放は、一般化(Generalization)という文法化現象として捉えることができたが、その背景は次の通りである。

①鎌倉期以降、異種方言話者間のコミュニケーションが増大した。

②無助詞名詞句は各方言によってその役割が異なっており、コミュニケーション上の支障が生じるため、格助詞「ガ」によって主語を明示するようになった。

③主語表示「ガ」の使用が増大するにつれて、その使いやすさが求められ、従来の制約がなくなっていった。

注

(1) 野村(一九九三a)によれば、主語表示や連体表示という分化はしていないというが、目的語成分(いわゆる対象語格は除く)に格助詞「ガ」が下接することはない。その意味で主語成分との関わりは、やはり持っていると言わざるをえない。

(2) 他に準体助詞が認められるが、これは以下のように古典語にのみ見られる(現代においても方言には残存する。詳しくは彦坂(二〇〇六)を参照)。

さがなさは、誰がをならひたるにかと思ふにも、おそろしうなむ　(落窪物語・八二頁)

いかなれば、四條大納言のはめでたく、兼久がはわろかるべきぞ　(宇治拾遺物語・六九頁)

第三章　主語表示「ガ」の拡がり――各種表現における

本章では、強調表現、疑問表現において、主語表示「ガ」がどのような過程で、主語名詞句に下接する「ゾ」「コソ」「ヤ」「カ」の領域を侵したのか、その様相を粗描したい。またこれに伴い、強調表現、疑問表現以外において用いられている主語表示「ガ」、すなわち「ガ―連体形終止」文の表現効果についても考察する。

三・一　強調表現における「ガ」――「ゾ」から「ガ」へ

三・一・一　先行研究

「ガ」と「ゾ」の関連性に関しては、これまでに久島(一九八六)、安達(一九九二a)、大野(一九九三)などの研究がある。久島(一九八六)は、「中世に主格を示す語として(山田注「ノ」よりも)ガの方が選ばれたのは、係助詞ゾ・カの衰退が原因であろう」「主格ガは係助詞ゾ等の退いたあとに、つまり、強調表現の主語の位置に入った」と述べており、安達(一九九二a)は、『天草版平家物語』と原拠本「平家物語」とを比較することによって、係助詞「ゾ」が消滅した結果、主語表示の助詞として「ガ」「ハ」「モ」「コソ」などの助詞が用いられているという変化の結果を提示しているが、前者は主に平安期の和文・韻文資料とキリシタン資料を比較するにとどまり、後者は係助詞「ゾ」消滅後の状態を提示するのみで、いずれも「主語ガ」と「主語ゾ」の消長及び関連性が明確ではない。大野(一九九三)には、「ゾ」「ガ」の上接語、既知未知論的視点により、「ゾの役目をガが引き受けた」「ゾからガへの移行が広まっていった」(三六一頁)などの言及がされているが、上接語中心の比較にとどまり、強調という表現性からの言及がない[1]。

そこで本節では、平安期から鎌倉期にかけての文学作品を資料として、強調表現における「主語ガ」の拡大の様相を、「主語ゾ」との関わりにおいて、談話レベルの文の表現性を視野に入れながら記述する。

三・一・二　用例について

強調表現には、文全体が強調されている場合(以下、文強調と略称する)と、談話レベルにおいて主語が強調されている場合(以下、上接語強調と略称する)、すなわち解答提示[2](いわゆる総記)的な場合とがある。具体的には1の「主語ゾ」や2の「主語ガ—ゾ」形式のものが文強調であり、3の「主語ゾ」や4の「主語ガ」などが上接語強調である。

1　心くるしうて、「まことに、少将の君なん、ものの給はんとておはしたりつる。いかならん。あなかま。とてもかくても御宿世ぞあらん」といふを　(落窪物語・五九頁)

2　たからかに名乗ければ、とりあへず、「鎮西の八郎為朝が固たるぞかし」清盛小声になりて「すさましき者の固た

表1　文体差による「ガ」出現の相違

	会話文	地の文
体言＋ガ	131例	36例
連体形＋ガ	83例	106例

る門へ寄あたりぬるものかな」とて　（保元物語・九九頁）

3　「翁丸」といへど、聞きも入れず。それともいひ、「あらず」とも口々申せば、「右近ぞ見知りたる。よべ」とて召せば　（枕草子・五三頁）

4　かへりて云やうは、「事を起こしたらん人こそはまづ入らめ。先大太郎が入るべき」と云ければ、「さもいはれたり」とて、身をなきになして入ぬ　（宇治拾遺物語・一二〇頁）

「主語ガ」の拡大の様相を時間軸上でより正確に捉えるためには、会話文（心話文も含む）における「主語ガ」と「主語ゾ」との関係について考察する必要があると思われる。この点に関しては従来あまり重要視されていないようであるが、主節における「主語ガ」の出現の様相は**（表1）**に示すように会話文・地の文で大きく異なっている。

会話文における「主語ガ」は「体言＋ガ」形式が多く、「連体形＋ガ」形式は少ない。しかも「連体形＋ガ」はそのほとんど（六二例）が形容詞述語文において用いられており、統語的条件が強く関わっているものと推定される。一方、地の文における「主語ガ」は「連体形＋ガ」形式が多く、「体言＋ガ」形式は少ない。この「連体形＋ガ」形式は形容詞述語文以外でも多用されている。ごく大雑把に言えば、会話文においては「体言＋ガ」形式が中心であり、地の文においては「連体形＋ガ」形式が中心であると言える(3)。

表2　強調表現における「ガ」「ゾ」の推移

	平安期	鎌倉期
主語ガ	13（7.8%）	24（38.7%）
主語ゾ	154（92.2%）	38（61.3%）

以上のことから、強調表現における「主語ガ」の拡大の様相を考察するにあたって、会話文を中心に、主節において「体言＋ガ」「体言＋ゾ」となっているものを扱い（但し、「誰ガ―ゾ」形式は固定的表現として除く）、「連体形＋ガ」「連体形＋ゾ」は参考にとどめる。

三・一・三　強調表現における「主語ガ」「主語ゾ」の分布

平安期から鎌倉期にかけての、強調表現における「主語ゾ」「主語ガ」の割合の変化を（表2）に示す。

「主語ガ」が強調表現において「主語ゾ」と交替するかのように発達していることが数値から窺えるが、実は名詞述語文における「主語ガ」は平安期鎌倉期を通じて、5、6の二例のみである。「主語ガ」は名詞述語文において未発達であると言ってよいであろう[4]。

5　「多ノ人ノ濱ニ出デ、皇シル音ヲ聞テ其ノ夜叉ノ出来テイカレル様ヲ見セテ侍ケルヲ、『己等ガ鬼ニテ有ルゾ』ト知リ給ヘル也」

（今昔物語・一・三四〇頁）

6　「何者か申て候けるやらん、上の慈悲者にておはしますよしうけたまはられ候て、つきまいらせて、いのちばかりを申助かり、父の後生をとぶらはば

表３　動詞文・形容詞文における推移

	平安期	鎌倉期
主語ガ	12(9.3%)	24(50.0%)
主語ゾ	117(90.7%)	24(50.0%)

やとなげき申され候が、故右馬助殿の御姿にすこしもちがひまいらせず」と申ければ、池殿、「尼が慈悲者とは頼朝には何ものがしらせけるぞ」

（平治物語・二七七頁）

本節では「主語ガ」と「主語ゾ」の消長及び関連性について考察するわけであるから、その消長が見られない名詞述語文は除くべきであろう。（表2）の数値から名詞述語文における「主語ガ」と「主語ゾ」を取り除いたものが（表3）である。

「主語ガ」が強調表現において急速に発達してきた様子が一層強く窺われるが、以下、「主語ガ」が「主語ゾ」との関わりにおいてどのように発達をしてきたのか、その過程を明らかにしていく。

三・一・四　「主語ガ」の強調表現における拡がり

「ガ」はもともと連体表示が主たる機能であったが、その上接語は時代によって変化してきている。中世期における「ガ」の上接語に関して、大野（一九七七）では以下のように述べる。

覚一本平家物語ではガの承ける対象が拡大されてウチからソトへと広がっ

ていることは確実である。しかし、その広がりは、なお、「人間を承ける」という範囲内にとどまっている。つまり「ガは人を承ける」という点を中心に、かつまた「敬意を以て遇しない対象を承ける」という方向に対象が広まりつつあったといえる。

また、大野(一九九三)では「ガ」と「ゾ」の上接語について以下のように述べる。

平家物語ではゾが人間以外のものを承ける例はおよそ八割、人間を承ける例はおよそ二割であったが、この使い分けは次第に崩れ、ゾからガへの移行が広まっていった。室町時代末期の口語の一体を写した天草本平家物語において、ガは次のように人間以外の広汎のものを承けている。——(中略)——係り結びの体系の全体的な亡びの流れの中で、係助詞ゾが衰弱して使われにくくなったときに、主格のゾの代わりに、広くガが使われるようになっていったという状況は、右に挙げた天草本平家物語の状況によって理解されるだろう。(三六一頁)

ここでは大野(一九七七、一九九三)における「人間」「人間以外」という基準を参考にし、「有情」「非情」という観点より、「主語ガ」の発達に関して考察を進めることとする。

三・一・四・一　「有情＋ガ」——平安期

大野(一九九三)には言及がないようであるが、平安期の会話文における「ゾ」には、原則として「一・二人称代名詞」「人固有名詞」に下接することがない、という特徴があったようである。以下、本書では、「一・二人称代名詞」「人固有名詞」をまとめて有情Aとし、「一・二人称代名詞」「人固有名詞」以外の有情物を有情Bと分類する。因みに平安期の「ゾ」の上接語をあげてみると「それ、かれら、人(ども)、者、行者、ぬし、童部、左大臣、后、宮(達)、君(達)、右近、兵部卿、近衛司、博士、仏神」などで、有情Bにまとめることができる。平安期において見られる「有情A＋ゾ」は7のみである[5]。

7　「さてもありさまをの給へ」「かの君の御さま、まろぞよくきゝとりたるな」と　(宇津保物語・一一四五頁)

では「ゾ」が有情Aに下接しないとなると、強調表現において有情Aが主語となる場合、係助詞「ゾ」以外のどのような表現が用いられていたのであろうか。その強調表現形式として、「有情A＋ガ―ゾ」形式があったと考えられる。

8　おほむかたがたのかんだちめ、御こたち「そゝや〳〵、ことなりにたるべし。かゝることはありなんとおもふところぞかし。われらがしどけなきぞかし」とて、あるは御くつもはきあへ給はず、あるは御ぞもきあへ給はで、てまどひをしつゝ、はしりあつまりて　(宇津保物語・九四〇頁)

9　「新中納言のことはよべきこしめしたりや。いとこそおかしかりけれ。かの三条に、むかしの人をむかへをきて、さもしらせで、をのが侍るぞとて、ゐてまかりたりければ」　(宇津保物語・一五二〇頁)

10　中納言殿聞きたまひて、あいなくものを思ひありきたまふ。「わがあまり異様なるぞや。さるべき契りやありけむ」　(源氏物語・五・二九二頁(総角))

11　「多ノ人ノ濱ニ出デ、皇シル音ヲ聞テ其ノ夜叉ノ出来テイカレル様ヲ見セテ侍ケルヲ、『己等ガ鬼ニテ有ルゾ』ト知リ給ヘル也」　(今昔物語・一・三四〇頁)

12 君もうつぶし、我もうつぶしたるほどに、懐なる文のおちぬるもえ知らず。少将見つけ給ひて、ふと取り給ひつ。御鬢かきはてて入給ふに、いとをかしければ、三の君に「これ見給へ。「惟成が落としたりつるぞ」とて奉り給ひて　（落窪物語・八三頁）

以上8〜12(但し、11は5の再掲)は「主語ガ―ゾ」形式で、文強調であるが、「有情A＋ガ」が上接語強調と認められるものもある。

13 こなたのも廿あるを、右大殿「これこそあらはなるうつろひなれ。左大将殿の、いかめしうて、ふたかたもてかしづき給に、をのれがおとるべき」とて「こどものかずこそをよばざらめ、くるまはいまいつゝ、こなたのは又こむ」との給へど　（宇津保物語・一七六三頁）

14 なでしこの御衣、青朽葉の小袿たてまつりて、御几帳よりほの〳〵見ゆる御ありさま、世になくめでたきを、「あはれ、わが、もとよりかやうにてあるべきものを」と、今始めたる事ならねど、身を思ひかぎるにつけても、いみじくあさましくおぼゆ　（とりかへばや・一一六頁）

15 をの〳〵「我がまさりたり」と論じつゝ、四条大納言のもとへ、二人まいりて、判せさせ給たてまつるに　（古本説話集・七一頁）

16 その家あるじの女の男、所の雑色なりけるが、蔵人にのぞみかけたる折節にて、「わがなりぬる」とよろこびて　（今鏡・二五八頁）

17 おのこども申やう、「さらばいかゞはせむ。難き事なりとも、仰ごとに従ひて求めにまからむ」と申に、大納言見わらゐて、「なむぢらが君の使と名を流しつ。君の仰ごとをば、いかゞ背くべき」との給て、龍の頚の玉取りに

と、出したて給ふ
（竹取物語・四五頁）

18　生贄、猿共ヲ家ノ内ニ引烈テ、目ヲイカラシテ、猿ニ向テ云テ、「己ガ年来、神ト云虚名乗ヲシテ、年ニ一ノ人ヲ食ミ失ヒケル。己、更ヨ」ト云テ
（今昔物語・四・四三八頁）

13は、犬宮が楼へ移る際のもろもろの準備が、左大将殿と比べて自分（右大殿）の方が劣ってしまうに違いない（「をのれがおとるべき」）から、右大殿がせめて車の数だけでも増やそうとする場面。14は、大将（女）が、小袿を着た尚侍（男）を見て、自分の方がもとからこのような姿でいなければならなかったのに（「わが、もとよりかやうにてあるべきものを」）と嘆いている場面。15は、長能、道済の二人が、自分の歌の方が勝っている（「我がまさりたり」）と争っている場面。16は、蔵人になりたいと願っていた男が、他の者ではなく自分が蔵人になった（「わがなりぬる」）と喜んでいる場面。17は、大納言が使いの者に、他でもないお前達自身が主君の下部であると世間に広めているのだ（「なむぢらが君の使と名を流しつ」）、その主君の命令をどうして背くことが出来ようか、と諌めている場面。18は、「生贄」が、「猿」に向かって、他でもないおまえが神と偽って毎年一人の生贄を食べてきたんだな（「己ガ年来、神ト云虚名乗ヲシテ、年ニ一ノ人ヲ食ミ失ヒケル」）と、詰め寄る場面。13〜18はすべて上接語強調と考えられる。

平安期の強調表現における「有情主語＋ガ」は一二例見られるが、8〜18で見てきたように、そのうち一一例が「有情A＋ガ」となっている。「有情A」と「ガ」との結びつきの強さが窺われるであろう[6]。平安期に「有情A＋ゾ」が見られないのは、この「有情A」と「ガ」との結びつきの強さが影響しているものと思われる。

平安期の強調表現における「主語ガ」と「主語ゾ」には、「有情A＋ガ」「有情B＋ゾ」という相補的関係が存在したとまとめることができよう。

三・一・四・二「有情＋ガ」——鎌倉期

鎌倉期になっても強調表現における「主語ガ」は「有情A＋ガ」が中心である。

19　重忠ちと居なをりて、「君の御大事何事にて候とも、いかでか子細を申候はん」といひたりければ、大将入興し給て、「その庭にながゐめが候ぞ。貴殿と手合をして心見ばやと申候也」（古今著聞集・三〇三頁）

20　長兵衛尉これをきいて、「物もおぼえぬ官人共が申様かな。馬に乗ながら門のうちへまいるだにも奇怪なるに、下部共まいてさがしまいらせよとは、いかで申ぞ。左兵衛尉長谷部信連が候ぞ。ちかうよてあやまちすな」とぞ申ける（平家物語・上・二八七頁）

21　「田舎のものは、佛供養し奉らんとて、かねて四五日より、かゝることどもをし奉るなり。きのふ一昨日は、おのがわたくしに里隣わたくしのものどもよびあつめて候ひつる」といへは（宇治拾遺物語・二七四頁）

22　かへりて云やうは、「事を起こしたらん人こそはまづ入らめ。先大太郎が入るべき」と云けれは、「さもいはれたり」とて、身をなきになして入ぬ（宇治拾遺物語・一一〇頁）

19、20は文強調、21、22は上接語強調となっている（22は4の再掲）。しかし、鎌倉期になると強調表現において「有情B＋ガ」も多く見られるようになる。

23　信頼一防もふせかず「そこふせぎ候へ」とて引しりぞきたまへば——（中略）——義朝み給ひ「悪源太は候はぬか。源太冠者はなきか。信頼といふ不覚仁が、あの門やぶられつるぞや。あれ追出せ」との給ひければ（平治物語・二二四頁）

24　これをみて「たが書きて候にか」と、おどろきたるけしきにてとひければ、あるじうちわらひて、「これはまことしき物ゝかきたるには候はず。愚息の小童が書て候」といはれければ　（古今著聞集・三一八頁）

25　御曹司「わどのは東國そだちのものの、けふはじめてみる西國の山の案内者、大にまことしからず」との給へば、平山かさねて申けるは、「御ぢやうともおぼえ候はぬものかな。吉野・泊瀬の花をば歌人がしり、敵のこもたる城のうしろの案内をばかうのものがしる候」と申ければ　（平家物語・下・一九七頁）

26　又關白「ハガトガニ成候ナンズ」ト、返々申サレケルヲモキカセ給ヌ事ニテアリケレバ、「ナヲコレハ關白ガスル」トヲボシメシテ御キソクアシカリケリ　（愚管抄・二二四頁）

23は、「主語ガ―ゾ」形式であることから文強調。24は、典型的上接語強調。25は、「案内を知っているものは誰か」、「かうのもの」という関心の対象が示されており、26も、「これをしたのは誰か」、「關白」という関心の対象が示されていることから、上接語強調と考えられる。

また、共起成分の存在によって、強調表現であると思われる「有情B＋ガ」が新たに認められる(7)。

27　「少将をばしばらく教盛にあづけさせおはしませ。教盛かうで候へば、なじかはひが事せさせ候べき」と申されければ、季貞まいて此由申す。「あはれ例の宰相が物に心えぬ」とてとみに返事もし給はず　（平家物語・上・一六六頁）

28　小松殿烏帽子直衣に、大文の指貫そばとて、ざやめき入給へば、事外にぞ見えられける。入道ふしめにな て、「あはれ、れいの内府が世をへうする様にふるまふ。大に諫はや」とこそ思はれけめども　（平家物語・上・一七一頁）

27は、謀反を企てた大納言の子を預からせて欲しいと要求する教盛(宰相)に対して入道が、いつものごとく宰相がことの状況を理解しないものだ(「あはれ例の宰相が物に心えぬ」)と不満をもらす場面。28は、出陣をしようとしていた入道のもとへ身なりを整えた小松殿が来たことに対して、入道が、いつものことだが内府が人を小馬鹿にしたように振る舞うものだ(「あはれ、れいの内府が世をへうする様にふるまふ」)と立腹する場面。27、28は文強調とも、また「周りの者は状況を理解しているのに、宰相だけが理解を示さない」、「状況は緊迫しているのに、内府だけが飄々と振る舞う」という文脈であり、上接語強調とも考えられる。

以上、19~28などからわかるように、鎌倉期の強調表現には「有情A+ガ」「有情B+ガ」両方が見られる。すなわち平安期に見られた、上接語に対する制限がなくなってきているということになる。

では「主語ゾ」の方はどうか。もちろん、平安期同様「有情B+ゾ」は見られる。

29　晴明申云「此術ハ極タル秘事也。晴明カ外知者ナシ。但若道摩法師所為カ、其一人ゾ知ヘシ」トテ
(十訓抄・一三五頁)

30　腰居がぬすみたるけんぎありて、臓物をさがし出したりけるに、こしゐ申けるは、「手をもちてこそゐざりありき候へ、てをはなれては、いかでかとり侍べき。他の人ぞ盗てをき侍らん」と陳じければ(古今著聞集・三四六頁)

しかし、平安末期以降、新たに「有情A+ゾ」が見られるようになるのである。

31　白河の院、「一のをもしろき所はいづこある」と問はせ給ひければ、「一には石田こそ侍」「次には」と仰せられけ

れば、「高陽院ぞ侍ふらむ」と申に

（今鏡・一〇〇頁）

32　景時にいひあはせ給ければ、「東八ヶ國に、いまは心にくき物候はず。但召人經家ぞ候」と申ければ

（古今著聞集・二九〇頁）

33　殿中ノ女房ニ靈ノ託シテ種々ノ事共モ申ケルニ、――（中略）――中古ヨリノ智者・學ト聞ヘシ人共、皆魔道ニアルヨシ云ケリ。「明慧房・解脱房ゾ、イヅチエ行キタルヤラン、ミヘヌ」ト申ケル。眞實ノ道心者ノ聞ヘアリシカバ、サモト覺ヘ侍り

（沙石集・四三四頁）

34　君も臣も「あなおそろし。是はまことの鬼とおぼゆる。手にもてる物はきこゆるうちでのこづちなるべし。いかゞせん」とさはがせおはしますところに、忠盛其比はいまだ北面の下臈で供奉したりけるをめして、「此中にはなんぢぞあるらん。あの物ゐもとゞめ、きりもとゞめなんや」と仰ければ

（平家物語・上・頁四一七）

35　うきことを心ひとつにつのふれは「と申され候心の中のおもひはわれそしり侍」とてとみのかうちとのゝ御所たえすなみたに有明の月

（とはずがたり・二九七頁）

29〜35のように、平安末期以降の「主語ゾ」にも「有情A＋ゾ」「有情B＋ゾ」両方が見られ、「主語ガ」同様、やはり上接語に対する制限がなくなっていることがわかる。

そして特筆すべき点として、29〜35もそうであるが、平安末期以降に見られる「有情主語＋ゾ」一二例中一一例が上接語強調となっていることがあげられる[8]。「主語ゾ」はその上接語に対する制限がなくなった一方で、表現としては上接語強調のみとなり、談話レベルでの活動範囲が狭まってきていると考えられる。

三・一・四・三　「有情＋ガ」と「有情＋ゾ」との関係

平安期には強調表現において「有情A＋ガ」「有情B＋ゾ」という相補的関係が見られたが、鎌倉期に入ってからは上接語による相補分布は崩れた。上接語に関する制限がなくなったわけである。「ガ」は有情Bにも下接するようになり、文強調・上接語強調両面において勢力を拡大させてきている。一方「ゾ」も有情Aに下接するようになり一見勢力が拡大したかのようではあるが、文強調においては用いられることなく、上接語強調という限られた範囲で生き残っていると言える。平安期から鎌倉期にかけての「有情＋ガ」と「有情＋ゾ」との関係を図にすると（図1）のようになろう。

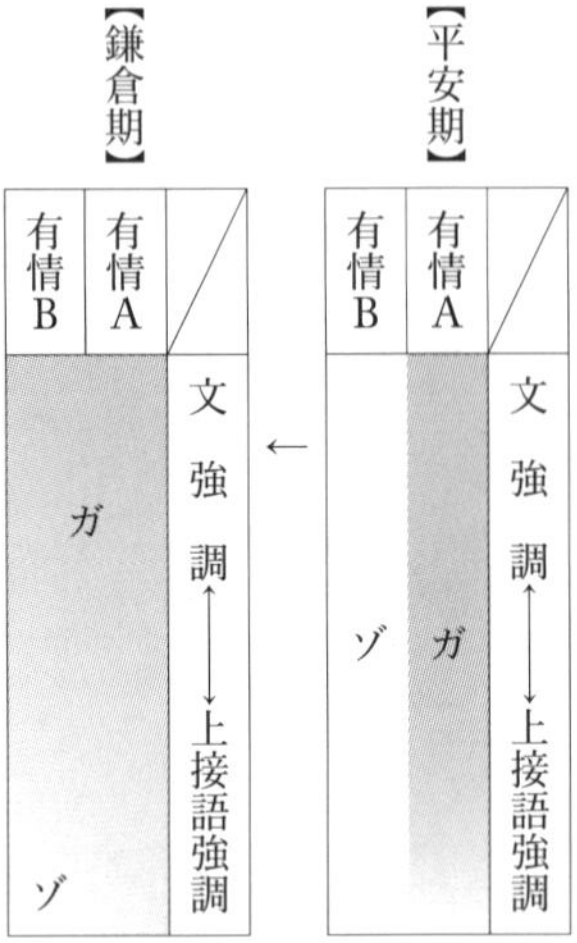

図1　人主語における「ガ」と「ゾ」の勢力関係の推移

三・一・四・四　「非情＋ガ」

先の大野（一九七七）にあるように、確かに、「主語ガ」の上接語は平安期まで人間の場合がほとんどである。しかし、『覚一本平家物語』に関して「その広がりは、なお、「人間を承ける」という範囲内にとどまっている」とあったが、鎌倉期になると「非情＋ガ」は思いのほか見られるようになる。
鎌倉期以降発達してきた「非情＋ガ」を見てみよう。

36 「とうし二人弓と矢をもちて参りて候つるを、ふかくおさめをく期があらんずるぞ。其とき頼朝にたぶべし」（平治物語・二九二頁）

37 「汝等が頻に供せうどいひしか共、『存るむねがあるぞ』とて、汝らをとゞめをき」（平家物語・下・一〇〇頁）

38 「今度は小太郎をすててゆけばにや、一向前がくらうて見えぬぞ」（平家物語・下・一四八頁）

39 「是は君に奏すべき事があるぞ。あけてとをせ」とのたまへども（平家物語・下・一五九頁）

40 「日来はなにともおぼえぬ鎧が、けふはおもうなたるぞや」（平家物語・下・一七九頁）

36〜40は「主語ガ―ゾ」形式によって文強調であると考えられる。

41 程ナク御幸ナラセ給「雪ハ北サマカ目出也。小野方へ」ト仰有ケレハ（十訓抄・一二四頁）

42 コレラハ御堂ノ御トガトヤ申ベカランナレド、「コレマデモスコシモ我アヤマチニハアラズ。タヾ世ノ中ノアルヤウガ、カクテヨカルベクテ、ナリユク」トゾ、ウラ〳〵トコソハ御堂ハヲボシメシケンヲ（愚管抄・一八六頁）

41は、「雪」を見に行くなら、東西南北の中で「北サマカ」すばらしいと言っている場面。42は、道長が、自分の過ちではなく、ただ世の中の流れが、そうなるべくしてなったのだ（「タヾ世ノ中ノアルヤウガ、カクテヨカルベクテ、ナリユク」）と思っている場面。41、42ともに上接語強調となっている。

43　「いかに御車をばかうはつかまつるぞ」としかりければ「御牛の鼻がこはう候」とぞのべたりける
（平家物語・下・一四一頁）

43は、どうして御車をこのように荒く走らせるのか、と詰問された牛飼いが、自分のせいではなく、この牛が言うことを聞かないのだ（「御牛の鼻がこはう」）と言い訳をする場面。文強調とも、また、「自分が荒いのではなく、牛が荒い」という点で上接語強調とも考えられる。

36〜43のように鎌倉期において見られるようになった「非情＋ガ」のほとんどすべてが強調表現に関わっている(9)ということは特筆すべき事である(10)。

鎌倉期において強調表現ではない「非情＋ガ」は44の二例のみである(11)。

44　この男みて、「この馬、わが馬にならんとて死ぬるにこそあんめれ。藁一すぢが、柑子三つになりぬ。柑子三つが、布三むらになりたり。この布の、馬になるべきなめり」と思て
（宇治拾遺物語・二三〇頁）

三・一・四・五　「非情＋ガ」と「非情＋ゾ」との関係

以上「非情＋ガ」に関して見てきた。平安期には原則として「非情＋ガ」は見られず、「非情＋ゾ」が強調表現を担っていたと考えられるが、鎌倉期における強調表現では「非情＋ガ」「非情＋ゾ」の両形式が並存している。平安期では「主語ゾ」のうち約七割であった「非情＋ゾ」が鎌倉期には約五割に減じている。その分「非情＋ガ」が強調表現へと参入したということになるであろう。図にすると（図2）のようになろう。

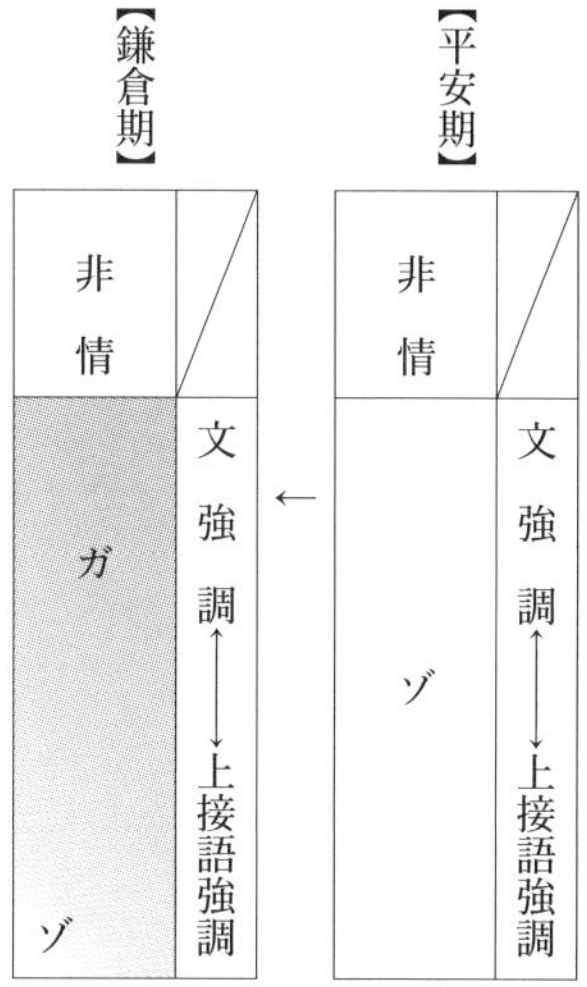

図2　非人主語における「ガ」と「ゾ」の勢力関係の推移

三・一・五　まとめ

「主語ガ」が強調表現においてどのように発達してきたのかを「主語ゾ」との関係において考察してきた。「主語ゾ」が衰退するとともに「主語ガ」が強調表現に参入することになったわけであるが、なぜ両者が関係を持つに至ったのであろうか。

係り結びが衰退した要因として、北原(一九八四)は以下のように言及している。

> それら(山田注「ぞ」「こそ」)によって表される指示・強調の意味はプロミネンスによって示され、構文的な側面は文末に移行したのではないかということが想像される。「いかなる所にか｜この木は候ひけむ」が「どういう所にこの木はあったのでしょうか｜」となったのと同様に、たとえば、

ようこそおじゃったれ。

は、

よく来ましたねえ。
よく来たものだ。

というように、文末に移行する。　　　　　　　　　　　　　　　　　（二六八頁）

例えば、45のように「対象語ヲゾ―連体形終止」であったものは、46のような「対象語ヲ（プロミネンス）―連体形終止（ゾ）」となるわけである。その際、「ゾ」の役目はすでにプロミネンスが引き継いでいるわけであるから、文末の「ゾ」はあってもなくてもよい。

45　なほのがれがたかりける御宿世をぞ、命婦はあさましと思ふ。　　（源氏物語・一・三〇七頁（若紫））
46　恩をしるを人とはいふぞ。恩をしらぬをちく生とこそいへ。　　（平家物語・上・一五七頁）

天野（二〇〇一）は現代語を対象として、情報構造上、焦点句が格成分以外に多種多様な形式において見られることを示している。このことは古代語において係助詞「ゾ」が格成分のみならず多様な成分に下接して用いられているということと通底するであろう。

47 「結局誰を誘ったの?」「順子を誘ったよ」

48 「この時間は道が混むよ、電車で行こう」

47の「順子を」は、「誘ったのは順子だ」「他でもない順子を」という焦点として解釈されるであろうし、48の「電車で」もやはり「(車でもバスでもない)電車で」という解釈が可能である。焦点とは文脈によって左右される情報伝達上の用法なのである。そしてこの表現法の起源は係助詞「ゾ」のいわゆる強調に求められると考える(もちろん係助詞「コソ」も関わるであろう)。47の「順子を」や48の「電車で」は、それぞれ「順子ヲゾ」や「電車ニテゾ」の表現効果を引き継いだ表現法なのであろう。

さて、以上のような係助詞を用いた表現からプロミネンスを用いた表現へという強調表現の推移を「主語ゾ—連体形終止」に当てはめて考えてみよう。49のような「主語ゾ—連体形終止」の場合は、「ゾ」がなくなってしまうとプロミネンスの置き場がなくなってしまう。そこで50のように「ガ」を用いて「主語ガ(プロミネンス)—連体形終止(ゾ)」となる必要があったのであろう。ここに「主語ガ」と「主語ゾ」との相関が現れてくる。こうして51(21の再掲)、52(23の再掲)のような、主語表示「ガ」の解答提示の用法が発達したと思われる。

49 またこのわたりに隠ろへたる近衛司ぞあるべき。 (源氏物語・二・九八頁(賢木))

50 存るむねがあるぞとて (平家物語・下・一〇〇頁)

51 かへりて云やうは、「事を起こしたらん人こそはまづ入らめ。先大太郎が入るべき」と云ければ、「さもいはれた

り」とて、身をなきになして入ぬ。（宇治拾遺物語・一二〇頁）

52 これをみて「たが書きて候にか」と、おどろきたるけしきにてとひければ、あるじうちわらひて、「これはまことしき物ゝかきたるには候はず。愚息の小童が書て候」といはれければ（古今著聞集・三一八頁）

解答提示は主語表示「ガ」にもともと文法的機能として備わっているものではなく、情報伝達上の使用法なのであった。この用法の起源は、係り結びの衰退に伴い、係助詞「ゾ」の表現効果を引き継いだところにあると考えられる。その証左として、従属節内においては解答提示の「ガ」が見られないということがあげられるであろう。いわゆる係り結びは従属節内においては行われない。つまり従属節内の「ガ」には、先に見たような係助詞「ゾ」との交渉はなかったわけである。したがって、その表現効果の一端を引き継ぐということもなく、情報伝達上の使用法である解答提示が見られないわけである。

但し、「主語ゾ」の表現性を引き継いだと考えられる形式は、「主語ガ（プロミネンス）」だけではなく、本節の文字資料の例に見られたように、終助詞「ゾ」の付加・談話レベルにおける表現性の付与・副詞などの共起成分の使用などによっても、「主語ゾ」の表現性は引き継がれたものと考えられる。

以上、「主語ガ」の強調表現における勢力拡大の様相を係助詞「ゾ」との関わりから述べてきたが、図にまとめると**（図3）**のようになるであろう（但し、具体的な数値は反映していない）。

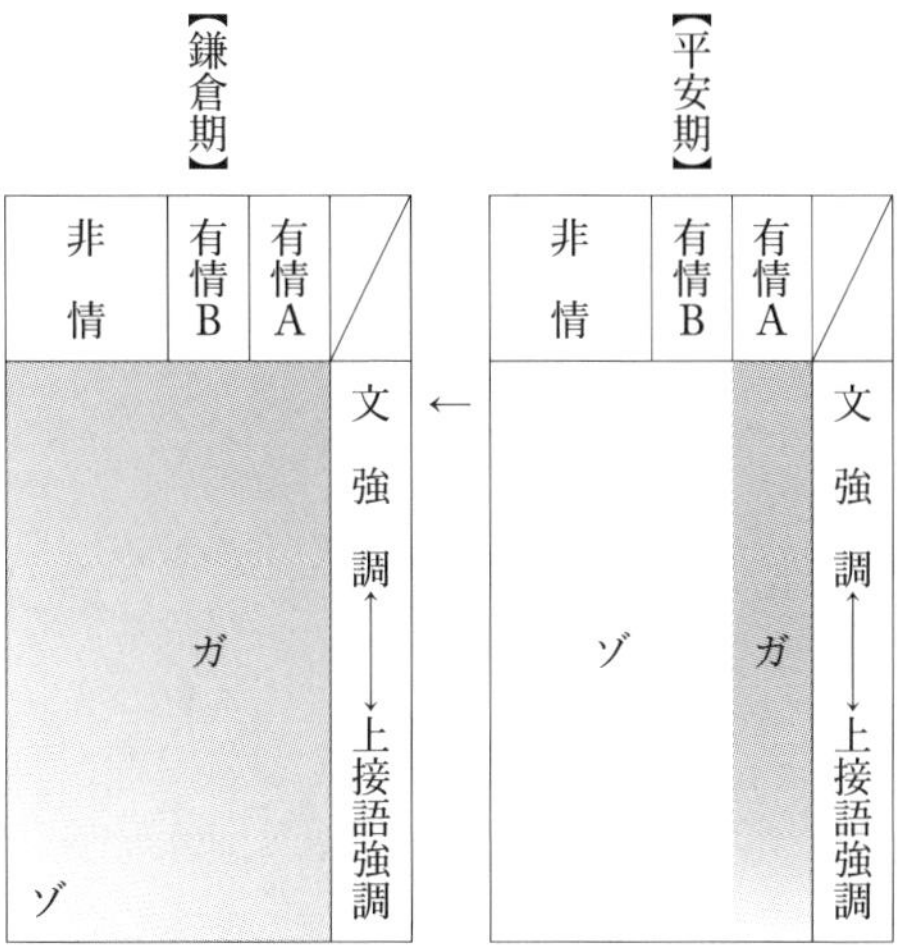

図３　強調表現における「ガ」と「ゾ」の勢力関係の推移

三・二　名詞述語文における「ガ」——「ゾ」「コソ」から「ガ」へ

三・二・一　先行研究と分析の枠組み

前節(三・一・三)では、主節における名詞述語文「AガBダ」型(12)が平安鎌倉期において僅少であり、動詞述語文・形容詞述語文に比べると名詞述語文における「ガ」の発達が遅いことに触れ(13)、山田(二〇〇一b)では、名詞述語文の主語表示「ガ」が主語卓立型記述文から始まることを述べた。

名詞述語文「AガBダ」型に関してはこれまでに多くの先行研究が存在するが(14)、通時的な観点より調査したものはないようである。そこで本節では、「AガBダ」型がどのような経緯で発生したのかについて触れ、それがどのように拡がってきたのかを中心に考察する。

本書では「AガBダ」型の用法として、砂川(一九九六a、b)に従い、記述用法・前項焦点用法の二種を認め、これを用いて「AガBダ」型の拡がりの様相を粗描したい(15)。それぞれの用法に関して簡単に説明をしておく。

【記述用法】(砂川(一九九六a))による。例1、2も同様)

①すでに同定済みの指示対象Aに対してBで記述をつけ加える文である。

②Aには指示名詞句が、Bには性質・身分・所属・用途など、属性を記述する非指示名詞句が用いられる。

1 ご紹介しましょう。こちらが田中さんです。それからその横にいるのが高橋さんです。

2 小鶴は起き直って、娘の脚を小気味よくたたいた。それが起きる合図だった。

【前項焦点用法】(砂川(一九九六b))による。例3も同様)

「BがXである」という命題を前提とし「X＝A」を主張する文である。基本的には主語名詞句と述語名詞句を入れ替えて「BはAだ」の形に言い換えられる。

3 キュウリがドレスを来た(ママ)のは世界でも最初のことではないか。直径4センチ、長さ26センチ、厚さ0・07ミリのビニールの筒。

a　これがキュウリのドレスの正体である。　（山下惣一『村に吹く風』新潮文庫）

b　キュウリのドレスの正体はこれである。

三・二・二　「AガBダ」型の発生

平安期鎌倉期の名詞述語文は「AハBダ」型・「AφBダ」型・「AゾBダ」型・「AコソBダ」型などがあり、「AガBダ」型は皆無に近い。「AガBダ」型はどのような経緯で発生したのであろうか。

動詞述語文・形容詞述語文の場合には平安期において主語表示「ガ」が見られるが、それにしても多くはない。時代が下り鎌倉期以降になると比較的多く見られるようになってくる。

4　「汝等が頻に供せうどいひしか共、『存るむねがあるぞ』とて、汝らをとゞめをき」　（平家物語・下・一〇〇頁）

5　「汝ほどの物が、貞弘をよびて庭乗せさせて見るべき事かは。馬をとらせんと思へばこそのせつらめ」とてやがて領じてければ　（古今著聞集・二八九頁）

6　御前ニ僧一人脇足ニ寄懸テ居タリ。「コレカ誦シケルヨ」ト見テ過ルホトニ　（十訓抄・四〇頁）

4は強調表現、5は反語表現、6は詠嘆表現と考えられるが、これらの表現効果は主に終助詞「ぞ」「かは」「ヨ」などによるものであり、格助詞「ガ」自体は直接関わっていないであろう。主語表示「ガ」によって上接語の統語的位置づけをし、表現効果は終助詞などが受け持つという点が特徴的であるが、これは近代語形成過程における分析的傾向の一つとみなすことができる。近代語形成過程の傾向として、田中（一九六五）では「種類の少ない、単純な表現単位のコンビネーションによって、複雑、微妙な表現を成立させようとする」、阪倉（一九九三）では「個が未分化的に抱えこんでいた意味・機能が、他の要素との結合によって、個別化され明確化されてきた」などと指摘されている。

特に4、5などは、「意味・機能」を「未分化的に抱えこんでいた」係助詞による表現から、主語表示「ガ」と終助詞による表現へ、すなわち「主語ゾ」から「主語ガ－ゾ」へ、「主語カ（あるいはヤ）」から「主語ガ－カ」へという分析的傾向が見てとれる。さらに言えば、森重（一九五九）が「それ（山田注　近代の特質）はすなわち、文における論理的格関係が卓越的に表面に出、係結的断続関係が裏面に退いているところにある」（二九八頁）と述べているように、古代語表現の特徴である係り結び的断続関係から近代語表現の特徴である論理的格関係を前面に出すような表現へと移行したということも示すであろう。

この辺の事情について柳田（二〇〇一）では以下のように述べている。

日本語が、係り結びを捨てたのは、情意性よりも、複雑な内容の表現を論理的に明瞭に表現することを重視して、主格助詞を尊重したからであると考えられる。そう考えると、日本語文法史上に起きた最も重大な出来事は、衰退していった係り結びではなく、望ましいこととして目指した論理的表現のための、主格助詞「ガ」の確立であったと言うべきであると考えられる。

4、5などで見られた動きは同様に名詞述語文においても見られるであろうと予想される。実際に7のような例が認められる。

7　「多ノ人ノ浜ニ出デ、ノノシル音ヲ聞テ其ノ夜叉ノ出来テイカレル様ヲ見セテ侍ケルヲ、『己等ガ鬼ニテ有ルゾ』

ト知リ給ヘル也」　（今昔物語・一・三四〇頁）

管見によれば7は「AガBダ」型の初出であるが、初出の例が「主語ガーゾ」であるのは、4と同様に、「主語ゾ」から「主語ガーゾ」へという動きを示すものと考えられる。

名詞述語文「AガBダ」型は、日本語の文表現の中心が係り結び的断続関係から論理的格関係へと移り変わっていく過程の中で発生したものと思われる。

三・二・三　主語表示の推移

主語卓立という点では、いわゆる題述文「AハBダ」型は無標である（「AφBダ」型も同様に無標であると思われる）のに対し、「AゾBダ」型・「AコソBダ」型・「AガBダ」型は有標であると考えられる。したがって「AガBダ」型の拡がりの時期と拡がりの様相を確認するには、同じ有標の「AゾBダ」型・「AコソBダ」型の消長を見比べればよいと思われる(16)。**（表4）**は有標の名詞述語文の推移を示したものである。

表からは「AガBダ」型に関して以下の点が指摘できる。

①遅くとも一六世紀にはかなり拡がってきている。『御伽草子』『天草版平家物語』などでは「AガBダ」型の比率が下がっているが、これは『御伽草子』が口語資料ではないこと、『天草版平家物語』は口語資料とされるが、教科書として改まった表現を用い、原拠本「平家物語」の影響を受けていることなどがその要因として考えられる。

②一七世紀中期以降は名詞述語文の主語卓立型の表現形式として「AガBダ」型が独占化するという様相が見てとれ

表4　有標名詞述語文の推移

	AゾBダ型	AコソBダ型	AガBダ型	合計
今昔物語(12世紀前期)	8(33%)	15(63%)	1(4%)	24(100%)
平家物語(13世紀前期)	11(35%)	20(65%)	0(0%)	31(100%)
沙石集(13世紀後期)	3(11%)	22(85%)	1(4%)	26(100%)
曽我物語(14世紀南北朝)	4(9%)	41(87%)	2(4%)	47(100%)
湯山聯句抄(1504年)	0(0%)	15(47%)	17(53%)	32(100%)
御伽草子(16世紀後期)	3(8%)	31(82%)	4(10%)	38(100%)
天草版平家物語(1592年)	0(0%)	19(76%)	6(24%)	25(100%)
仮名草子(1609〜1665年)	0(0%)	13(57%)	10(43%)	23(100%)
大蔵虎明本狂言(1642年)	0(0%)	21(18%)	98(82%)	119(100%)
近松門左衛門(1703〜1721年)	0(0%)	3(11%)	24(89%)	27(100%)
洒落本黄表紙(1770〜1798年)	0(0%)	2(8%)	24(92%)	26(100%)
東海道中膝栗毛(1802年)	0(0%)	1(2%)	41(98%)	42(100%)
浮世風呂(1809年)	0(0%)	3(6%)	46(94%)	49(100%)
春色梅暦・辰巳園(1832〜1833年)	0(0%)	2(13%)	13(87%)	15(100%)

＊成立年代は不明確なものもあり、括弧内の成立年はあくまでも目安である。
＊「AガBダ」型が認められた作品あるいは作家についてのみ数値をあげる。

る[17]。

以下、「AガBダ」型の拡がりの様相を捉える上で、便宜上一六世紀初期『湯山聯句抄』までを第一期、一六世紀後期『御伽草子』から一七世紀中期『仮名草子』までを第二期、一七世紀中期『大蔵虎明本狂言』以降を第三期として考察する。

三・二・四　第一期

三・二・四・一　記述用法における拡がり

「AガBダ」型の初出から一六世紀初期までの例をいくつかあげる(但し、8は7の再掲)。

8　「多ノ人ノ浜ニ出デ、ノノシル音ヲ聞テ其ノ夜叉ノ出来テイカレル様ヲ見

セテ侍ケルヲ、『己等ガ鬼ニテ有ルゾ』ト知リ給ヘル也」（今昔物語・一・三四〇頁）

9　「妻子ヲハグ、マムトシテ物ヲ思ハ、罪ニテアルナリ。只遁世殊勝ナリ」トノ給フ。「諸宗ノ中ニハ、何レカ當世殊ニ利益候」ト、人問申ケレバ、「坐禪殊ニホメラレタリ。一時片時ナリトモ、物ヲ思ハヌガ目出キ事ニテアルナリ」（沙石集・二五八頁）

10　五郎聞て「其最後所が大事にて候ぞ。心へ給へ」といさむれば（曽我物語・三〇〇頁）

11　義盛出あひて、「いかに殿ばらたち、はるかにこそ存ずれ。狩座の体、これがはじめにてぞましますらん。何とか思ひたまひけん」（曽我物語・三三四頁）

12　魏亡テ後ニ、其台ノ瓦ヲ人カトリテ、皆硯ニシタソ。是カ名誉ノ重宝ソ（湯山聯句抄・一八頁）

13　ウタイ、酒カモリテ、大酒ヲ飲ハ、必国カ破ル、ソ。呈ニ、実ニ、宴安ノサカモリカ天下ノ毒ゾ（湯山聯句抄・一二六頁）

8、10、11、12、13の主語名詞句は、それぞれ代名詞、指示名詞句、既出名詞で先行文脈より同定済みと見られる。9の「物ヲ思ハヌ」は、直前に「物ヲ思ハ、罪ニテアルナリ」と言っており、それによって喚起されたものであるとすれば、同定済みと認めてよいであろう。一方、8～13の述語名詞句に関しては主語名詞句に対する属性記述と認めることができるであろう。したがって、これらの「AガBダ」型は記述用法で用いられていると言える。第一期においては他に一五例の「AガBダ」型が認められるが、そのすべてが記述用法である。つまり、「AガBダ」型は記述用法から拡がったということになる(18)。このことは山田(二〇〇一b)で述べた結論と一致する。

三・二・四・二 「AゾBダ」型との関わり

「AゾBダ」型は、『湯山聯句抄』に見られないということから、遅くとも一六世紀には口語から姿を消したと思われる。『御伽草子』には三例の「AゾBダ」型が認められるが、これは口語資料ではないというところに起因していると思われる。前節(三・一)では、文脈上、「主語ゾ」と14、15のような「主語ガ—ゾ」が、強調という同じ表現効果を持つことから、鎌倉期に主語表示「ガ」が係助詞「ゾ」の位置へと活動領域を拡げたことを確認した。

14 大将入興し給て、「その庭にながゐめが候ぞ。貴殿と手合をして心見ばやと申候也」 (古今著聞集・三〇三頁)

15 「是は君に奏すべき事があるぞ。あけてとをせ」とのたまへども (平家物語・下・一五九頁)

これは動詞述語文や形容詞述語文においてのことであったが、先の8、10、11などからは、名詞述語文においても主語表示「ガ」が「ゾ」の位置へと活動領域を拡げてきたと考えられる[19]。

第一期に見られる「AゾBダ」型を見てみよう。

16 「われいかにもなりなん後は、堂塔をもたて、孝養をもすべからず。やがて打手をつかはし、頼朝が首をはねて、わがはかのまへにかくべし。それぞ孝養にてあらんずる」との給ひけるこそ罪ふかけれ (平家物語・上・四〇九頁)

17 「此中ニ一人エリテ、家ヲツガセ申タク侍リ。各評定シテ計給ヘカシ」ト云ニ、可然云兄弟ナシ。嫡子申ケルハ、「各モ用イ給ハズハ力ラナシ。イカサマニモ其ハ入道ニナリ候ベシ。此中ニハ五郎殿ゾ器量ノ人ニテヲハスル。サレバ家ヲ継給テ宮仕給ヘ」 (沙石集・四〇八頁)

18 「たゞ越王をたすけて、一てんの地をあたへ、此下臣となすべし。しからば、呉越両国のみならず、斉・楚・趙の三が國、こと〳〵く朝せずといふこと有べからず。これぞ、根はふかうして、葉をかたくする道也」

（曽我物語・二三〇頁）

16〜18の主語名詞句はいずれも同定済みであり、述語名詞句はその属性記述となっている。第一期において「AゾBダ」型は二六例見られるが、そのうち二一例（81％）がこの記述用法である。この「AガBダ」型の記述用法の拡がりと反比例するかのように一六世紀には消滅してしまう。「AガBダ」型が「AゾBダ」型へ活動領域を拡げたことが窺えるであろう[20]。

また、19のように原拠本「平家物語」[21]に見られる「AゾBダ」型が『天草版平家物語』では「AガBダ」型となっている例が見られることも、「AガBダ」型が「AゾBダ」型へ活動領域を拡げたことの証左になるであろう。

19 是ゾ善知識ノ基ニ候　（百二十句本平家物語・六〇六頁）

これが善知識の基でござる　（天草版平家物語・六四一頁）

三・二・五　第二期

三・二・五・一　前項焦点用法における拡がり

第二期は「AガBダ」型と「AコソBダ」型が並存しているが、第三期になると「AガBダ」型が名詞述語文における主語卓立型として独占化する様相を呈することから、「AコソBダ」型から「AガBダ」型へという表現形式の過渡期に位置づけられる。

第一期における「AガBダ」型は記述用法において拡がったが、第二期になると新たに前項焦点用法が見られるようになる。

20 「たゞ一目見申せし事なれば、いづれか尾上殿にて御わたり候やらん、いづれもいづれも美しく御入候程に、迷惑仕り候ところに、きこしめしたる御盃を持ちながら、わが身が候ひし所、ちかぢかとさし寄らせ給ひて、人一人隔て候て御思ひざし候時こそ、是が尾上殿よと心得て、御盃給り候」（御伽草子・四三八頁）

21 「酒を飲むとて酒に飲まれて、かやうに道中にて転び倒れ、顔を擦剥き足を打破り、術なさうな体たらくぢや。酒を飲むならば、よい比に飲ふだが見事な」と言へば、この男枕を上げて、「これがよい比ぢや」と言ふた（浮世物語・三一七頁）

20は、「尾上殿はX（この中の誰か）である」という命題を前提とし、その誰か（X）とは「是」（A）である、すなわち「X＝A」を主張する文である。主語名詞句と述語名詞句を入れ替えて「尾上殿は是だ」の形に言い換えることができる。したがって、この例は前項焦点用法であると言える。また21も同様に「よい比はこれだ」と言い換えが可能であり前項焦点用法と考えられる。

第二期の「AガBダ」型は、記述用法から前項焦点用法へと活動領域が拡がったところに特徴があると言える。

三・二・五・二　前項焦点用法における「AコソBダ」型との関わり

第一期、第二期を通じて、「AコソBダ」型においても22〜24のような前項焦点用法が見られる。

22　皆渡リハテテ後、船ノ者共、「此ノ卅日許差上ツルニ、一所渡瀬ト思シキ所モ无カリツルニ、カクカチワタリヲシツルゾ。ココソ渡瀬也ケレ」ト思テ　（今昔物語・五・二六七頁）

23　梶原申けるは、「けふの先陣をば景時にたび候へ」。判官「義経がなくばこそ」。「まさなう候。殿は大将軍にてこそまし〳〵候へ」。判官「おもひもよらず。鎌倉殿こそ大将軍よ。義経は奉行をうけ給たる身なれば、たゞ殿原とおなじ事ぞ」との給へば　（平家物語・下・三三八頁）

24　「本宮ニテ歌ヨミタリケル夫ハ、イヅレゾ」ト問ニ、「是コソ、件ノ夫ニテ候ヘ」ト、ソバニテ人申ケレバ、「ヲホセナリ。参ルベシ」ト云ケル　（沙石集・二三四頁）

22～24は「渡瀬はここだ」「大将軍は鎌倉殿だ」「件の夫はこれだ」と言い換えが可能で、前項焦点用法とみなされる。このような名詞述語文における前項焦点用法は第一期に四〇例見られるが、そのうち「AコソBダ」型が三五例（88％）、「AゾBダ」型が五例（12％）となっており、前項焦点用法は「AコソBダ」型が中心に担っていると言える。前項焦点用法は談話レベルにおいて前項である主語名詞句に焦点を当てる用法であるが、「コソ」自体に文レベルにおいて上接語を強く卓立する機能が備わっているため、前項焦点用法と「AコソBダ」型は結びつきが強かったと考えられる。そしてこの結びつきの強さが、第一期における「AガBダ」型の前項焦点用法への拡がりを抑制していた要因であると思われる。

ところが第二期に入ると前項焦点用法の「AコソBダ」型は次第に減少し、25を最後に見られなくなる(22)。

25　「季のない證據はいかゞ候」「次の平家に、大炊の御門公能公

五月やみ名をあらわせる今夜かな
　頼政うけたまわり、
たそがれ時もすぎぬとおもふに
これこそ季のないためしよ」と申されたれば　（きのふはけふの物語・一〇三頁）

このことは「AガBダ」型が「AコソBダ」型の前項焦点用法へ活動領域を拡げたことの証左となるであろう。

三・二・五・三　記述用法における「AコソBダ」型との関わり

第一期に引き続き、「AガBダ」型は記述用法において拡がっている。

26
「命こそ限りよ」（曽我物語・八一頁）
「命こそかぎりなれ」（曽我物語・三五五頁）
「今こそ最後の際なれ」（曽我物語・三四八頁）
「是こそ限りなれ」（御伽草子・一五六頁）
「これが限りの言葉也」（御伽草子・三五二頁）
「それが最後」（天草版平家物語・五九頁）
「只今が最後なり」（恨の介・八一頁）

26は「もうこれで終わりである、これが最後である」という状態を示す類似表現であるが、「AコソBダ」型から「AガBダ」型へと表現形式が移行したことが窺える。言い換えれば「AガBダ」型が「AコソBダ」型へ活動領域を拡げたことになる。

また、『天草版平家物語』は原拠本「平家物語」の影響を受けており、「AコソBダ」型はそのまま踏襲されているが、中には以下のような例も見られる。

27　忠仁公・昭宣公より以降、摂政関白のかゝる御目にあはせ給ふ事、いまだ承及ず。是こそ平家の悪行のはじめなれ　（平家物語・上・一二〇頁）
まことに昔から今まで、関白殿ほどの人がこのやうな目にあわせられたことは、聞きも及ばぬことぢゃ、これが平家の悪行の始めと、きこえてござる　（天草版平家物語・四五頁）

27は「AガBダ」型が「AコソBダ」型へ活動領域を拡げたことの証左となるであろう。

三・二・六　第三期

第三期になると、「AコソBダ」型は衰退し、「AガBダ」型が名詞述語文における主語卓立型として独占化する様相を呈す。第三期においても「AガBダ」型には28、29のような記述用法や30、31のような前項焦点用法が見られるが、第一期、第二期には見られなかったような「AガBダ」型も見られ、「AガBダ」型は多様化する。

28
「あとの事はきづかひをせひで、はやふいづくへなりともゆかしませ」
「もはや参る、なごりおしうこそござれ、これが‖いきわかれじや、又命もあらは御目にかゝる事もござらふ」
（虎明本・上・三一〇頁）

29
「何か何か。君のお手際僻事が有らうか。さりながら人に心を尽させ無下ない心が‖一つの疵」
（心中宵庚申・四三二頁）

30
「さても〳〵おびたゝしひ事かな、一のくひはどこもとぞしらぬよ、いやこれが‖そじや」
（虎明本・上・一二〇頁）

31
「何、文字清か。今では中村秀松が女房になつて、子を持て、かみさんかぶだ」
「どこに居るの」
「川岸の、冨田屋と云のが‖そだ」
（辰巳之園・三〇八頁）

ここでは「AガBダ」型の多様化の様相に注目し、それらが「AコソBダ」型を吸収した結果であることを示す。

三・二・六・一　主語名詞句

「AガBダ」型の主語名詞句において新たな側面が見られるようになる。

32
「そなたは仕合な人じや」
「其子細は何とした事でござる」

33　「都に人おほいといへども、某が、するひろがりやの亭主でおりやるよ」（虎明本・上・七〇頁）

「さきの月の二十四日のぢざうこうは、つぢの形部三郎がとうではなかつたか」

「中々ぎやうぶ三郎がとうで御ざつた」（虎明本・中・二二七頁）

34　「さて不義は中立同罪たり。藤は中立知らぬか」といへば、「ア、愚なり彦九郎様。中立を知る程ならば、かやうに恥を見るべきか」とまたさめざめとぞ泣きゐたる。「さては下女めが中立ならん。そいつ呼べ」と呼出せば（堀川波鼓・五五頁）

35　「若い上臈のお優しい年寄と思召し。嫁子もならぬ介抱。寺道場へ参つてもこれ。こゝの一心が邪見では参らぬも同前。こなたがほんの後生願。もう手をあらうて下され」（冥途の飛脚・一八四頁）

32〜35は主語名詞句が有情名詞となっている例の一部であるが、このような例は第一期、第二期では見られなかったものである(23)。一方で36、37のように「AコソBダ」型には、第一期、第二期を通して主語名詞句に有情名詞が見られる。

36　景時、御前にかしこまりければ、君御覧ぜられて、「梶原こそ、例ならず訴訟顔なれ」（曽我物語・一五〇頁）

37　将軍仰せけるやうは、『今なればとて恋といふ事の、有まじきにてもなし。糟谷が心の中を、問はせばや』と仰せ出されける。『佐々木三郎左衛門こそ深き知音にて候へ』と申上ければ（御伽草子・四三六頁）

第三期において「AガBダ」型の主語名詞句に有情名詞が見られるようになったのは、「AガBダ」型が36、37のような「AコソBダ」型を吸収した結果であると考えられる。

三・二・六・二　述語名詞句における解答提示

前項焦点用法は主語名詞句における解答提示という性質を持つものであるが、第三期の「AガBダ」型には38、39のような述語名詞句における解答提示が見られるようになる。

38　「番頭、あのあれ、角力取の灸の蓋のやうに紙を張たが、あの戸棚は何だ」「あれが、貸切の戸棚でござります。あの紙に書たは、店方の印でござります」（浮世風呂・八七頁）

39　「そんなら御詠歌もしつてるだらうの」「アイ。まづ一ばんしつてるものが坂東の御詠歌。それからじやうかよ節。いたこぶし、しようがへぶし、それから甚九、それから川崎ぶし。なんでもしつてるだ」（浮世風呂・二一二頁）

38は「あの戸棚は何だ」という質問に対して、述語名詞句である「貸切の戸棚」が解答になっている。39は「しつているもの」の中から「坂東の御詠歌」を解答として提示している。主語名詞句が同定済みで、述語名詞句で属性記述を行っているともみなせるので記述用法の一種と言えるが、このように述語名詞句において解答提示をする「AガBダ」型は第一期、第二期には見られなかったものである。一方で40、41のように述語名詞句において解答提示をする「AコソBダ」型は、第一期、第二期を通じて見られるものであった。

40　郎等ども「これはいかなる人にて候やらん」と申ければ、七郎兵衛涙をはら〳〵とながいて、「あら、事もかたじけなや。あれこそ小松大臣殿の御嫡子、三位中将殿よ」（平家物語・下・二七七頁）

41 「あの殿ばらは、いづくの人にてましませば、かく面白くは売り給ふぞ。今一度売給へ」と申せば人々目を見合せて、これこそ聞ゆる文正よとて、又さきの如く売り給ふ　（御伽草子・四六頁）

第三期における「AガBダ」型の述語名詞句に解答提示が見られるようになったのは、40、41のような「AコソBダ」型を吸収した結果であると考えられる。

三・二・六・三　前項焦点的記述用法

記述用法は述語名詞句において同定済みの主語名詞句の属性記述をするものであり、情報論的には「旧情報ガ新情報ダ」のような構造を持つ。しかし、第三期には42、43のように、述語名詞句に関してすでに共通理解がなりたっているものとして扱われている例が見られるようになる。

42 「オ、逢ひたいはお道理我とても、お目かけられしお主筋お名残惜しさは同前。爰が彼の玉が在所岡崎。あれあの行燈の出た所が則ち伯父の宿」　（大経師昔暦・一三五頁）

43 「ヲヤ〳〵ごうせへなお寺だ。アレ山門のうへから仏さまがのぞひている」「ハ、アこれが、かの大仏だはへ。なるほどはなしにきいたよりは、ごうてきなものだ」　（東海道中膝栗毛・三四四頁）

42、43の述語名詞句は、「かの」が用いられていることにより旧情報として扱われているもので、「新情報ガ旧情報ダ」のような表現効果があると考えられる。ここでは、前項焦点用法が情報論的には「新情報ガ旧情報ダ」という構造を持つので、前項焦点的記述用法としておく。このような「AガBダ」型は第一期、第二期には見られなかったものであるが、44、45のように第一期、第二期の「AコソBダ」型には存在した。

44 いつくしき女房出て「いかなる人にてましませば、此くさむらに立ち寄りて歌の下をつけ給ふらん。これこそいにしへ聞えし、色好みの、小町が、老い衰へて、白骨となりて失せにしあとにてさぶらへ。もし都人にてましまさば、かやうなる所ありと業平に語り給へ」（御伽草子・一〇〇頁）

45 あない知人所自慢して、「爰こそ名にふれし木辻町、北は鳴川と申て、おそらくよねの風俗都にはぢぬ撥をと、竹隔子の内に面影見ずにはかへらまじ」と（好色一代男・七〇頁）

44、45の述語名詞句は「聞えし」「名にふれし」などが用いられており、前項焦点的記述用法と言える。第三期の「AガBダ」型に前項焦点的記述用法が見られるようになったのは、44、45のような「AコソBダ」型を吸収した結果であると考えられる。

三・二・六・四　後項特立用法

第三期には、記述用法における述語名詞句が後続談話へとつながりを見せている「AガBダ」型が新たに見られるようになる。

46 北八「まごどん、火をかしてくんなせへ」
馬士「アイアイ。おまいちやアおゐどだな。おゐど衆は気がづない。きんにようらが府中から江尻迄、二百で

のせた旦那が、おゐど衆で、ゐい旦那よ。長沼までくると、其旦那がいふにやア」（東海道中膝栗毛・一二二頁）

47　商「叱るぢやアねへが、おめへ達にかゝつてちやア日が暮らアな。あて事もねへ」
けち「ハテ、そこが商ぢやはいな。商は倦ない様にせいといふ利屈ぢやはいな」（浮世風呂・二七七頁）

46、47は砂川（一九九六b）の後項特立用法に相当するものと思われる[24]。「Bを聞き手に強く印象づけることになり、後続談話におけるBの想起が一層容易に行われるようになる」という特徴をあげているが、46、47の述語名詞句「ゐい旦那」「商」はそれぞれ後続談話へとつながりを見せている。この表現方法は第三期に至り初めて見られる表現方法であり、「AコソBダ」型にも見られないものである[25]。

以上見たように、第三期における「AガBダ」型は「AコソBダ」型を吸収した結果、名詞述語文の主語卓立型を独占し、またその多様化を見たのである。

三・二・七　まとめ

本節では、「AガBダ」型の発生について触れ、その拡大の様相を中心に考察した。その結果は、以下の三点にまとめられる。

①「AガBダ」型は、古代語から近代語へと日本語の文表現が移り変わっていく中、係助詞が未分化的に持っていた意味・機能を、主語表示「ガ」と他の成分との分化によって表現するようになったところから発生したと考えられる。

②「AガBダ」型の初出は一二世紀前期であるが、平安鎌倉期においては皆無に近く、その拡がりは一六世紀以降である。

③「AガBダ」型の拡がりの様相には、第一期の記述用法、第二期の前項焦点用法、第三期の「AガBダ」型の多様化と段階が見られ、第一期では「AゾBダ」型との関わりにおいて、第二期、第三期においては「AコソBダ」型との関わりにおいて拡がりが確認された。

主語表示「ガ」の通時的研究として重要なのは②である。日本語文法史上、主語表示「ガ」が動詞述語文・形容詞述語文・名詞述語文すべての主節において用いられるようになったという点で、一六世紀は「ガ」の主語表示機能の一つの完成期であると言える(26)。

①や③は以下のことを示唆する。すなわち、主語表示「ガ」の拡大の様相を記述することは、古代日本語から近代日本語への移り変わりの一端を窺わせることに繋がると。特に③に関しては、「AガBダ」型と「AゾBダ」型・「AコソBダ」型に相補性が見られ、主述関係において係り結びが中心であった古代語から格関係表示を中心とした近代語へとどのように表現が移行したのか、その一端が窺える(名詞述語文における主語名詞句と述語名詞句との関係は格関係とは言えないが)。

三・三　疑問表現における「ガ」――「ヤ」「カ」から「ガ」へ

三・三・一　本節の目的と用例

森重(一九五九)では近代語の特質について、「それはすなわち、文における論理的格関係が卓越的に表面に出、係結的断続関係が裏面に退いているところにある」（二九八頁）と述べているが、実は、疑問表現の変遷は、係り結び的断続関係から論理的格関係への変化でもある。疑問表現の変遷に関しては、山口堯二（一九九〇）や阪倉（一九九三）などの研究が見られる。しかし、文中の要素である不定詞、係助詞「ヤ」「カ」などを中心とした疑問表現形式から、不定詞や終助詞「ヤ」「カ」「ゾ」を中心とした疑問表現形式への変化について述べており、係り結び的断続関係から論理的格関係へという描き方はされていない。柳田（一九八五）では、「ヤ」「カ」と主語表示「ガ」との関係に触れてはいるが、なぜ「ヤ」「カ」が衰退したのかという理論的考察が主体であり、「ヤ」「カ」と主語表示「ガ」との通時的な関わりという点では言及がない。

主語表示「ガ」を用いた疑問表現が「ヤ」「カ」を用いた疑問表現に取って代わる様相を描くことは、疑問表現が係り結び的断続関係から論理的格関係へと変化した様相を示すことにつながるであろう。

本節では、主語に下接した係助詞「ヤ」「カ」（以下、単に「ヤ」「カ」と表現することがある）との関係において、主語表示「ガ」がどのように拡がったのかについて、以下の点を明らかにする。

①疑問表現「―ガ―カ」形式が、平安期までに「ヤ」「カ」の上接語であった有情Aの領域へと拡がりを見せた。
②疑問表現「不定成分＋ガ―ゾ」形式が、鎌倉期以降に「カ」の領域を侵し始めた。
③主語表示「ガ」を用いた疑問表現は、室町末期頃には「ヤ」「カ」を用いた疑問表現を凌駕し、遅くとも江戸初期頃までにはそれに取って代わる。

調査対象としたのは、以下の1～3のような用例である(27)。

1　うへのきぬ着たる者の入りけるを、しひて呼びければ、あやしと思ひて来たりけり「少将の君やおはします」と問ひけり（大和物語・四三二頁）

2　「便なく取り出づべきやう侍らず。あらはに侍は、みな人の用ゐたる」よし申しければ、「何のはゞかりかあらむ。たゞ取り出せ」と仰せられければ（今鏡・九九頁）

3　かかる鬼の口よりかかる偈を云ひ出づべからずと思へども、また異人なければ「もしこのことはなむぢが云ひつるか」と問へば（三宝絵詞・上・九五頁）

また4のような疑問文は、5、6のように主語名詞句に「ハ」や「ノ」が下接しているものや、あるいは無助詞主語との関係、すなわち主語表示「ガ」と、「ハ」・「ノ」・「φ」との関係の問題となり、係助詞「ヤ」「カ」との関わりではないため、これは対象から除く。

4　「落窪の君率ておはせ。一人とまり給はんがいとほしきこと」と申し給へば、「まて、それがいつかありきしたる。旅にては縫物やあらむとする。なほありかせそめじ。うちはめておきたるぞよき」とて（落窪物語・五二頁）

5　例よりもなつかしう語らひたまひて、「五節はいつか内裏へ参る」と問ひたまふ（源氏物語・三・五九頁（乙女））

6　「さてもわが身行く方も知らずなりなば、誰も誰も、あへなくいみじ、としばしこそ思うたまはめ、ながらへて人わらへにうきこともあらむは、いつかそのもの思ひの絶えむとする」（源氏物語・六・一五九頁（浮舟））

三・三・二　第一期　奈良期から平安期

まずは奈良期平安期に見られる、主語表示「ガ」を用いた疑問表現を見てみよう(28)。

7　筑波嶺に雪かも降らる否をかもかなしき児ろが(加奈思吉兒呂我)布乾さるかも　(万葉集・三三五一)

8　かかる鬼の口よりかかる偈を云ひ出づべからずと思へども、また異人なければ「もしこのことはなむぢが云ひつるか」と問へば(3の再掲)　(三宝絵詞・上・九五頁)

9　「此レ、若シ、我ガ子、伯奇ガ鳥ト化セルカ。然ラバ、来テ我ガ懐ニ入レ」　(今昔物語・二・二一四頁)

10　「吉キ国ニ憩立テ奉ルガ悪キカ。亦此ノ五節奉ル事ハ、己ガ好テ望テ奉ルカハ。天皇ノ押充テ被責レバ、難堪ケレドモ奉ニコソ有レ」　(今昔物語・五・六一頁)

奈良期平安期において主語表示「ガ」を用いた疑問表現は右の四例のみであるが、すべて「―ガ―カ」という形式であり、「―ガ―ヤ」形式は見られない(29)。

ところで奈良期の「カ」には、11、12のような不定成分に下接する場合と、13、14のような不定成分以外に下接する場合とがあったが、奈良期後期から平安期にかけて「ヤ」が「カ」の後者の領域を侵したとされる(30)。その結果、平安期の「カ」は原則として不定成分に下接するのみとなった。

11　妹に似る草と見しより我が標めし野辺の山吹誰か手折りし(誰可手乎里之)　(万葉集・四一九七)

12　赤駒を打ちてさ緒引き心引きいかなる背なか(伊可奈流勢奈可)我がり来むと言ふ　(万葉集・三五三六)

13　一重山隔れるものを月夜良み門に出で立ち妹か待つらむ(妹可將待)　(万葉集・七六五)

14　ただひとりい渡らす児は若草の夫かあるらむ(夫香有良武)　(万葉集・一七四二)

平安期の「カ」が不定成分にのみ下接するようになった背景には「ヤ」の活動領域の拡大があったわけであるが、そもそもこれは「ヤ」「カ」の両者間のみを比べてみると、ということであり、「―ガ―カ」形式がどのように関わったのかという言及はこれまでに見られない。このことを考えるために、「ヤ」「カ」「ガ」がどのような主語名詞句に下接しているのかに注目したい。

三・一では平安期の強調表現形式「―ガ―ゾ」「―ゾ―」において、主語名詞である人名詞に相補分布が存在することを述べた。すなわち「ガ」の上接語は一・二人称代名詞か人固有名詞であり(有情A)、「ゾ」の上接語はそれ以外(有情B)となっているのである。「有情A+ガ」と「有情B+ゾ」という相補分布をなしているのであった。これは格助詞「ガ」と有情Aとの結びつきが強いことから生まれた相補分布と考えられた。

さて今、平安期の疑問表現である8~10の上接語を見る時、やはりその上接語は有情Aとなっていることがわかる。格助詞「ガ」と有情Aの結びつきが強いわけであるから、疑問表現においても強調表現と同様の状態であることは当然である。

では平安期の「ヤ」「カ」の上接語はどうなっているであろうか。先に見た通り「カ」の上接語は不定成分であり、有情Aであるか有情Bであるかには関わらない。一方「ヤ」の上接語は、人名詞一五一例中、一四八例(約98%)が有情Bとなっている。つまり強調表現と同様に、やはり疑問表現においても「有情A+ガ」「有情B+ヤ」のように相補分布をなしていると考えられるのである。

とはいうものの実際には「有情A+ヤ」は15~17の三例が認められる。

15　かくて又、心のとくるよなくなげかるゝに、なまさかしらなどする人は、「若き御そらに、などかくては」といふ

こともあれど、人はいとつれなう、「われやあしき」など、うらもなう、罪なきさまに、もてないたれば
（蜻蛉日記・一二八頁）

16「まことにかかるついでに、まづ我やなりなまし。かばかり思立ち給にければ、つゐには、え妨げ聞えじ」などは、思しなりぬれど
（狭衣物語・三四四頁）

17 鬼ノ云ク、「其年ノ人有ル所ヲ知レリ。汝ガ代ニ其人ヲ召サム。但シ、与ツル牛ヲバ食ツ。又、我等ヤ打被責ム。罪ヲ令脱ムガ為ニ、我等三人ガ名ヲ呼テ、金剛盤若経百巻令読誦メヨ」ト
（今昔物語・四・一八一頁）

これでは「有情A＋ガ」「有情B＋ヤ」の間に相補分布が認められるとは言い難いのであるが、野村（一九九三a）によれば、15、16のような「われ」と格助詞「ガ」は結びつくことがないということが明らかにされている。したがって、平安期の資料中、格助詞「ガ」との結びつきが強いにもかかわらず、「ヤ」が下接している有情Aは、17の一例のみに止まるのである。こうして見ると、やはり「有情A＋ガ」「有情B＋ヤ」という相補分布があったと考えられよう。

ここで目を転じて『万葉集』における、「カ」の不定成分以外の上接語と「ヤ」の上接語を見てみよう。「有情A＋ガ」「有情B＋ヤ」という相補性の存在を別の角度から考えてみたい。（図4）

【「カ」の不定成分以外の上接語（二人称代用形式として）】

有情A	我　君　妹
有情B	海人(あま)　夫(つま)　背な　皆　虎
非情	鮎　宿　笥　花　木の間　はだれ　淡雪　月　罪　狂言(たはごと)　人の言

【「ヤ」の上接語】

有情A	我　君
有情B	海人(あま)　妻　大夫(ますらを)　山人　人　友　児　神
非情	筑紫　春日　家　夜　現し心　狂言(たはごと)　世の中　恋

図4　『万葉集』における「カ」「ヤ」の上接語

『万葉集』における「ヤ」「カ」を比較するとき、上接語による使い分けは特に見られないと言ってよいであろう。したがって奈良期後期から平安期にかけて「カ」の領域へ「ヤ」がそのまま入り込むことは、さしたる制限もなくたやすいことであったと思われる。すると「有情A＋カ」であったものが「有情A＋ヤ」へと変わるわけである。『万葉集』における「有情A＋カ」は18、19をはじめ五例、「有情A＋ヤ」は20、21をはじめ一三例見られる。

18　現にか妹が来ませる夢にかも我か惑へる(吾香惑流)恋の繁きに　(万葉集・一二九一七)

19　死なむ命にはかになりぬいまさらに君か我を呼ぶ(君可吾乎喚)　(万葉集・三八一一)

20　相見ては千歳や去ぬる否をかも我や然思ふ（我哉然念）君待ちがてに　（万葉集・二五三九）

21　はしけやし妻も子どもも高々に待つらむ君や（麻都良牟伎美也）山隠れぬる　（万葉集・三六九二）

もし、「有情A＋ヤ」が奈良期後期から平安期にかけて「有情A＋カ」に取って代わったとするなら、平安期において「有情A＋ヤ」がもっと見られてもよいのではないかと思われるが、先に見たとおり実際には平安期に三例しか見られないのである。

あってもよいはずの「有情A＋ヤ」がないとなると、他の形式がそれに取って代わった可能性が出てくる。その形式が、上接語の人名詞において「ヤ」と相補分布をなす、主語表示「ガ」を用いた「―ガ―カ」形式であると考えたい。奈良期から平安期にかけての疑問表現形式の移り変わりを図に表すと以下のようになるであろう。（図5）

【奈良期】

不定成分＋カ―
非情・有情B・有情A＋カ―
非情・有情B・有情A＋ヤ―
有情A＋ガ―カ

↓

【平安期】

不定成分＋カ―
非情・有情B＋ヤ―
有情A＋ガ―カ

図5　疑問表現形式の推移

三・三・三　第二期　鎌倉期から南北朝期

「有情A＋ガ」を用いた疑問表現はこの期においても引き続き見られる。

22　「弓箭とるものゝ一度申つることばをへんずるやうやある。院宣につゐてまいる親治が、宣旨なればとて、今更ひるがへすべきやは」（保元物語・七〇頁）

23　關白殿「畏承候ぬ。但父を配所へつかはして、其子攝籙として朝務に相交候はん事、忠臣の礼にあらず。然らば忠通が關白辞表を召をかるべきか」と、にが〱しく申させ給ひければ（保元物語・一七〇頁）

さらにこの期になると、有情A以外の、すなわち「有情B＋ガ」や「非情＋ガ」を用いた疑問表現も見られるようになり、主語表示「ガ」が疑問表現において活動領域を拡げたことが窺われる。

24　兵衛ハユフノモノ也。左衛門佐カサリトモ知サラムヤハト思ハテ、イミシクイラヘタリシ、アヤシウ覚エシニ（十訓抄・一三〇頁）

25　「汝ほどの物が、貞弘をよびて庭乗せさせて見るべき事かは。馬をとらせんと思へはこそのせつらめ」とてやがて領じてければ（古今著聞集・二八九頁）

26　「たとへば都の守護してあらんものが、馬一疋づゝかうてのらざるべきか。いくらもある田どもからせて、ま草にせんを、あながちに法皇のとがめ給ふべき様やある」（平家物語・下・一五二頁）

27　「事あたらしき男のとひ様かな。曾我の冠者ばらが、親の敵うちていづると、幾度いふべきぞ。臆して耳がつぶれたるか。親の敵は、陣の口をきらはず。さて、か様に申は誰人ぞ。きかん」といふ。」（曽我物語・三五九頁）

28　五郎、御前にまいりければ、君御覧ぜられて、「是が曾我五郎といふ者か」「それがしが事候よ」とて、たちあがり（曽我物語・三六六頁）

しかし、「―ガ―カ」形式が使用されている各資料における「ヤ」は、『保元物語』六例、『十訓抄』七例、『古今著聞集』九例、『平家物語』三九例、『曽我物語』二五例であり、「―ガ―カ」形式の割合は約7・5%にとどまっている（この期の他の資料を合わせて考えると、割合はさらに減少する）。したがって「―ガ―カ」形式は「ヤ」の領域を侵食したとはいうものの、上接語の制限がなくなり多様な場面での使用に耐えうるようになったというだけで、量的に「ヤ」を凌駕するわけではない。

また、この期においては、不定成分に格助詞「ガ」が下接した、「不定成分＋ガ―ゾ」形式も見られるようになり[31]、主語表示「ガ」が「カ」の領域へも活動領域を拡げたことが窺える。

29　「尼が慈悲者とは頼朝には何ものがしらせけるぞ」（平治物語・二七七頁）

30　上皇、「何者が汝をうたんと申ぞ」とてあきれさせ給へる御様也（平治物語・一九四頁）

31　父また、「佛のをしへによりてなるなり」とこたふ。またとふ、「教へ候ひける佛をば、なにがをしへ候ひける」と（徒然草・二四三段）

しかしながら「カ」は、『平治物語』に一九例、『徒然草』に四例認められ、「不定成分＋ガ」の割合は約11・5%となっている。この期の他の資料を合わせれば、その割合はさらに減少し、「不定成分＋ガ―ゾ」形式もまた「カ」の領域を侵食し始めたばかりの状態であると言わざるをえない。

三・三・四　第三期　室町末期以降

この期になると、「―ガ―カ」形式や「不定成分＋ガ―ゾ」形式が「ヤ」「カ」を凌駕し、遅くとも江戸初期頃までには、「ヤ」「カ」を用いた疑問表現から主語表示「ガ」を用いた疑問表現へと移行が完了したと思われる。

以下、『天草版平家物語』『醒睡笑』『仮名草子』『大蔵虎明本狂言』に見られる、主語表示「ガ」を用いた疑問表現を見てみたい(成立年代はあくまでも目安である)。

『天草版平家物語』(一五九二年)では、「―ガ―カ」形式が二〇例、「不定成分＋ガ―ゾ」形式が六例認められる。「ヤ」「カ」はそれぞれ八例、一二例となっており、主語表示「ガ」を用いた疑問表現は全体の約57％になる。

32　義経悲しませられて、この辺に僧があるかと問わせらるれば　(六七九頁)

33　追いついてしゃつが首をはねまらしょうものをと申せば義経思うに何ほどのことがあらうぞ？　ただ帰せとて、帰させられた　(七六三頁)

34　宗盛この宮を一目見奉って、父の清、に申されたわ、先の世に何たる契りがござるか、一目見奉ったれば、あまりにをいとうしゅう存ずる　(二八七頁)

35　悪党どもが申すことにつかせられて僻ことなどがいでけうずるかと思うばかりでこそあれと、いわれたれば　(一〇九頁)

36　樋口聞こゆる者なれども、命が惜しかったか、児玉党が中え降人になって出たをうち連れて都え上って　(五一一頁)

37　もしかやうのもののなかにわが主の行方を知ったものがあるかたづねうと思うて　(一七九頁)

文脈上の意味において新しい用法が見られる。これまでは「問い」（8、9、23、27、28）や「反語」（10、22、24、25、26）において用いられていたが、34〜36のよう「疑い」が見られるようになる(32)。また37のように構文的な変化を示す例も見られる。「わが主の行方を知ったものがあるかたづねう」は、補文標識はないものの、本来、主節であるはずの疑問文が補文化している例と考えられる。この期に入って、主語表示「ガ」を用いた疑問表現の多様化が進んでいることが窺える。

『醒睡笑』（一六二三年）では、「―ガ―カ」形式一〇例、「不定成分＋ガ―ゾ」形式一五例が認められ、「ヤ」「カ」は、それぞれ六例、六例であり、主語表示「ガ」を用いた疑問表現は全体の約68％に当たる。

38　仏には毛があるかなき物かいやない　（二六七頁）

39　そち躰さへ知りたるいせゑびを我が知らいでおろふか　（七八頁）

40　人皆不審し何が見えぬぞ共々尋見んといへ共いやちとものがと秘しよしていはす　（六六頁）

41　このひしほといふ物をは誰がたくみに作り初つるやといふ是こそ隠れもない融の大臣より出来そめたる物よと　（二七四頁）

42　あらふしぎや是は誰がくふたる魚の骨てあらふぞ　（二六三頁）

「不定成分＋ガ―ゾ」形式は「カ」に代わる疑問表現として発達したものであり、本来は主節において出現するものであった。したがって「不定成分＋ガ」は主節の主語として機能していた。ところが42は、「誰が魚の骨をくふたるぞ」のように、主節における主語表示であるはずの「不定成分＋ガ」が、「魚の骨」を修飾する連体節の主語表示となっている。しかもなお、「誰」による疑問という表現効果は維持している、という今までには見られなかった新しい構文である。「不定成分＋ガ」が、主節において活動していた「カ」に取って代わったという意識がなくなって、主語表示「ガ」を用いた一般的な連体節、「猫がくふたる魚の骨」などと同様に扱われるようになったものと考えられる。『仮名草子』（一六〇九年～一六六五年）では、「―ガ―カ」形式九例、「不定成分＋ガ―ゾ」形式一例が認められ、「ヤ」「カ」はそれぞれ一例のみで、主語表示「ガ」を用いた疑問表現は約83％となっている。

43　ある女房、十ばかりなる子を、抱いて寝た。さて、子が寝入りたるかと思ふて、男の所へ行きた。
（きのふはけふの物語『江戸笑話集』八八頁）

44　「何とせうぞ。かた〳〵の望み次第にいたさう」と仰せけれども、談義の事なれば返事する人もなし。貞安の云、「上臈衆は長ひがすきか、短ひがよひか」と仰ければ
（きのふはけふの物語『江戸笑話集』一三五頁）

45　男聞て、「其はさて、誰が上手ぞ」といふ。「いや、目尻を剃刀にて切りひろげて、我らが、名誉の膏薬をつけてをけば、二三日の間にすき〳〵となをる」といふ
（竹斎・一四〇頁）

次の46は、「誰かある」で「カ」の例であるかのように見えるが、文法的には「人のある」が主述関係をなしており、「誰か滅せぬ人のある」であろう。現代語で「誰か～人がいるか」「どこか～所があるか」のような副助詞「カ」と同様である。すなわち46は、「カ」が係助詞から副助詞化したことを示す例であると言える。「カ」が係助詞ではなくなったということは、「カ」を用いた疑問表現から「不定成分＋ガ―ゾ」形式による疑問表現へと移行がほぼ完了したことを示すものでもあろう。

46「春を止むるに春止まらず。人歸つて寂寞たり。くわんせいの固めをも聞かぬは生死の道なれば、一度生を受け、滅せぬ人の誰かある」（根の介・八六頁）

『大蔵虎明本狂言』（一六四二年）では「ヤ」「カ」を用いた疑問表現は消滅する。この時期までに主語表示「ガ」を用いた疑問表現への移行が完了したことが窺える。

47「やれ〳〵あれはけうがつた者じやが、あれがすまふをとるか」
「中々あれはがうしう森山の者でござるが一段ようとると申」（上・一九七頁）

48「五年や三年稽古したぶんでは、中々ならぬものじや、でおりやる」
「それは誠でざるか」
「あふさて、げいなどゝいふものが、俄にならふか」（上・三八一頁）

49「そういふてしかとたつまひか」
「身共にたてといふか」
「おんでもなひ事たゝひでは」
「それはたれがいふぞ、身どもが」（上・一二九頁）

50「いや此川は、かみがふつたやらことの外水がでたよ」
「誠にいかう水がでゝ御ざる」
「いそひでわたらふほどに、なんじはせぶみをせひ」（中・九二頁）

51 「ごようじん、このくらさでは、足もとに何ものがいるかもしれまひ、御用心ばけものが有かしらぬ
（中・一二六頁）

三・三・五　主語表示「ガ」拡大の位置づけ

以上、簡単に奈良期から一七世紀半ばまでの疑問表現における主語表示「ガ」の拡がりを見てきた。最後にこの拡がりが文法史的にどのように位置づけられるのかを考えてみたい。

「—ガ—カ」形式は、主語表示「ガ」によって上接語の統語的位置づけをし、表現効果は終助詞などが受け持つという分析的傾向が特徴的であるが、強調表現おいても同様の形式である52、53のような「—ガ—ゾ」形式などが見られ、「意味・機能」を「未分化的に抱えこんでいた」係助詞による表現から、主語表示「ガ」と終助詞による表現へという分析的傾向において軌を一にしている点が特徴的である(三・二・二参照)。係り結び的断続関係が後退し論理的格関係を前面に出すような表現へと移行する素地は、すでに平安期に見ることができると言えよう。

52 「多ノ人ノ濱ニ出デ、皇シル音ヲ聞テ其ノ夜叉ノ出来テイカレル様ヲ見セテ侍ケルヲ、『己等ガ鬼ニテ有ルゾ』ト知リ給ヘル也」
（今昔物語・一・三四〇頁）

53 君もうつぶし、我もうつぶしたるほどに、懐なる文のおちぬるもえ知らず。少将見つけ給ひて、ふと取り給ひつ。御鬢かきはてて入給ふに、いとをかしければ、三の君に「これ見給へ。「惟成が落としたりつるぞ」とて奉り給ひて
（落窪物語・八三頁）

「不定成分＋ガ—ゾ」形式は第二期（鎌倉期）に入ってから見られるようになる。では、なぜ「不定成分＋ガ—ゾ」形式の拡がりがこの期になって初めて見られるようになったのであろうか。「不定成分＋ガ—ゾ」形式による表現は、上接語である不定成分に焦点があるため、「不定成分＋ガ—活用語連体形＋ゾ」が〈〔不定成分＋ガ〕—〔活用語連体形＋ゾ〕〉という構造、いわゆる主語述語の関係にならなければならない。しかし平安期における格助詞「ガ」の中心的機能は連体表示である。主語表示にしてもその活動領域の中心は連体節内及び従属節内であり、このような構造、すなわち主節において主語を表示するような性質は未発達の状態である。したがって平安期には「不定成分＋ガ—ゾ」形式が見られなかったのであろう。鎌倉期に入ってそれが見られるようになったのは、格助詞「ガ」が次第に連体節や従属節から主節へと、その活動領域を拡げてきたためと考えられる。主語表示「ガ」は上接語の制限がなくなると共に構文的な制限からも解放されるようになっていたのである。（二・二及び四・二参照）

疑問表現における主語表示「ガ」の勢力拡大の様相を、係助詞「ヤ」「カ」との関わりにおいて述べてきた。図にまとめると以下のようになるであろう（但し、具体的な数値は反映していない）。（図6）

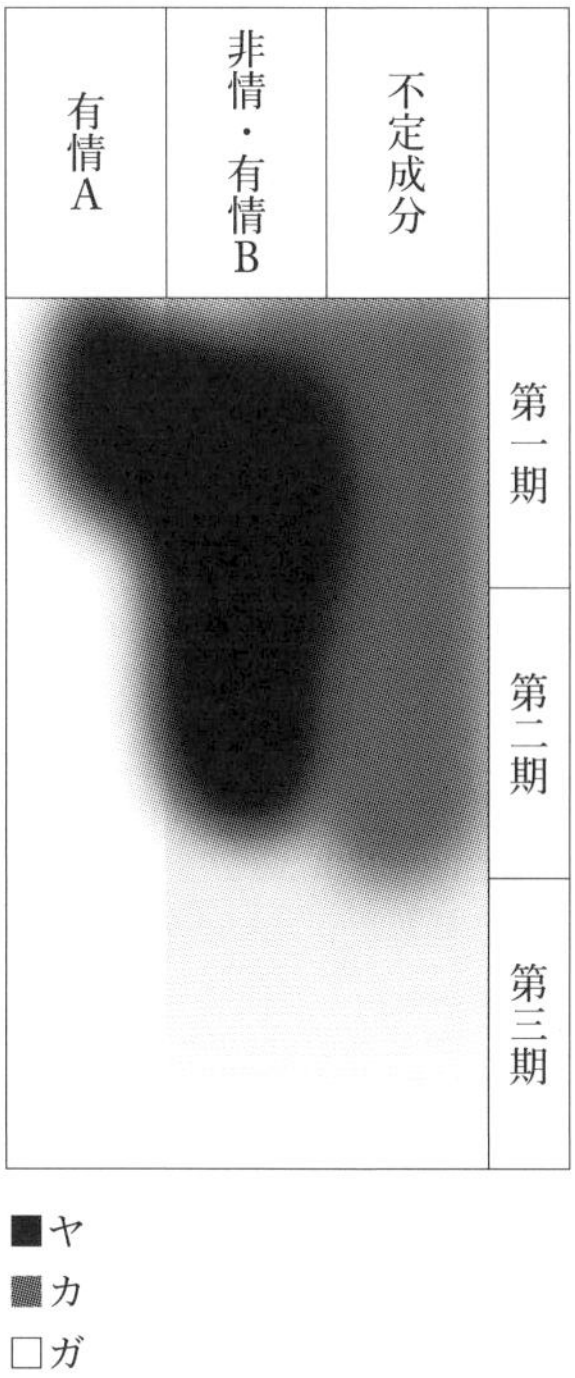

図6　主語表示「ガ」勢力拡大の様相

三・四　「ガ―連体形終止」文の表現効果

前節までに、強調表現・疑問表現における主語表示「ガ」の拡がりに関して述べた。ここでは、強調表現や疑問表現以外で用いられている主語表示「ガ」に関して考察する。

1　髪は扇をひろげたるやうにゆらゆらとして、顔はいと赤くすりなして立てり。「何ごとぞや。童べと腹立ちたまへるか」とて、尼君の見上げたるに、すこしおぼえたるところあれば、子なめりと見たまふ。「雀の子を犬君が逃がしつる。伏籠の中に籠めたりつるものを」とて、いと口惜しと思へり　（源氏物語・一・二八〇頁（若紫））

1の「雀の子を犬君が逃がしつる」の部分は、文脈上、一般的には詠嘆表現として解釈されている。犬君が雀の子を逃がしてしまった、と幼少時の紫の上が泣きながら訴える場面であり、詠嘆的な、嘆息的な表現であると考えてもよいであろう。しかし、その詠嘆なり嘆息なりの表現効果を、連体形終止、いわゆる連体止めに認めてよいものかどうか、連体形終止文の表現効果に関しては、それを認める説から、認めない説まで諸説様々であり、いまだ解決を見ていないと思われる。

主語表示「ガ」が多様な表現において、どのように発達してきたのかを考えるためには、連体形終止の表現効果に関する考察を避けては通れないであろう。

三・四・一　先行研究と問題点

連体形終止に関する先行研究は、大きく分けて、そこに表現効果を認めるもの、表現効果を認めないものの二つに分けることができる。まずは先行研究を概観し、それらの問題点を確認しておきたい。

三・四・一・一　連体形終止法に表現効果を認めるもの

①詠嘆（擬喚述法）
擬喚述法に関しては、山田孝雄（一九〇八）において「述語は存在してあるは中止述法に同じけれど、かれは陳述を不十分にして余情を含ましむるに、是は述語を以て体言的に結体すべき勢をとりて、喚体句の如く見えしむるを異なりとす。――（中略）――其の意多くは、感嘆若くは切に呼びかくるが如き意を寓したるものなり」（一二八七～一二八八頁）と解説されている。近藤（一九八六）はそれを承け、「連体止めの文は、それ自体が一つの独立したムードである間投法、即ち感動文に含まれるものであると考えられる」と述べる。

②解説的用法
小池（一九六七）は『今昔物語』の地の文における連体形終止文に注目し、「連体形終止法は――（中略）――人物を紹介するという解説的叙述の文脈であるがゆえに用いられたと考える方がより妥当である」「解説的叙述の文脈にあらわれる連体形終止法を本稿では、連体形終止法の解説的用法ということにする」と述べている。

③断定
阪倉（一九九三）には、「連体形終止の文には、その体言的に纏められた文全体を「なり」と指定する――つまり、現

代語で言えば「…(な)のだ」というのに相当する——語気が含まれるのである」(二三三頁)とある。碁石(二〇〇一)には、「連体止めに「也」を想定して理解することができる」とあり、これを「説明辞『也』非表出の構文」(九八頁)と呼ぶ。

④詠嘆・感動・疑問

阪倉(一九九三)によれば、喚体句というのは、「全体を一つの体言(相当のもの)にまとめて、感情をこめて、これを未決着のまま投げ出す言い方なのであるから」驚き、詠嘆し、感動する表現にもなるし、その理由や肯否を求めて疑問にもなりうる(二一八頁)、と言う。

⑤表現の多様性

山内(一九九二)では、連体形終止の表現価値は幅広く、「詠嘆」以外にも「腹立ちの描写」「緊迫感」「補助説明」「追憶・回想」「単なる述懐」などの場面で用いられており、また「特別の表現価値の感得できないものも」あると言う。

⑥情報のなわばり

土岐(二〇〇五)では、「連体形終止は、発話者に当該の情報の絶対的優位性があることを示す」と述べる。絶対的優位性とは「情報内容に関する確定権が常に一方の側にあり、もう一方は示された情報内容を否定することができない状況にある」ことを言う。

三・四・一・二　連体形終止法に表現効果を認めないもの

⑦口頭語的要素

小松(一九九九)は「このツル(山田注「犬君が逃がしつる」)は口頭言語の終止形である」(一六六頁)と言い、また連体形終止、終止形終止の違いに関しては「上品なことばづかいと下品なことばづかいとを区別する文体指標であった」(一六五頁)と位相的観点から述べている。

伊坂(一九九三)では、連体形終止に表現効果を認めつつも、「仮名文における連体止めは、終助詞の頻用などとともに、その捨象された口頭言語の表情(山田注　パラ言語要素)を、いわば補填する意義を担っていると考えられる」と述べる。

⑧表現の場による意味付与

尾上(一九八二)は「述語末を連体形にすることによって自らの姿としては句的体言に過ぎないものが、その形のままで表現、伝達の場で文として生きて働く方法としては、第一に、話し手聞き手的な現場の対面性に依拠することによって、前状況的な自身の姿以上のものを伝達するか、第二に、他の事態なり判断なりとの関係の文脈に組み込まれることによって現実的な存在としての安定を得るか、でなければいっそ第三に、聞き手も文脈も顧慮しない、遭遇対象そのものの直接的な言語化として感嘆の表現となるか、この三者のいずれかしかあり得ないであろう。あえて言えば、第一が物語り会話文、今昔物語などの解説的表現としての用法であり、第二が上代和歌で見た(A)(B)類型であり、第三が擬喚述法である」と述べる。

三・四・一・三　先行研究の問題点

④や⑤に指摘があるように、連体形終止は多様な文脈において用いられており、①の詠嘆や感嘆、②の解説、③の断定といった限定的な意味合いで捉えることはできないと思われる。特に、詠嘆・感嘆表現に関わる表現形式には、「よ」「かし」「かな」「こと」「や」「なりけり」などの表現形式が認められ、連体形終止の表現価値として、ことさら詠嘆・感嘆を求める必要はない。

⑥の、連体形終止に「発話者の絶対的優位性」を認めるという考え方は、連体形終止に関する新しい切り口である。ただし、連体形終止にそれが認められたとしても、それが会話文においてのみの機能なのか、韻文や地の文においてどのように機能するのかなど、統一的な言及がない(33)。

⑦の、口頭語的要素であるという考え方は、筆者も首肯するところであるが、韻文における連体形終止の存在と、会話文における終止形終止の存在をどう捉えるか、この問題の解決が不可欠であろう。上品かどうかという位相的な解釈は、地の文に連体形終止が存在することと、下品な言葉遣いに該当しない連体形終止の多さからして認めるわけにはいかない。

⑧は、連体形終止文を句的体言として捉え、それが文脈に依存することによって、表現としての安定を得ると解釈する。しかし、結果として醸し出される表現は、解説的表現、感嘆表現ということであり、④や⑤の、連体形終止が多様な場で用いられるという指摘に答えることはできない。

三・四・二　喚体か述体か――平安期

前節で触れた先行研究にはいずれも長所短所があり、いまだ解決を見ていないと言えるであろう。連体形終止それ自体に表現効果が認められるのか、認められるとすればどのような表現効果なのか、表現効果が認められないとすれば、連体形終止とは一体何のために存在するのか、改めて考えてみたい。

そこでまず、連体形終止が喚体(擬喚述法)なのか述体なのかについて考えてみたい。喚体であるか述体であるかは、連体形終止を用いることにより表現効果が生じるのかどうかに関わるからである。

三・四・二・一 「ハ—連体形終止」

阪倉(一九九三)は喚体句について次のように述べる。

要するに喚体の句というのは、話し手の内部において論理的判断を下して一つの結着をつけるのが「述体の句」であるのに対して、全体を一つの体言(相当のもの)にまとめて、感情を込めて、これを未結着のままに投げ出す言い方なのであるから——(以下略)—— (二一八頁)

喚体句が「未結着のまま」の体言相当の句とするなら、「ハ」を用いた主題解説構文の解説部に喚体句が用いられるということは矛盾であろう。しかし、平安期には、連体形終止文の主語に「ハ」が用いられている例が散見する。

2 またいと古めかしき咳うちして、参りたる人あり。「かしこけれど、聞こしめしたらむと頼みきこえさするを、世にあるものとも数まへさせたまはぬになむ。院の上は、祖母殿と笑はせたまひし」など、名のり出づるにぞ思し出づる (源氏物語・二・四七二頁(朝顔))

3 笑ひたまひて、「いまいくばくもおはせじ。まめやかに仕うまつり見えたてまつれ。内大臣はこまかにしもあるまじうこそ、愁へたまひしか。人柄あやしう華やかに、男々しき方によりて、親などの御孝をも、厳しきさまをばたてて、人にも見おどろかさんの心あり、まことにしみて深きところはなき人になむものせられける。さるは、心の隈多く、いと賢き人の、末の世にあまるまで才たぐひなく、うるさながら、人としてかく難きことは、難かりける」などのたまふ (源氏物語・三・二六四頁(野分))

4 「月ごろ何となくもの騒がしきほどに、御琴の音をだにうけたまはらで久しうなりはべりにけり。西の方にはべる人は、琵琶を心に入れてはべる。さも、まねび取りつべくやおぼえはべらん。なまかたほにしたるに、聞きにくき物の音がらなり。同じくは御心とどめて教へさせたまへ」　（源氏物語・五・三九頁（紅梅））

5　「不便なるわざかな。おどろおどろしからぬ御心地のさすがに日数経るはいとあしきわざにはべる。御風邪よくつくろはせたまへ」など、まめやかに聞こえおきて出でたまひぬ　（源氏物語・六・一三二頁（浮舟））

2の「院の上」、4の「人」はそれぞれ「笑ふ」「入る」の行為者、3の「難なきこと」は「難し」の対象、5の「日数経る」は、名詞述語文の主語名詞句となっており、「ハ」の上接語はいずれも述語と直接関わりを持つ主語である。2〜5の連体形終止が擬喚述法であるとすると、体言相当の喚体句内部に「ハ」を持つということになり、構文的にも矛盾を生じることになる(34)。

このような「ハ—連体形終止」構文の存在は、連体形終止が喚体であることを否定する。

三・四・二・二　「連体形ガ—形容詞連体形」

次に、「連体形ガ—形容詞連体形」形式について考えてみたい。

6　にはかに、あさましう、胸も静かならず。宮の思しのたまはむこと、いかになりはてたまふべき御ありさまにか、とてもかくても、頼もしき人々に後れたまへるがいみじさ、と思ふに、涙のとまらぬを、さすがにゆゆしければ、念じゐたり　（源氏物語・一・三三〇頁（若紫））

7　「をりしも這ひ隠れさせたまへるやうならむが見苦しさ」と言へば　（源氏物語・六・一一二頁（浮舟））

8　手をとらへて、「我にいま一度声をだに聞かせたまへ。いかなる昔の契りにかありけん、しばしのほどに心を尽くしてあはれに思ほえしを、うち棄ててまどはしたまふがいみじきこと」と、声も惜しまず泣きたまふこと限りなし　（源氏物語・一・二五三頁（夕顔））

9　「御事により、内大臣の怨じてものしたまひにしかば、いとなんいとほしき。ゆかしげなきことをしも思ひそめたまひて、人にもの思はせたまひつべきが心苦しきこと。かうも聞こえじ、と思へど、さる心も知りたまはでや、と思へばなん」と聞こえたまへば　（源氏物語・三・四一頁（乙女））

10　されど、「ゆかしげなき仲らひなる中にも、大臣のことごとしくわづらはしくて、何ごとの紛れをも見とがめられんがむつかしき」と、下にはのたまひて、すまひたまふ　（源氏物語・五・二〇七頁（椎本））

11　「かの君の年は、二十ばかりにはなりたまひぬらんかし。いとうつくしく生ひ出でたまふがかなしき、などこそ、中ごろは、文にさへ書きつづけてはべめりしか」と聞こゆ　（源氏物語・五・四四九頁（宿木））

6、7の「連体形ガ―サ」形式は奈良期から見られる喚体形式であるが、平安期には、これを引き継いだと思われる、8、9のような「連体形ガ―コト」形式が多く見られるようになる。「コト」という体言によってまとめられていることから、この表現形式もやはり喚体形式と考えてよいであろう。

問題となるのは、10、11のような表現形式である。従来、これらの例は、「ガ」の存在により連体形終止に体言性を認めて、やはり喚体形式であるとされてきた。しかし、「ガ」が主節の主語表示として用いられる例があることはすでに見たとおりである(三・一参照)。したがって、この表現形式が喚体であるという「ガ」の側からの保証はない。また、「ガ」の側からではなく、準体句の存在によって連体形に体言性を認め、それゆえ連体形終止も体言と同等であり喚体の一種である、という考え方もできるが、この論理には飛躍があるのではないだろうか。なぜならば、準体句は原則として文中の格成分として機能するが、連体形終止は文の成立を統率する位置にあって機能するという大きな相違点があるからである。

以上のように、10、11のような「連体形ガ—形容詞連体形」形式を喚体と捉えることには問題があるわけである。一方、この形式を述体と捉えることに関しては、2~5のような例の存在を踏まえて見れば、特に問題は生じないであろう。「連体形ガ—形容詞連体形コト」形式は喚体、「連体形ガ—形容詞連体形」形式は述体という棲み分けがされていると考え、その点において異なる表現形式の存在理由を見いだすことができるであろう。

三・四・二・三　述体としての連体形終止

連体形終止を述体として捉える上で、野村(二〇〇五)の係り結びに関する以下の言及が参考となろう。

このように係り結びは、①「係り—喚体句」(上代以前)→②「係り—連体形句」(上代)→③「係り—連体形述語」(中古)のような変貌をとげたものと考えられる。

と述べ、さらに以下のように言及する。

形骸化して間投助詞的性格化した係助詞は、時に係り結び文から脱落していったのではないかと考える。後に残るのは連体形終止(に見える)文である。連体形終止の優越化に関しても、それがじわじわ増大して、やがて終止形終止を圧倒し云々いうストーリーよりも、間投助詞化した係助詞が自在に脱落し結果として大量の連体形終止が一挙に発生したというストーリーの方が、急激な変化に相即的であるように思われる(35)。

山内(一九九二)が指摘したように、連体形終止は多様な文脈において用いられている。そこに何ら特別な表現効果を見いだせないものも多い。このことは、野村(二〇〇五)が指摘するように、間投助詞化した係助詞が脱落した結果、連体形終止文が発生したと考えることで辻褄が合うであろう。また連体形終止が会話文に多く見られることは周知のことであるが、係助詞の脱落が早く口頭語から起こったことを考えれば当然のことであろう。

尾上(一九八二)が指摘するように、連体形終止はそもそも句的体言であり、表現効果として詠嘆や解説あるいは疑問なども担っていたかもしれない。しかし、それは連体形終止が喚体句でありえたからで、連体形終止が述体へと変質すれば、担っていた表現効果も変質するであろう。その変質に伴い使用されてきたのが「ゾ」「ゾカシ」「ゾヤ」「カシ」「カナ」「ハ」「ヨ」「ヤ」などの終助詞をはじめ、「コト」「ナリケリ」などの多様な表現形式なのであろう。

三・四・三　連体形終止の機能

では連体形終止が述体であったとすると、その機能はどのようなものであったか。喚体であるという理由から推測された表現効果は述体である連体形終止には認められないということになる。しかし、特別な表現効果がないという断定もできない。改めて何らかの表現効果があるのか、ないのか、あるとすればどのような意味合いなのか、ないとすれば連体形終止の存在理由をどこに求めればいいのか、問われなければならない。

そこで、連体形に下接する主語表示「ガ」(以下、「連体形ガ」と略称する)の分布に注目して、連体形終止の機能に迫ってみたい。

「連体形ガ」の場合、会話文では原則として連体形終止(例12〜15)であり、地の文では終止形終止(例16、17)と連体形終止(例18、19、20)が混在している(終止形連体形同形は除く)。会話文の場合には、10、11のような形容詞述語文が多く見られ(三・一・二参照)、12〜15に示した例以外の「連体形ガ」はすべて形容詞述語文と考えてよい。

12 「かくものを思ひ知りていふが、なほ人には似ずおぼゆる。思ひぐまなく、あしうしたりなど、例の女のやうにやいはむとこそ思ひつれ」などいひてわらひ給ふ　（枕草子・一九〇頁）

13 「いと便なきことなれど、かの宇治に住むらむ人は、はやうほのかに見し人の行く方も知らずなりにしが、大将に尋ねとられにける、と聞きあはすることこそあれ」　（源氏物語・六・一〇八頁（浮舟））

14 「こゝらさぶらふ女房の中に、中納言子と名のりいづるがあるまじき」とのたまひし物を　（夜の寝覚・九九頁）

15 此ノ産女ト云フハ、「狐ノ、人謀ラムトテ為ル」ト云フ人モ有リ、亦、「女ノ子産ムトテ死タルガ霊ニ成タル」ト云フ人モ有リトナム語リ傳ヘタルトヤ　（今昔物語・四・五四一頁）

16 大尼君の孫の紀伊守なりけるが、このころ上りて来たり。三十ばかりにて、容貌きよげに誇りかなるさましたり　（源氏物語・六・三四四頁（手習））

17 大宮に候ひつる小式部の内侍といふ人、内大臣殿ゝ御こなど持たるが、この年頃、滋野井の頭中將の子うみてうせにけり　（栄花物語・下・二五〇頁）

18 昔シ、スイノ世ニレウシノ侍ケルガ、鹿(シシヲ)イコロシテ侍ケル　（法華百座聞書抄・五八頁）

19 寝殿のうらいたの壁のすこしくろかりければ、にはかに御覧じつけて、みちのくにがみをつぶとをさせたまへりけるが、なか〱しろくきよげに侍ける　（大鏡・一三三頁）

20 忠春已講といひしが、後の日、かやうに結びなしていひける　（今鏡・六八頁）

以上見たように、「連体形ガ」は地の文において終止形終止と連体形終止の両者を取るのだが、実は連体形終止を取る「連体形ガ」には、その出現に関して資料的な偏りがある。すなわち『法華百座聞書抄』『大鏡』『今鏡』に限り「連体形ガ」が地の文において連体形終止を取るのである。これらの資料と「連体形ガ」が連体形終止を取ることと、どのような関係があるのであろうか。

『大鏡』『今鏡』の文章は対話形式となっている。地の文と言えども、語り手が具体的人物として登場しており、話をしているという設定である。つまり、地の文でも口頭語的要素が色濃く反映される。『法華百座聞書抄』は、説経の聞書きであるから、地の文であっても抄物のように口語的要素が強い可能性が高い(36)。つまり「連体形ガ」の場合には、会話文では連体形終止、地の文では終止形終止という使い分けがなされていると考えられるわけである。

連体形終止に何らかの表現効果(詠嘆・解説・断定等)を認めようとする立場とその理論には、説得性の高いものもあるが、連体形終止が多様な場面で、というより何ら特別な情意を感じさせない場面で多く用いられていることは確かであり、それらに共通する最大公約数的な意味を、連体形終止の表現効果として認定するのは難しいと思われる。言い換えれば、連体形終止自体には特に表現効果がなく、時には特殊な表現効果を感じさせる文脈で用いられる、とした方が連体形終止全体から見ると自然であると思われる。

地の文であっても口頭語的要素が強い場合には、「連体形ガ」において連体形終止が用いられているということから、終止形終止と連体形終止の使い分けには位相的な条件が関わっているのではないかと考えることができよう。そこで仮にではあるが連体形終止の機能として、聞き手を意識し、何らかの働きかけをする、口頭語的な述べ方を示す形式であったと考えておくこととする。先行研究の中では、伊坂(一九九三)の説を首肯するところであるが、それにしてもやはり問題点は存在する。

三・四・四　位相的観点の問題点

連体形終止なるものを位相的観点から、口頭語的述べ方を示すものであると捉えると、問題点として以下の三点があげられる。しかし、これらの問題点を理論的に解消できれば、連体形終止を位相的観点から捉えることの正当性も認められると考える。

①韻文における連体形終止の存在をどう説明するか。
②地の文に見える連体形終止をどう位置づけるか。
③会話文に見られる終止形終止と連体形終止とは何がどのように違うのか。

以下、これらの問題点について考察していく。

三・四・四・一　韻文における連体形終止

まずは、韻文における連体形終止の存在をどう説明するかについて考えよう。連体形終止が口頭語的述べ方を示す文法形式であったとすると、口頭語的（あるいは俗語的）要素を排除する韻文の世界において見られる連体形終止をどのように捉えればよいであろうか。

先に見たように、平安期に見られる連体形終止はすでに述体化していると思われ、その起源であった喚体性は稀薄化していると考えられた。これまでの先行研究では連体形終止の、時代による質的な変化に関してはあまり触れられることはなかったが、奈良期の韻文と平安期の散文との言語的乖離、時代的変化を考慮すべきであろう。万葉集に見られる連体形終止は、山田孝雄(一九〇八)のいう擬喚述法として存在していると認め、平安期の散文資料に見られる連体形終止は、すでに述体として機能していると考えるわけである。

三・四・四・二　地の文に見られる連体形終止

次に、地の文に見られる連体形終止をどう位置づけるか。連体形終止を口頭語的として捉え、聞き手の存在を前提とした述べ方であるとすれば、地の文において連体形終止は出現しにくいはずである。川端(一九九七)では以下のように述べる(傍線は山田)。

> 上代和歌における連体止めに了解できる喚体性の比較的な純粋さに対し、平安物語会話文のそれは、より幾分かの述体への動きをもつ。即ち、可視的な語序として含んでいた述体構造の、その述体的な発効が始まっているのである。とはいえ、会話における発言内容としての一つことがらは、会話として発言することの作用性に相関して喚体を構成する、その対象的部分であるとも言えるであろう。むしろこのような形式としての喚体性に守られて、発言内容としての文自体の述体的な展開が進むのだと言ってもよい。とすれば、地の文にそれが用いられることのその当初、例えば今昔物語集にあって一話の末の評語・結語、段落末、或いは冒頭の人物紹介の文に連体止めが偏在することも、また、口頭性の濃い言語にそれが多用されることも、地の文においてそれが単純な一般終止法の形になってしまうことへの、十分な橋渡しの意味をもつものであろう。それらは、文における〈私〉が、単に普遍的な言語主体である以上に、個別的な〈私〉として、一種の語り手なり話し手なりでさえあろうとする、そういう文体なのである。そういう〈私〉の、従ってそこに形をとってもよい実践的判断、情意的態度のために、

そこに、旧終止形とは異なる、形としての靡があったのである。（五一九頁）

連体形終止が聞き手の存在を前提とし、何らかの働きかけを表示するという機能であったとすれば、地の文に出現する連体形終止は、語り手が読み手を想定し、語りかけ意識を強く発動させたものとして考えることができるのではないだろうか。それが小池（一九六七）のいう解説的用法にも結びつくのであろう。

三・四・四・三　会話文に見られる終止形終止

次に、会話文に見られる終止形終止は連体形終止とどのように相関するか。連体形終止が会話文に多く見られることとは周知のことであり、それが聞き手の存在を意識する、口頭語的性格が強い表現形式であったとすれば当然のことである。問題は、発話における終止形終止との相違となろう。終止形終止の機能は、連体形終止とは違う何かでなくてはならない。

阪倉（一九七〇）では、終止形終止に関して以下のように述べている。

文末の用言の終止形は、それ自身は積極的に陳述をしめさず、単にことがらの叙述にまとまりをあたえるにとどまるのである。

同じ発話文においても、終止形終止はことがらをまとめるに止まり、連体形終止のように聞き手に対する指向性はないと言えるのである。

会話文において、終止形終止が文末に位置する割合は思いのほか少ない。終止形が文末を決定するということは確かであるが、文末の側からすれば、終止形は決定的に重要であるということではない。終止形終止は、叙述をまとめるという働きはするものの、聞き手に対する積極的な働きかけはないということが窺える(37)。

川端(一九九七)は、連体形終止を一種のモダリティーの表現であると言う。

上代和歌における喚体としての連体止めは、助動詞にあって成立することが殆どであり、平安物語会話文のそれも、動詞そのものの連体形で成立することは比較的稀であった。そして、終止・連体合一化といわれるものの当初も、「ける」や「侍る」のような或る種の助動詞、或いはそれ相当によるものが多かった。しかもそれが、動詞を中心とする用言の一般にまで拡がったについては、やはり右に述べたと同様、靡が、或る助動詞なり終助詞なりに相当の、一種のモダリティーの表現ででもあろうとする、そういう了解に促されたのであろう。(五一九頁)

連体形終止と終止形終止との違いは、現代日本語の直接引用と間接引用における述べ方の違いに通じるところがあると思われる。

21　その人は、あした、ここへ来るね、と言っていた。
22　その人は、あした、ここへ来る、と言っていた。

22の間接引用では、発言の内容には直接関係しない成分、「ね」が削除される。22の「来る」は「ことがらをまとめる」のみであり、ここに聞き手に働きかけるモダリティーとしての機能は認められない。このような場合に用いられるのが、古典語における終止形終止「来(く)」であり、21のように、聞き手を意識したモダリティーの表現「来るね」に相当するのが、古典語における連体形終止「来る」だったのではないだろうか。

このように、会話文における終止形終止と連体形終止とはそれぞれの持つ機能が異なることによって、終止法として対峙していたものと考えたい。

三・四・五　「ガ―連体形終止」文と表現効果

本節では、強調表現や疑問表現以外において用いられる主語表示「ガ」が、どのような表現において活動しているのかを検討するために、連体形終止の表現性について考察した。連体形終止の機能として感嘆性を求めることは、それに該当しない例が多数存在することから認められないであろう。それ以外に、解説、疑問等の表現効果を認めるとしても、やはりそれに該当しない例が多数存在することは否めない。したがって、筆者は表現効果を機能として求めず、位相的な観点より、聞き手を意識する口頭語的述べ方であったと推測した。

主語表示「ガ」が強調表現において用いられていると認められたのは、「ガ―連体形終止＋ゾ」という表現形式を取り、終助詞「ゾ」を伴うところから判断されるのであった。また同様に、主語表示「ガ」が疑問表現において用いられていると認められたのは、「ガ―連体形終止＋カ」という表現形式を取り、終助詞「カ」によって疑問表現であると、判断されたからであった。終助詞「ゾ」や「カ」を伴わない、純粋な「ガ―連体形終止」という一文内の成分だけでは、強調表現なのか疑問表現なのか、あるいは他の表現効果を持つものなのか、どのような表現で用いられているのかは判断できないということになる。それは「ガ―連体形終止」という表現形式には特別な表現効果がないということを示すであろう(38)。

しかし、「ガ―連体形終止」という表現形式は、それ自体に特別な表現効果を含まないからこそ、終助詞の付加、副詞や形容詞連用形などによって(39)、強調表現、疑問表現、詠嘆表現等の文脈中において用いることができるのである。このように表現的加工がしやすいところに特徴があると思われる。

「雀の子を犬君が逃がしつる」自体にはそもそも特別な表現効果がないにもかかわらず、この文に詠嘆性があると言われてきたのは、当該箇所の前後に見られる「顔はいと赤くすりなして立てり」「いと口惜しと思へり」という状況説明や「伏籠の中に籠めたりつるものを」という発話部分があることにより、少女の「口惜しさ」がこの一文に投影され、あたかもこの一文が詠嘆性を含んでいるように見えたわけである。「雀の子を犬君が逃がしちゃった」だけでは特に表現効果は窺えないが、「(顔は泣きはらして赤くなり)雀の子を犬君が逃がしちゃった、籠の中に閉じこめておいたのに(と非常に残念そうに見える)」となっていれば、「雀の子を犬君が逃がしちゃった」という発話部分は平常の発話ではないことが窺えるであろう。本来表記されないパラ言語を現代語風に表記すれば「雀の子を犬君が逃がしちゃったぁ～」となろうか。「電車が遅れた」だけでは何の表現効果も窺えないが、「どうして遅刻したの？」「まいったよ、電車が遅れた」となれば、そこに「電車が遅れたんだ」という解説・説明の気持ちが生じるであろうし、「こんな危険なこと誰がするの？」という文脈であれば、「僕がする」には「他の誰でもない僕がする」という強調が感じとれるであろう。

もちろん「ガ—連体形終止」自体には特別な表現効果はないわけであるから、いわゆる中立叙述としても使用される。中立叙述の「ガ」としての初例は23の例とされてきた。

23　わらすぢ一すぢが、柑子三つになりたりつ。柑子三つが、布三疋になりたり。　（古本説話集・一九二頁）

「体言ガ—終止形終止」の例である。「体言ガ—連体形終止」は詠嘆表現であるとして除かれていたからである。しかし、本章で考察したように連体形終止自体には特別な表現効果はないと考えられ、したがって、中立叙述の「ガ」を、24、25のような「体言ガ—連体形終止」に認めることが可能となる。すると中立叙述の「ガ」の存在は、少なくとも一〇世紀後半まで遡ることとなる。

24 さてついたち、三日のほどに、午時ばかりにみえたり。「老いてはづかしうなりにたるに、いとくるしけれど、いかゞはせん」と許ありて、「方塞がりたり」とて、わが染めたるともいはじ　(蜻蛉日記・二八七頁)

25 北の方、「いかに。縫ひ給ひつや」と問ひ給へば、「さもあらず。『まだ御とのごもりたり』とあこぎが申しつる」といへば　(落窪物語・八六頁)

これまでの考察結果を踏まえて、「ガ—連体形終止」と表現性の関係を図に示すと以下のようになるであろう。「ガ—連体形終止」自体は表現としてニュートラルであり、多様な文脈において用いられる。一方、「ガ—連体形終止」に表現性を決定する成分が付加されている場合には、文脈に左右されることなく、その一文のみでどのような表現効果を含んでいるかが確定される(**図7**)。

表現文脈	中立	強調	詠嘆	疑問
付加成分	「ガ—連体形終止」			
		ゾ	カナ コト	カ

図７　文構造と表現性の相関図

注

（1）他に、佐伯（一九七五）、中西宇一（一九八六）、森野（一九八七）などにも言及がある。佐伯（一九七五）は「―が」のほうは古典語では「ぞ」が当たるのではないかと考えた」と述べ、中西宇一（一九八六）は「ゾ」には現代語の「ガ」に当たるものがあるという趣旨であり、森野（一九八七）は「現代語の格助詞「が」のように、情報伝達の点で「は」に対置されるべき助詞は、平安時代では「ぞ」だったのではないだろうか」と言及しているが、いずれも「ゾ」から「ガ」へという変化の過程を述べたものではない。

（2）本書では菊地（一九九七ａ）の「いわば〈枠〉が話手と聞手との間でできていることにも留意しよう。〈枠〉とは、それについての話をすべき状況が整っているものというほどの意である。〈枠〉のもとで〈関心の対象〉とXがあり、「Xが〈関心の対象〉」のXを埋めるのが《解答提示》の「が」なのである」に従う。この解答提示はいわゆる総記や選択指定（尾上（一九七三））などと同質であるかのような術語であるが、「ガ」の使用において、解答提示と中立叙述という表現上の二面性を両極とし、解答提示と中立叙述に表現上の連続性を認め、解答提示的表現になるためのいくつかの条件を提示している点が新しい。

　また本書ではこの解答提示を「主語ゾ」にも認めたい。小田（一九八九）では「係助詞ゾの卓立する範囲は、〈承接成分＋述語〉と考えるのが妥当といえよう」と述べている。確かに文レベルにおける「ゾ」の本来的機能はそうかもしれないが、談話レベルにおける強調表現においては、「主語ガ」の解答提示と同様な「主語ゾ」が見られるからである。

（3）表現性に関して付言すれば、強調表現における「主語ガ」は会話文において見られるが、地の文では見られないという特徴が認められる。このことは「ゾ」が口頭語から衰退するとともに「ガ」が強調表現に参与してきたことの証左になるであろう。

　地の文においても「主語ガ―ゾ（終助詞）」形式で、強調表現における「主語ガ」と認められるものもあるが、それは資料性によるものと考えられる。

①二位大納言の、宰相の中将におはせしにかはりて、孝善が「――（中略）――」と、詠みとゞめ侍ぞかし　（今鏡・二一二頁）

②昔、かの国の目くらき聖の、持経者にてありけるが、生れてかくはなりたるぞ　（今鏡・二七二頁）

③弁のめのとのいへる返事に、あやめの草はありながらとも、江侍従がよみしぞかし　（徒然草・九七頁）

（4）

①、②の文体は『大鏡』の文体を引き継いだ紀伝体で、地の文は発話であり、会話文に準じて考えることができよう。③も随筆という性質上、地の文に会話文的表現形式を認めてもよかろう。

「主語ガ」が名詞述語文において見られないというのは地の文でも同様であるが、一例のみ見られる。

①守屋等ヲコロスコトハ佛法ノコロスニハアラズ。王法ノワロキ臣下ヲウシナヒ給也。王法ノタメノ寶ヲホロボス故也。モノ、道理ヲタツルヤウハコレガマコトノ道理ニテハ侍也　（愚管抄・一三八頁）

山内（一九八九）には書簡文の例「なによりも人には、不孝がをそろしき事に候ぞ」（日蓮書状弘安二年（一二七九年））（四〇頁）も見られるが、いずれにせよ、「主語ガ」が名詞述語文においては未発達であることは間違いない。因みに『曽我物語』では以下の三例が認められる。

②五郎聞て、「其最後所が大事にて候ぞ。心へ給へ」といさむれば　（曽我物語・三〇〇頁）

③義盛出あひて、「いかに殿ばらたち、はるかにこそ存ずれ。狩座の体、これがはじめにてぞましますらん。何とか思ひたまひけん」　（曽我物語・三三四頁）

④君御覧ぜられて、「是が曽我五郎といふ者か」　（曽我物語・三六六頁）

しかし、『曽我物語』において、名詞述語文における「主語ゾ」が四例あることを考えると、名詞述語文における「主語ガ」は依然として発達途上である(詳しくは三・二参照)。

(5) 但し、「主語ガ」は先に見たように名詞述語文においては未発達であったため、以下のような名詞述語文とみなせる文においては「有情A＋ゾ」が認められる。

① 「今はまろぞ思ふべき人。なうとみたまひそ」とのたまふ　(源氏物語・一・三一八頁(若紫))
② 「承香殿ぞ思はずにおはすめる」と世の人申しためる　(栄花物語・上・一五五頁)
③ 「世づかざりける身どもかな。われぞかくてあるべきかし」　(とりかへばや・一一六頁)
④ 「これはあらず、我ぞそれ」と言へば　(古本説話集・一七二頁)

(6) 「有情B＋ガ」は平安期では以下の一例のみである。

「左大将殿の三位中将殿のまうで給ふ也。只今の第一の人にて、あしくいらへたなり」といふを聞くに、北の方「何のあたにて、とにかくに恥を見せ給ふらん。此兵部少輔の事も、これがしたるぞかし」　(落窪物語・一四三頁)

この例は、「主語ガ―ゾ」形式であることから文強調と考えられる。なお、格助詞「ガ」と有情Aとの結びつきの強さに関しては、野村(一九九三a)においてすでに指摘がある。

(7) 大野(一九九三)に以下の言及がある。

古典語の体系の中では、助詞や助動詞はそれ自身で多くの複合した意味を一つの単語で担っていた。しかし現代語ではそういう助詞・助動詞の一つ一つが担っていた意味の複合を分解し、別に副詞を加えて表現するに至ったのである。こうした「混沌→分解」という方向は、古典語から近代語への変化の一つの傾向である。近代以後は、副詞を別に加えて表現する傾向が強くなり、係助詞だけで混沌のまま表現するという仕方が少なくなってきた。これが係助詞の衰亡へと一役を担ったといえるように思う。

（三五〇頁）

中川（二〇〇四）では、原拠本「平家物語」と『天草版平家物語』の比較を通して、係り結びの表現性が、副詞を中心とするモダリティー成分によって代替されていることを示す。

（8）鎌倉期で上接語強調ではないと認められるのは以下の一例のみである。

或所のさふらひども、内侍所の御神楽を見て人にかたるとて「宝剣をば其人ぞもち給つる」などいふを聞て、うちなる女房の中に

（徒然草・一一七頁）

（9）『慶長十年古活字本沙石集総索引』（勉誠社）には以下の例が見られる。

「草木ノ成佛ハシハラクヲキ候・御邊ノ成佛ハイカ、御存知候」ト問ハル、ニ「其事ハイマタ何共存セス」トイフ・「先其御用意カアルヘク候ケル」トテ

（一一五頁）

「草木ノ成佛」を考えるよりも、まず先に「御邊ノ成佛」の「用意カ」肝心であるということを説いている場面で、上接語強調と思

われるが、『日本古典文学大系』の本文では「先其御用意ノアルベカリケル」となっている。

(10) 平安期にも既に「非情＋ガ」は認められる。

①「そがわるきぞかし。第一の人に、また一に思はれんとこと思はめ」と仰せらるるもをかし　(枕草子・一五七頁)

②「さて又かは虫ならべ、蝶といふ人ありなむやは。たゞそれが蛻くるぞかし。そのほどを尋ねてし給ふぞかし」　(堤中納言物語・三七八頁)

③「などこれがをかしからん。物笑ひいたうしける女房達多かりける宮かな」　(栄花物語・上・六六頁)

①、②はいずれも「主語ガ―ゾ」形式をとっており、やはり強調表現であると考えられる。①は、「そ」に「ゾ」が下接することがないので、強調表現にするため「主語ガ―ゾ」形式が用いられたものと思われる。②は、指示語であるが、「非情＋ガ」の早い例として考えられるであろう。③は疑問表現における「非情＋ガ」であり、「非情＋ゾ」とは関わらない。

(11) 「有情＋ガ」ではないという点で「非情＋ガ」とみなしたが、「数量詞＋ガ」の例は既に平安期から見られ、中立叙述の場合には「ガ」、強調表現の場合には「ゾ」となっているようである(但し、①、②は地の文)。

①わらすぢ一すぢが、柑子三つになりたりつ。柑子三つが、布三疋になりたり　(古本説話集・一九二頁)

②姫君は、今三つが、このかみにぞなりたまふべき　(とりかへばや・一一四頁)

③「山の中に般若寺あり。われ昔の同法はみな死にけむ。ただ三人ぞあらむ」　(三宝絵詞・一六二頁)

④教テ宣フ、「赤縣ノ南ニ衡山有リ。其ノ(欠字)我ガ昔ノ同法共有シ、皆死ニケム、今三人ゾ有ラム」　(今昔物語・三・五五頁)

(12) 本書で考察対象とする名詞述語文は、述語名詞句に指定辞の「なり」「にてあり」「ぢゃ」「でござる」「でございます」「だ」などが下接した文を指す(指定辞が省略される場合も含める)。本書ではこれらの指定辞をまとめて「ダ」で表現し、名詞述語文の種類を、主語名詞句に下接する助詞を用いて「AガBダ」型、「AゾBダ」型、「AコソBダ」型、「AハBダ」型、「AφBダ」型などのように表現する。

(13) 主語表示「ガ」の史的発達に関する研究はこれまでに石垣(一九五五)、我妻(一九七二)、大野(一九七七)、久島(一九八六)、柳田(一九八五)、野村(一九九六)、山内(一九八九)、山田(二〇〇〇a)などが見られるが、名詞述語文において主語表示「ガ」の発達が遅れていたという言及は見られない。山内(一九八九)には「「AはBなり」の判断文で「の」「が」が用いられることは元来ないことであるが、右の日蓮の書状や愚管抄の例は「が」を持ち、その述語を指定辞でまとめている。近代語的性格の語法である(四〇頁)」という記述が見られる。

(14) 井島(一九九八)の参考文献を参照されたい。

(15) 山田(二〇〇一b)では砂川(一九九六a)に従い記述文というタームをそのまま用いたが、本書ではこれを記述用法と改めたい。この記述文は文レベルにおける形式的特徴があるわけではなく、談話レベルにおいて認定されるという点で、「〜文」というと誤解を招く恐れがあるからである。砂川(一九九六b)の前項焦点文も本書では前項焦点用法と改めたい。

(16) ①は喚体句として「AガBダ」型から除いた。②は形式的には「AガBダ」型とみなすことができるが、詠嘆表現である。本書では主語卓立型名詞述語文としての「AガBダ」型と「AゾBダ」型や「AコソBダ」型との関連性を考察するので、これは参考とする。

①ほどよりはあまえてと聞きたまへど、「めづらしきが、なかなか口ふたがるわざかな」 (源氏物語・一・三五七頁(末摘花))

②「いまは又分くかたなく、思さまにてあらまし物を、すべて昔より御心のいみじくうらめしきが、おこたりなりや」

（夜の寝覚・三七三頁）

(17) 西鶴の諸作品（一六八二年～一六九二年）における「AガBダ」型、「AコソBダ」型はそれぞれ一六例（55％）、一三例（45％）となっており、数値的には前代の様相を呈している。

(18) 一例のみ地の文において「AガBダ」型が認められるが、これも記述用法である。

守屋等ヲコロスコトハ仏法ノコロスニハアラズ。王法ノワロキ臣下ヲウシナヒ給也。王法ノタメノ宝ヲホロボス故也。モノ、道理ヲタツルヤウハコレガマコトノ道理ニテハ侍也　（愚管抄・一三八頁）

(19) 山内（一九八九）には書簡文の例「なによりも人には、不孝がをそろしき事に候ぞ」（日蓮書状弘安二年（一二七九））（四〇頁）も見られるが、これなども主語表示「ガ」が「ゾ」の位置へ拡がったことを示すであろう。

(20) 但し、すべての「AゾBダ」型が「AガBダ」型に吸収されてしまったというわけではないようである。

「今ゾ限リ也ケル」　（今昔物語・三・三三六頁）

「今度ぞ世のうせはて」　（平家物語・下・一七三頁）

「ここぞ最後」　（平家物語・下・二一一頁）

「是ぞかぎり」　（平家物語・下・三七五頁）

「是ぞ限りなるべき」　（曽我物語・二五九頁）

「命こそ限りよ」　（曽我物語・八一頁）

「命こそかぎりなれ」（曽我物語・三五五頁）
「今こそ最後の際なれ」（曽我物語・三四八頁）

以上の例は、「もうこれで終わりである、これが最後である」という状態を示す類似表現形式であるが、これらの例からは「AゾBダ」型が「AコソBダ」型へと吸収されたものもあるということが窺われる。

(21) 『平家物語』の原拠本は明らかになっていないが、清瀬(一九八二)などの研究によれば、原拠本に近い性格を持つ本文は、『天草版平家物語』全十二巻のうち巻一から巻三までが『覚一本平家物語』であり、巻四以降は『百二十句本平家物語』であることがわかっている。以下、本書では『覚一本平家物語』の巻一から巻三と『百二十句本平家物語』の巻四から巻七、巻九から巻十二とをまとめた全体を原拠本「平家物語」と呼称することとする。なお、『覚一本平家物語』の本文としては、日本古典文学大系三二『平家物語　上』(岩波書店)を用い、『百二十句本平家物語』の本文としては、複製本『斯道文庫古典叢刊之二　百二十句本平家物語』(汲古書院)を用いる。

比較の対象とする例は原拠本「平家物語」、『天草版平家物語』において文脈上同じ内容を表現し、なおかつ同じ構文であるものとし、他の例は参考にとどめる(本書一七八頁、注(4)参照)。

(22) 第三期にも前項焦点用法と見られる「AコソBダ」型が存在するが、その使用は①～③のように相手の発話内容に対して切り返すような場面に見られる。

①「惣じておぬしのやうな、おくびやうな人はなひ、せんども山ぶしがとをつたれは、あれはそうじてどぼねのよひものじや、其上こしにほらのかいを付たほどに、無用じやと云ていなせたは」
「それはおぬしもさういふたは、身共が臆病なとは、おぬしこそおくびやうな者なれ」（虎明本・下・五二頁）

②「ヲヽ、いたい。盲人に鉢合せをするとはあきめくらめ」
「ヤ、こいつは、わがほうからぶつつけておいて、おれがいふ事をさきへぬかしおる。おのれこそ明盲だはい」
（浮世風呂・九六頁）

③「おれが何時色をしたことが有ナ、つまらねへ」
「わたいこそつまらねへ身の上だは」ト何かわからぬ愚智をならべ
（春色辰巳園・二八一頁）

これは、「先日はお世話になりました」「こちらこそ」などのような現代語の「コソ」と同様の用法であり、野田（二〇〇三）でいう「反論」に相当する。第一期、第二期の前項焦点用法とは性格を異にする。

（23）第一期、第二期を通して主語名詞句が有情名詞となっているのは、本文の例7と以下の例のみである。

其童子カ、円沢カ再来ソ
（湯山聯句抄・一五二頁）

（24）砂川（一九九六b）は、以下のような後項特立用法の特徴をあげる。

①特立的な提示を行うために用いられる構文である。この文は、前項焦点文とは違って「BはAだ」に言い換えることができない。

②「なんと」「意外にも」など予想外の気持ちを表す修飾句を伴ったり、類似の他の存在から区別して特定する修飾句「ほかでもない」を伴うことができる。

③Bを聞き手に強く印象づけることになり、後続談話におけるBの想起が一層容易に行われるようになる。

①②に関しては記述用法との明確な相違点が見られず、その意味では記述用法の一つの変異形とみなすことができる。形態的な特徴としては③があげられる。

(25) 後項特立用法とみなせるのは以下の例のみである。

「此土はいづく」と問ひ給へば「是こそ羅刹国、此国の御主は、はくもん王」とぞ申ける　（御伽草子・二八一頁）

(26) もちろん、機能として一つの到達点に至ったと言っても、その使用法は現代語とは異なっている。例えば、山田（二〇〇〇a）において述べたように、主語表示「ガ」は、非対格自動詞述語文・形容詞述語文の主語表示（「内項（対象）の明示化」）において多く使用されるが、他動詞述語文・非能格自動詞述語文の主語表示（「外項（動作主）の明示化」）における使用は少ない（本書四・三参照）。

(27) 「誰ガ―ゾ」形式は、古代から近世に至るまで使用が見られ、「タレカ―ゾ」との相関について興味あるところであるが、主語表示「ガ」を用いた疑問表現の拡がりと異質な動きを見せるため扱わない。

①「これはたが住むところぞ」　（とりかへばや・一三七頁）

②このわか主たちの、「まきにさゝげられたる荒巻こそあれ。こは、たが置きたるぞ。なんの料ぞ」と問ひつれば　（宇治拾遺物語・九五頁）

③苔の下にわたが返事をもしょうぞ?ただ風に騒ぐ松の響きばかりでござった　（天草版平家物語・一六九頁）

④しやうばいをさせうさせまひは、身がまゝじやによつて、身共に礼をいはねはうらせぬぞ、それはたがいふぞ、身共がいふよ　（虎明本・下・七六頁）

(28) 例7は疑問表現とも考えうるのであげておくが、詠嘆表現と解釈する方が妥当であろう。また、例10は反語表現と見られるが、本節では反語表現も疑問表現の一形式として認めている。

(29) すべての時代を通じて主語表示「ガ」を用いた疑問表現は「―ガ―カ」形式が基本的であり、「―ガ―ヤ」形式は本文中の例22、24のみである。

(30) 「ヤ」がどのような領域で「カ」を侵食したか、堀尾(二〇〇五)に具体的な記述がある。『万葉集』において不定成分に下接する「カ」は一七四例、不定成分以外に下接する「カ」は二六四例見られるという。

(31) 「不定成分+ガ」には「不定成分+ガ―ゾ」「不定成分+ガ―カ」「不定成分+ガ―ヤ」「不定成分+ガ―」など多様な形式が見られるが、「不定成分+ガ―ゾ」形式が多く見られるのでここではこの形式を代表させて用いる。

　①の「ガ」は、伊達本、御所本、無刊記古活字印本においては「カ」となっており(桜井(一九八九)による)、校訂者が濁点を付したものと考えられ、また②の濁点も校訂者による可能性があるため除く。

①「妻のために、佛經を書き供養して、とぶらふべき也」とて、かへしつかはす。廣貴、かゝれども、これはいつく、たれがのたまふぞ、ともしらず　(宇治拾遺物語・一九六頁)

②「コレヲバタレガアラハスベキゾ」トイフニ、觀音ノ化身聖徳太子ノアラハサセ給ベケレバ　(愚管抄・一三七頁)

また③も、諸本では「カ」となっているということと地の文であるということから「カ」と考える。

③かゝる所に信頼・信西二人が中にいかなる天魔が入替けん　(平治物語・一九一頁)

(32)「問い」は聞き手目当ての表現で、聞き手に答えを求めるものであり、「疑い」は聞き手目当ての表現ではなく、聞き手に答えを要求しない自問であり、独白に近いと言える。

(33)また、動詞・形容詞・助動詞の連体形終止には、ある偏りが存在するという事実が認められるにしても、その現象を「絶対的優位性」としてまとめるまでの論理が今ひとつ明確ではない。また「絶対的優位性」というものが、話者の内面表現に関わる場合の人称制限とどのような違いがあるのか明確ではない。

(34)山内(一九九二)では、5のような名詞述語文の場合には、「指定辞「なり」の省略と見ることが良い」とする。もしそうであったとしても、2～4に関しては説明がつかない。

(35)係助詞が間投助詞化し、衰退していった要因として北原(一九八四)の指摘が参考となる(本書五三頁参照)。また舩城(二〇〇三)は、現代語では係助詞の機能を間投助詞類が引き継いでいると見ている。

「そ」「なむ」「こそ」などの〈とりたて・もちかけ〉などの機能を、現代語では間投助詞類がにない、連体形・已然形のそれを終助詞の類がになっているということであるとおもわれる。

(36)『枕草子』においては、物尽くし章段でなくとも連体形終止は存在する。これも作者が前面に顔を出して語る口頭語的側面が表出したものであると考えたい。

(37)因みに『源氏物語』において文末に位置する形式は次頁の表の通りである。会話文・心話文における終止形終止は約25%に止まる(文末の判定は日本古典文学全集のテキストに従った。多少の誤差はあろうが、全体の傾向は変わらないと考える)。

(38)しかし、強調表現に関して言えば、終助詞「ゾ」を伴わなくても文脈から強調表現であると判断される場合もあった。また阪倉(一

	会話文	心話文	地の文
終止形終止	1868(23.37%)	980(29.03%)	9567(85.22%)
連体形終止	211(2.64%)	95(2.81%)	73(0.65%)
(係)結び	2550(31.90%)	944(27.96%)	1259(11.22%)
終助詞	2016(25.22%)	847(25.09%)	327(2.91%)
命令形	507(6.34%)	26(0.77%)	0(0.00%)
その他	842(10.53%)	484(14.34%)	0(0.00%)
合　計	7994(100.00%)	3376(100.00%)	11226(100.00%)

＊終止形終止には終止形連体形同形のものを含む。
＊その他は省略、倒置、言いさしなどを含む。

九九三)は、『今昔物語』に見られる「刀差たる」や『古本説話集』に見られる「おなじ心にはなき」など、「疑問の助詞」を伴わないけれども文脈上疑問表現と考えられる例があるという(二二〇～二二二頁)。これらの場合には、文レベルにおいて強調表現や疑問表現であることを示す言語形式が存在しないわけであるが、口頭語であればプロミネンスやイントネーションの上昇等のパラ言語を用いることにより、どのような表現であるのかは伝達可能である。

(39) 山内(一九九二)では、「形容詞連用形を先に強く表出して、その主観的表出の内容を下に詠嘆的に続けるのである」として、「あやしく心ばみすぐさるゝ」「くちをしう御ともにをくれ侍にける」「おりよくわたらせ給へる」「うれしくかくゆるしたまふほどになりにける」「ねたうせんぜられぬる」などの例をあげている。

第四章 「ガ」の変質と主節における拡がり

第三章においては、各種表現において主語表示「ガ」がどのように拡がってきたのか、主に係助詞との関わりにおいてその拡大の様相を確認した。本章では、主語表示「ガ」の拡大の様相について、時代ごとに捉えてみたい。格助詞「ガ」の主語表示と連体表示は表裏の関係にある。主語表示としての機能が前面に出ると言うことは、連体表示としての機能が後退すると言うことである。四・一、四・二では、連体表示機能の衰退に関して時代を追って捉える。四・三、四・四では、主に無助詞主語との関わりにおいて主語表示「ガ」の拡大の様相を見てみたい。

四・一　「ガ」の連体性の後退――平安期から鎌倉期

これまでに古代語(特に平安時代)の「ガ」に関しては、安田喜代門(一九五六)、桑原(一九六三)、佐藤俊子(一九六七)、東郷(一九六八)、佐藤定義(一九七四)、山田瑩徹(一九八〇)などに研究が見られるが、そのほとんどが待遇意識を観点として述べており、構文的な研究はない。また、資料としても散文、詞書などであり、韻文は資料として用いられていない。確かに、「ガ」はこの時期まだ連体表示が主な機能であり、構文的な変化はあまり見られない。また、韻文は種々の制約があり、文法的記述に耐えうる資料とは普通考えられていない。しかし、江戸期の国学者達がそうであったように、韻文を資料として古代語を知ることも不可能ではない。そこで本節では八代集(1)を資料として、「ガ」の連体表示機能の後退(言い換えれば主語表示機能の発達)に関して調査する。

四・一・一　主語表示と連体表示

まずは「ガ」の主語表示と連体表示の割合を見てみよう。**(表1)**

主語表示「ガ」は連体節内に多く見られるが、格助詞「ガ」が連体表示を主な機能として用いられており、その上接語と被修飾語を強く一体化するという構文的特徴が出ているものと考えられる(二・一参照)。表の数値によれば、『古今集』から『新古今集』までの三〇〇年の間に、「ガ」の主語表示機能に変化は見られない(拾遺集が少し突出している感はある)が、これをさらに詳しく構文的、意味的に見てみると、やはり主語表示の「ガ」には変化があるものと考えられる。以下、連体節内の主語表示「ガ」を中心にその発達について考察する。

四・一・二　「体言¹+ガ」と「体言²」の意味的関係

ここでは連体節「体言¹+ガ+動詞(句)+体言²」における「体言¹」と「体言²」の意味的関係に注目して、主語表示「ガ」の変化について見てみたい。

もともと「ガ」は連体表示が主な機能であった。したがって「ガ」が一見主語表示であると思われる「わが着たる

表１　「ガ」の主語表示と連体表示の割合

	主語表示				連体表示	合計
	連体節	従属節	主節	小合計		
古今集	24（13.0%）	6（3.3%）	6（3.3%）	36（19.6%）	148（80.4%）	184（100.0%）
後撰集	20（9.9%）	2（1.0%）	7（3.4%）	29（14.3%）	174（85.7%）	203（100.0%）
拾遺集	33（15.1%）	5（2.3%）	17（7.7%）	55（25.1%）	164（74.9%）	219（100.0%）
後拾遺集	17（13.0%）	1（0.8%）	2（1.5%）	20（15.3%）	111（84.7%）	131（100.0%）
金葉集	7（9%）	2（3%）	0（0%）	9（12%）	69（88%）	78（100%）
詞花集	6（11%）	1（2%）	2（4%）	9（17%）	43（83%）	52（100%）
千載集	10（12%）	0（0%）	2（2%）	12（14%）	73（86%）	85（100%）
新古今集	17（8.3%）	2（1.0%）	5（2.4%）	24（11.7%）	182（88.3%）	206（100.0%）
八代集	134（11.6%）	19（1.6%）	41（3.5%）	194（16.7%）	964（83.2%）	1158（100.0%）

＊いわゆる喚体句内の「ガ」は除く。
＊連体節は準体節も含む。
＊従属節は連体節、準体節を除く。
＊形態的に以下のような例を主節と認めた。

山科のをとはの滝のをとにだに人のしるべく<u>わがこひめやも</u>（古今集・1109）
峰高み行ても見べきもみぢ葉を<u>我がゐながらもかざしつる哉</u>（後撰集・1302）
今日過ぎば死なまし物を夢にてもいづこをはかと<u>君がとはまし</u>（後撰集・640）

表2　主語表示性の推移

	A	B	合　計
古今集	7(35%)	13(65%)	20
後撰集	9(50%)	9(50%)	18
拾遺集	9(29%)	22(71%)	31
後拾遺集	9(56%)	7(44%)	16
金葉集	2(33%)	4(67%)	6
詞花集	2(33%)	4(67%)	6
千載集	1(12%)	7(88%)	8
新古今集	2(12%)	14(88%)	16
八代集	41(33.9%)	80(66.1%)	121

ひとへ衣」(後撰集・一〇八)のような例においても、意味的には、「ガ」は連体表示で、「わが衣」「着たる衣」のように「わが」「着たる」がそれぞれ「衣」に係っているとも考えられる。しかし「わが待たぬ年はきぬれど」(古今・三三八)などの例では、意味的に「わが」は「年」には係らず、「待たぬ」に係っていると考えられる。意味的に「体言^{2}」から乖離したこの「わが」の「ガ」は、連体節内部に存在するという点で、連体性を多分に含んではいるものの、意味的には動詞部のみと関わるという点で、主語表示性を強めた「ガ」であると言えるであろう。これに比べて、「わが着たるひとへ衣」のような「ガ」は、動詞部「着たる」とも関わるが、「衣」との意味的な関わりをも捨てきれないという点で、主語表示性は弱いと言えるであろう。

こうして考えてみると、構文的に同じ「体言^{1}+ガ+動詞(句)+体言^{2}」においても、意味的に「体言^{1}」が「体言^{2}」と関わりを持つ場合、すなわち主語表示性が稀薄な場合と、「体言^{1}」が「体言^{2}」に関わりを持たない場合、すなわち主語表示性が濃厚な場合とがあり、それによって主語表示「ガ」の通時的な変化を見ることができるのではな

いだろうか。今、前者の場合をA、後者の場合をBとしてその移り変わりを見てみる。（表2）

時代が下るに従ってAが減少傾向にあることが窺える。このことから連体節内の主語表示「ガ」においては、時代が下るに従ってその連体表示機能が弱まりつつあると言えるであろう。

四・一・三　「体言^1＋ガ」と「体言^2」の構文的関係

ここでは連体節「体言^1＋ガ＋動詞（句）＋体言^2」を構文的に見てみよう。

1　恋しくは影をだに見て慰めよ我がうちとけてしのぶ顔也　（後撰集・九〇九）
2　風寒み我が唐衣打つ時ぞ萩の下葉も色まさりける　（拾遺集・一八七）
3　知るや君知らずはいかにつらからむ我がかく許思心を　（拾遺集・七五四）
4　思知る人に見せばや夜もすがら我がとこ夏にをきゐたる露　（拾遺集・八三一）
5　我妹子が赤裳濡らして植へし田を刈りて収めむ倉無の浜　（拾遺集・一一二三）
6　少女子が袖ふる山の瑞垣の久しき世より思そめてき　（拾遺集・一二一〇）
7　来て見よと妹が家路に告げやらむわがひとり寝るとこなつの花　（後拾遺集・二二七）
8　わぎもこがかけて待つらん玉づさをかきつらねたる初雁の声　（後拾遺集・二七四）
9　わぎもこが袖ふりかけしうつり香のけさは身にしむ物をこそ思へ　（後拾遺集・六二一）
10　賤の女が蘆火たくやも卯の花の咲きしかゝればやつれざりけり　（金葉集・一〇三）
11　わぎもこが袖振山も春きてぞかすみのころもたちわたりける　（千載集・九）

12 君がせぬわが手枕は草なれや涙の露のよな〳〵ぞをく （新古今集・一三四九）
13 ひさかたのあまつをとめが夏衣雲井にさらす布引の滝 （新古今集・一六五一）
14 なを頼めしめぢが原のさせも草わが世の中にあらんかぎりは （新古今集・一九一六）

以上の例は、基本的な形態は「体言$_1$＋ガ＋動詞(句)＋体言$_2$」であるが、「体言$_1$＋ガ」と「動詞(句)」との間に補足語や修飾語が入り込んでいる例である。『古今集』では連体節内の「体言$_1$＋ガ」と「動詞(句)」との間に補足語や修飾語が入り込んでいる例は見られないが、『後撰集』以降それが見られるようになり、『拾遺集』以降には全連体節中およそ16〜18％見られる。

15 しのゝめのほがら〳〵と明けゆけばをのがきぬ〳〵なるぞ悲しき （古今集・六三七）
16 梅花よそながら見むわぎもこがとがむ許の香にもこそしめ （後撰集・二七）
17 我がたちて着るこそうけれ夏衣おほかたとのみ見べき薄さを （後撰集・一〇五四）
18 わぎもこが身を捨てしより猿沢の池のつゝみやきみは恋しき （拾遺集・四一一）
19 人も見ぬ所に昔君と我がせぬわざ〳〵をせしぞ恋しき （拾遺集・一二〇七）
20 垂乳女の嘆きをつみて我がかく思ひのしたになるぞ悲しき （金葉集・六一五）
21 おしからぬ命ぞさらに惜しまるゝ君が都にかへりくるまで （千載集・一一三二）
22 庭の雪にわが跡つけていでつるを訪はれにけりと人やみるらん （新古今集・六七九）

以上の例は準体節の全例である。15〜17は「体言$_1$＋ガ」と「動詞(句)」の間には補足語や修飾語が入り込んでいないが、18〜22は「体言$_1$＋ガ」と「動詞(句)」との間にそれらが入り込んでいる。連体節同様、準体節においても「体言$_1$＋ガ」と「動詞(句)」との間に補足語、修飾語が入り込んだ例は『拾遺集』以降顕著になっていくのがわかる。

「体言$_1$＋ガ」と「動詞(句)」との間に補足語、修飾語が入り込むというのは、それが入り込まない場合に比べて、「ガ」が「体言$_2$」へ係る連体表示的性質をなくしつつあるということを示すものであろう。またそれが『拾遺集』以降に見られるということは、先に四・一・二において見たように、時代が下るにつれて主語表示「ガ」と「体言$_2$」との意味的関わりが稀薄化する傾向にあったことと動向を同じくするものと言えるだろう。

四・一・四　まとめ

韻文は、敬語、音便、漢語等が用いられず、散文には見られない特殊な歌語が存在する。また特に散文に比べて保守的であり、通時的な研究には資料として不向きであるといえる。しかし、その制約の中においても主語表示「ガ」における連体表示的性質の減少、言い換えれば主語表示機能の拡大を見ることができた。これだけの制約がある中においても主語表示機能の拡大が見られたわけであるから、その勢いは想像以上に強かったのではないかと予想される。

四・二　「ガ」の連体性の後退――鎌倉期から江戸期

動詞述語文・形容詞述語文の主節における主語表示「ガ」は平安鎌倉期に散見するが、名詞述語文におけるそれは皆無に等しい。言い換えれば「AガBダ」型はいまだ表現形式として発達を見ていない。「AガBダ」型の拡がりは一六世紀まで時代が下らないと見られないのであった(三・二参照)。本節では、「AガBダ」型の未発達の要因として、格助詞「ガ」の連体性の強さが影響していることを指摘する。言い換えれば「AガBダ」型の発達は、格助詞「ガ」の連体性の衰退を意味するのである。

四・二・一「AガBダ」型運用上の問題点

分析的傾向という日本語表現の流れの中にあって、動詞述語文・形容詞述語文においては「ガ」が「ゾ」の位置を侵していた(三・一参照)。そのような中で、「ガ」は「AゾBダ」型名詞述語文を侵すことはなかった。それはなぜであろうか。

1 この蛇のつきたる女を家あるじと思ふに、「こゝに宿り給人あり」といへば、老たる女いできて、「たれかのたまふぞ」といへば「これぞ家のあるじなりける」と思て　(宇治拾遺物語・一六〇頁)

2 輿の簾を挑て、「いかに〳〵」とのたまひければ、義通馬よりくづれ落て、先涙をはら〳〵と流して、「宣旨にて候ひし程に、力なく入道殿もきられさせ給ぬ。公達も皆々失參せて候。是ぞ御形見にて候。」　(保元物語・一五七頁)

3 「げにもすぞろならむものは、かやうの老法師を見て、なにとてかなつかしげには思ふべき。是ぞ我まことの孫にてまし〳〵ける。故院のおさなをひにすこしもたがはせ給はぬものかな」　(平家物語・下・一二一頁)

4 すこし御心慰めて、このきはに、しひて背かせ給べき御道心にもあらねば、思しとまりぬ。これぞあるべきことと、あいなう世の人も思ひいふべし　(増鏡・三四九頁)

5 「たゞ越王をたすけて、一てんの地をあたへ、此下臣となすべし。しからば、呉越兩國のみならず、齊・楚・趙の三が國、こと〳〵く朝せずといふこと有べからず。これぞ根はふかうして、葉をかたくする道也」と、理をつくしければ　（曽我物語・一三〇頁）

6　守屋等ヲコロスコトハ佛法ノコロスニハアラズ。王法ノワロキ臣下ヲウシナヒ給也。王法ノタメノ寶ヲホロボス故也。モノ、道理ヲタツルヤウハコレガマコトノ道理ニテハ侍也　（愚管抄・一三八頁、地の文）

7　義盛出あひて、「いかに殿ばらたち、はるかにこそ存ずれ。狩座の体、これがはじめにてぞましますらん。何とか思ひたまひけん」　（曽我物語・三三四頁）

8　魏亡テ後ニ、其台ノ瓦ヲ人カトリテ、皆硯ニシタソ。是カ名誉ノ重宝ソ　（湯山聯句抄・一八頁）

9　句ヲツケツシテ、カケツスルハ、ナニモノカスルソト云ヘハ、コ、ノ前ニナカル、渓川ノヲトガ、ツ、ト流ル、——（中略）——是カヨイアイテ也　（湯山聯句抄・八頁）

10　関白殿ほどの人がこのやうな目にあわせられたことは、聞きも及ばぬことぢや、これが平家の悪行の始めと、きこえてござる　（天草版平家・四五頁）

1〜5は「AゾBダ」型、6〜10は「AガBダ」型であり、上接語が「これ」になっている例である。「AゾBダ」型と「AガBダ」型を比較してみると、文構成上の相違点は特に認められず、動詞述語文・形容詞述語文と同様、鎌倉期に「ガ」が「ゾ」の位置へと拡がってもよかったのではないか、すなわち「これが家のあるじなりける」「是が御形見にて候」「是が我まことの孫にてまし〳〵ける」などの「AガBダ」型が存在してもよかったのではないかと思われるのである。「ゾ」から「ガ」へという流れにあってなお、名詞述語文においてその移行がなされなかったということは、「ガ」がそこに位置することに何らかの問題があったためと考えられる。

表3 「ガ」の主語表示と連体表示の推移

	連体表示	主語表示	合　計
平家物語	301(60.8%)	194(39.2%)	495(100%)
曽我物語	299(71.5%)	119(28.5%)	418(100%)
湯山聯句抄	145(17.7%)	672(82.3%)	817(100%)
御伽草子	277(69.6%)	121(30.4%)	398(100%)
天草版平家物語	340(30.9%)	759(69.1%)	1099(100%)
仮名草子	108(35.3%)	198(64.7%)	306(100%)
大蔵虎明本狂言	514(16.6%)	2575(83.4%)	3089(100%)

四・二・二　格助詞「ガ」の機能の推移

では「AガBダ」型における「ガ」の使用にはどのような支障があったのであろうか。動詞述語文・形容詞述語文において使用可能であった「ガ」が名詞述語文では見られないということは、名詞述語文の特性と「ガ」が何らかの理由で相容れない存在であったということである。しかもその反発は一六世紀頃になると解消される性質のものであった。

「AガBダ」型が拡がった一六世紀前後の格助詞「ガ」の機能を確認しておこう。「ガ」の主な機能として主語表示と連体表示があげられるが、**(表3)**は主語表示と連体表示の割合を、**(表4)**は主語表示「ガ」の構文的活動領域を示したものである(但し、従属度の高低を加味して、逆接は主節とした)。

(表3)によれば、おおむね一六世紀以降、「ガ」の機能が連体表示から主語表示へと移行していることが窺える。それと同時に、**(表4)**からは主語表示「ガ」の連体節内における活動が弱まっていることが見てとれる。「ガ」の連体表示性が希薄になれば連体節から解放されることにつながるわけであるから、この結果は首肯される。

(表5)は「AガBダ」型の拡がりを「AゾBダ」型、「AコソBダ」型との相関で捉えたものである(三・二・三の**(表4)**と同じ)。

表4　主語表示「ガ」の活動領域の推移

	連体節	従属節	主　節	合　計
平家物語	98(50.5%)	45(23.2%)	51(26.3%)	194(100%)
曽我物語	64(53.8%)	26(21.8%)	29(24.4%)	119(100%)
湯山聯句抄	66(9.8%)	289(43.0%)	317(47.2%)	672(100%)
御伽草子	62(51.2%)	22(18.2%)	37(30.6%)	121(100%)
天草版平家物語	179(23.6%)	284(37.4%)	296(39.0%)	759(100%)
仮名草子	24(12.1%)	46(23.2%)	128(64.7%)	198(100%)
大蔵虎明本狂言	205(8.0%)	725(28.1%)	1645(63.9%)	2575(100%)

表5　有標名詞述語文の推移

	AゾBダ型	AコソBダ型	AガBダ型	合　計
今昔物語(12世紀前期)	8(33%)	15(63%)	1(4%)	24(100%)
平家物語(13世紀前期)	11(35%)	20(65%)	0(0%)	31(100%)
沙石集(13世紀後期)	3(11%)	22(85%)	1(4%)	26(100%)
曽我物語(14世紀南北朝)	4(9%)	41(87%)	2(4%)	47(100%)
湯山聯句抄(1504年)	0(0%)	15(47%)	17(53%)	32(100%)
御伽草子(16世紀後期)	3(8%)	31(82%)	4(10%)	38(100%)
天草版平家物語(1592年)	0(0%)	19(76%)	6(24%)	25(100%)
仮名草子(1609～1665年)	0(0%)	13(57%)	10(43%)	23(100%)
大蔵虎明本狂言(1642年)	0(0%)	21(18%)	98(82%)	119(100%)
近松門左衛門(1703～1721年)	0(0%)	3(11%)	24(89%)	27(100%)
洒落本黄表紙(1770～1798年)	0(0%)	2(8%)	24(92%)	26(100%)
東海道中膝栗毛(1802年)	0(0%)	1(2%)	41(98%)	42(100%)
浮世風呂(1809年)	0(0%)	3(6%)	46(94%)	49(100%)
春色梅暦・辰巳園(1832～1833年)	0(0%)	2(13%)	13(87%)	15(100%)

＊成立年代は不明確なものもあり、括弧内の成立年はあくまでも目安である。
＊「AガBダ」型が認められた作品あるいは作家についてのみ数値をあげる。

ここで興味深い事象は、「AガBダ」型の拡がりと「ガ」の機能の推移である。「AガBダ」型が既に拡がりを見せている『湯山聯句抄』『天草版平家物語』『仮名草子』『大蔵虎明本狂言』では、「ガ」の中心的機能は主語表示であり、一方「AガBダ」型の拡がりが微弱である『御伽草子』では、連体表示が「ガ」の中心的機能となっている。したがって「AガBダ」型の拡がりの支障となっていたものは、この「ガ」の連体性の強さであると予想される。

四・二・三　語列と格助詞「ガ」の機能

連体性の強い「ガ」が「AゾBダ」型の「ゾ」の位置へ入り込むとどのような支障があったのであろうか。『平家物語』には以下の11～16のように、形態的には「AガBダ」型と見られる例がある。しかしこれらの「ガ」はすべて連体表示として機能している。

11　入道の給ひけるは、「新大納言成親、この一門をほろぼして、天下を亂らむとする企あり。此少將は既彼大納言が嫡子也。うとふもあれしたしうもあれ、えこそ申宥むまじけれ」（平家物語・上・一六六頁）

12　「あなむざんや、蘇武がほまれの跡なりけり。いまだ胡國にあるにこそ」とて、今度は李廣と云將軍に仰て、百万騎をさしつかはす（平家物語・上・二〇六頁）

13　「是は一とせ平治の合戰の時、故左馬頭義朝が手に候ひて、六条河原で打死仕候し相模國住人、山内須藤刑部丞俊通が子で候」（平家物語・上・三〇八頁）

14　兵衛佐、馬よりおり、甲をぬぎ、手水うがいをして、王城の方をふしをがみ、「これはまたく頼朝がわたくしの高名にあらず。八幡大菩薩の御ぱからひなり」とぞの給ける。（平家物語・上・三七五頁）

15　「今度は義仲が最後の軍にてあらむずるぞ。頼朝が歸きかむ處もあり、軍ようせよ。者ども」とてうたちけり
（平家物語・下・一五三頁）

16　範頼・義經かさねて奏聞しけるは、「保元の昔をおもへば、祖父爲義があた、平治のいにしへを案ずれば、ちゝ義朝がかたき也」
（平家物語・下・二三八頁）

「体言＋ガ＋体言＋指定辞」という語列においては連体表示の「ガ」しか見られないのである。鎌倉期の「ガ」の機能は連体表示が中心である。したがって「体言＋ガ＋体言」という語列における「ガ」は連体表示として機能しやすい。

「体言＋ゾ＋体言」という語列の「AゾBダ」型から「AガBダ」型に移行すると、「体言＋ガ＋体言」という語列が生じ、「ガ」は体言に挟まれることによって連体表示性が強く出てしまい、「A」は主語名詞句として機能しにくくなるのである。例えば、先の1、2、5の「AゾBダ」型は「体言＋ゾ＋体言」という語列であり、ここに「ガ」が入り込むと「これが家のあるじ」「是が御形見」「これが根」となり、「ガ」が連体表示として機能してしまうのである。事実『宇治拾遺物語』には「これが家なりける」（一五九頁）、「これが中に」（六六頁）、「これがしわざ」（一二九頁）など連体表示で用いられている「これが」が見られる。

時代が下って「ガ」の連体表示としての機能が弱くなれば、同じ「体言＋ガ＋体言」でも、以下の17〜20のように「これが」が主語名詞句として機能するようになるのである。

17　織部心の中には、今更の追従やと憎きものから、おかしき念じつゝ「抑此一芸は大事の薬の侍りて服し侍りつゝ、人に語り給ふな、さて勤むる事にて侍るぞ。これが家の秘密にて侍る。あなかしこ、人に語り給ふな」とて、何

かあらん、ふりたる巻物取り出て　（御伽草子・三八七頁）

18　たとい万年を保つとも、ついに終わりがあるまじいか？　西王母が三千歳も昔語りで、今はなし、東方朔が九千歳も名のみ残って、姿はない、これが善知識の基でござるとゆうて　（天草版平家物語・六四一頁）

19　もはや参る、なごりおしうこそござれ、これがいきわかれじや　（虎明本・上・三二〇頁）

20　此女の母親らしきものゝ來て、ひそかによび出し、ひとつふたつ物いひしが、何の事はない、「是がかほの見おさめ、十四五匁の事に身をなげる」といふ　（世間胸算用・二三〇頁）

では「体言＋ゾ＋体言」以外の語列を含む「AゾBダ」型ではどうであろうか。

21　「カヽル人ゾ道ニ入タルスカタナルヘキ」トイフ　（慶長十年古活字版沙石集・一八五左三）

22　「鎌倉殿の『法師なれども、をのれぞねらはんずる者』とて仰せかうぶしより、命をば鎌倉殿に奉りぬ」との給へば　（平家物語・下・三八九頁）

鎌倉期の主語表示「ガ」の主な活動領域は連体節であった。したがって21、22の「ゾ」の部分に「ガ」が入り込んだとすると、「ガ」は連体節内の主語表示として機能するわけである。すなわち「体言＋ガ―活用語連体形＋体言」という語列においては、「〈カヽル人ガ道ニ入タル〉スカタ」「〈をのれがねらはんずる〉者」という構造となり、主語名詞句と述語名詞句とを結びつける名詞述語文には成りにくいのである。「〈カヽル人〉ガ〈道ニ入タルスカタ〉ダ」「〈をのれ〉ガ〈ねらはんずる者〉ダ」という構造になるには、「ガ」が主語表示を中心として機能し、その活動領域が連体節内から解放され主節において十分に活動できるようにならなければならないのである。

以上のように、「ガ」の連体性の強さが、「AゾBダ」型から「AガBダ」型への移行を妨げる要因であったと考えられる。

四・二・四　初期の「AガBダ」型の特徴

時代が下るにしたがって次第に「AガBダ」型も用いられるようになってくるのであるが、「ガ」の連体性が強い時期にどのようにして「AガBダ」型が拡がったのであろうか。

初期の「AガBダ」型の主語名詞句に注目してみよう。

23　五郎聞て、「其最後所が大事にて候ぞ。心へ給へ」といさむれば　（曾我物語・三〇〇頁）

24　蛙ノナクモ、堂上堂下ノ坐部ト立部トノ管弦ヲスルヤウナソ。蛙ノ音カ両部ノ楽也　（湯山聯句抄・一一六頁）

25　ヲシイト思ワヌ心カ宝ソ　（湯山聯句抄・一二九頁）

26　牡丹ハ洛カ本ナリ。海棠ハ蜀ノ東川西川カ本テ有ソ。サレハ蜀ニハ海棠ハカリヲ花トハ云ソ。洛ニハ牡丹ヲ花ト云テ、名ヲハ云ハヌソ　（湯山聯句抄・一四二頁）

27　その萬壽姫は、御所さまへ参り、御奉公を望まれける。御臺さまには聞召、「親をばたれと申やらん」萬壽うけ給はり「武蔵国六所別当の者にて候。親を名のり申まじ。御奉公申ならば、尋ぬるものが親にて候はん」とぞ申されける　（御伽草子・一三五頁）

28　「(梵天国の)内裏へ参らせ給へ」と、泣く〳〵のたまへば、姫君「それ日本葦原をば、盗人国と申て、人の心が人間にあらず。梵天国のならひにて、人に契を結び、又と契かなはず」　（御伽草子・二一七頁）

29　「今生の對面は只今が最後なり。御盃を給はらむ」とて、酒などを勸めけり。戀の介、いづれも人々これを聞き
（恨の介・八一頁）

30　「若衆さま、御姿と申、御心遣と申、まことに残るところも御座ない。されども、よそへ御出であつて、人の刀、脇差、鼓、大鼓によらず、よく値ざしをなさるゝ。これ一つが玉に疵ぢや。よく〳〵向後は御たしなみ候へ」といふ
（きのふはけふの物語・一一八頁）

23〜30はいずれも「体言1＋ガ＋体言2」という語列となっているが、その特徴として「体言1」が非情名詞であるということがあげられる。一方、先の**（表3）**の各資料における連体表示「ガ」の上接語は人称代名詞、親族名詞、固有名詞、数詞、活用語連体形などで占められている。つまり連体表示として機能している「ガ」の上接語と名詞述語文の「ガ」の上接語は相補分布をなしているのである。この相補分布が「体言＋ガ＋体言」という語列において、「ガ」が連体表示なのか主語表示なのかを認知させるという一つの方策であったと考えられる。初期の「AガBダ」型は、主語名詞句が非情名詞であるという限定のもと「AゾBダ」型に取って代わったわけである。「体言1＋ガ＋体言2」という語列においては、「ガ」が連体表示として機能しやすいが、連体表示「ガ」の上接語には見られなかった非情名詞が「体言1」に位置することで、「AガBダ」型であることを示すことができたのである(2)。

連体表示「ガ」の上接語に見られない非情名詞が初期の「AガBダ」型の主語名詞句として使用されているということは、やはり「ガ」の連体性が「AガBダ」型の拡がりに強く関与していることを示唆するであろう。

その後、「ガ」の連体表示機能が弱まり主語表示機能が強まったことにより、「体言＋ガ＋体言」という語列においても「ガ」が普通に主語表示として機能するようになった。その結果、「AガBダ」型の主語名詞句と連体表示「ガ」の上接語との間における相補分布の必要性はなくなり、31〜36のように有情名詞を主語名詞句とした「AガBダ」型

も見られるようになる。

31　「そなたは仕合な人じや、其子細は何とした事でござる」（虎明本・上・七〇頁）
「都に人おほいといへども某がするゐひろがりやの亭主でおりやるよ

32　「さきの月の二十四日のぢざうこうは、つぢの形部三郎がとうではなかつたか」
「中々ぎやうぶ三郎がとうで御ざつた」（虎明本・中・二二七頁）

33　「かうやのこうほう大師のめされた、四十八字のいろはをならへ、よみやうをおしへ申さう」
「高野の弘法大師が四十八で御ざる」

34　「いやさうではない、いろはにほへとちりぬるをわか、ゐひもせず京とよめ」（虎明本・下・一一二頁）
「ひとりの娘より外にやるものが御座らぬ。是がこちの聟殿」と、思ひ入たるかほつきして、是を言葉のはじめにして（世間胸算用・二二三頁）

35　「ア、愚なり彦九郎様。中立を知る程ならば。かやうに恥を見るべきか」とまたさめ〲とぞ泣きゐたる。「さては下女めが中立ならん。そいつ呼べ」と呼出せば（堀川波鼓・五五頁）

36　「嫁子もならぬ介抱。寺道場へ參ってもこれ。こゝの一心が邪見では參らぬも同前。こなたがほんの後生願もう手をあらうて下され」（冥途の飛脚・一八四頁）

「AガBダ」型の主語名詞句に有情名詞が用いられるようになるのは一七世紀中期以降で、一八世紀後半以降多く見られるようになる。

四・二・五　他の統語構造における格助詞「ガ」の機能と語列

「体言＋ガ＋体言」という語列において「ガ」が主語表示として機能している例は、名詞述語文以外で平安期に三例、鎌倉期に一〇例計一三例見られる。「体言＋ガ＋体言」という語列において「ガ」が連体表示として機能しやすい時代に、どのようにして言語運用を行っていたのであろうか。

37　片つかたに、書ども、わざと置き重ねし人も侍らずなりにし後、手ふるる人もことになし。それらをつれづれせめてあまりぬるとき、一つ二つひきいでて見侍るを、女房あつまりて、「おまへはかくおはすれど、御さいはひはすくなきなり。なでふ女が真字書は読む。むかしは経よむをだに人は制しき」と、しりうごちいふを聞き侍るにも（紫式部日記・四九七頁）

38　「悪源太が安部野に侍と云はいかに」（平治物語・二〇九頁）

39　上皇「しろききぬきたる内侍が邦綱卿に心をかけたるな」とて、わらはせをはしましければ（平家物語・上・二七六頁）

40　「奥の秀衡が陸奥守になり、佐竹四郎高義が常陸介になて候とて、頼朝が命にしたがはず。いそぎ追討すべきよしの院宣を給はるべう候」（平家物語・下・一三八頁）

41　入道ふしめになて、「あはれ、れいの内府が世をへうする様にふるまふ、大に諌ばや」とこそ思はれけめども（平家物語・上・一七一頁）

42　「只生を隔るならひこそかなしけれや」とて、御涙にむせばせ給ひけり。「蘇武が胡國に沒せし、終に漢帝の龍顔

を拜せず」　（保元物語・一三二頁）

37～42は語列「体言$_1$＋ガ＋体言$_2$」における「体言$_1$」と「体言$_2$」との間に属性関係が認められず、加えて動詞の統語的情報からも、「ガ」が主語表示として機能していると認められる例である。

43　「下野殿兄なればとて憑しかるべき人かは。父入道の六十にあまり病に沈み、今日とも明日とも知給はぬが出家入道して、我を助よとて打頼て來給をだにもきりたてまつる不當人がゆくすゑはるかなる我らを助をかんとは、いかでか思ふべき」　（保元物語・一五二頁）

44　女・童部あはて迷出けるを、信西が姿を替てや出らんとて打殺し切ころし散々に責ければ、上下のきらひなく命のたすかる事をえず　（平治物語・一九五頁）

45　「あはれ例の宰相が物に心えぬ」とてとみに返事もし給はす　（平家物語・上・一六六頁）

46　「平家小松三位中將殿の若君六代御前、是におはしますと承はて、鎌倉殿の御代官に北条四郎時政と申ものが御むかへにまいて候。はや〳〵出しまいらさせ給へ」と申ければ　（平家物語・下・三九五頁）

47　父ノ云ク、「タシカニ見ツ」ト云テ、伯奇ヲ召テ云ク、「汝ハ、我ガ子也」――（中略）――其ノ時ニ、一ノ鳥、飛テ父ノ前ニ来ル。父、此ノ鳥ヲ見テ云ク、「此レ、若シ、我ガ子伯奇ガ鳥ト化セルカ。然ラバ、来テ我ガ懐ニ入レ」　（今昔物語・二・二一四頁）

48　「蘇武が胡國に沒せし、終に漢帝の龍顏を拜せず。りうげんが仙家に入し、なを七世の玄孫をあひみたりき」　（保元物語・一三二頁）

49　「はやく御かへり候へ。あはれ、せんなき御事かな。おなじくは、一天の君の宣旨にこそしたがひ給はめ、下居の御門の院宣にしたがひ給はむや」――（中略）――親治あざわらひて、「是こそ安藝の判官の言葉ともおぼえね。弓箭とるものゝ一度申つることばをへんずるやうやある。院宣に付てまいる親治が宣旨なればとて、今更ひるがへすべきやは」

（保元物語・七〇頁）

43〜49は語列「体言$_1$＋ガ＋体言$_2$」において、すべて「体言$_1$」と「体言$_2$」との間に属性関係が認められるものの、43〜46は述語動詞の統語的情報から、「ガ」が主語表示として機能していると認められる例であり、47〜49は文レベルの情報からは「ガ」が主語表示として機能しているかどうか曖昧であるが、文脈レベルにおいて、主語表示として機能していると認められる例である。

「体言$_1$＋ガ＋体言$_2$」という語列においては「ガ」の連体性が強く前面に出てくるが、「体言$_1$」と「体言$_2$」との間に属性性が薄ければ「ガ」が主語表示として機能していることが理解されたであろう。この点に関しては、「体言＋ガ＋体言＋指定辞」においても「体言＋ガ＋体言―動詞」においても同様であると考えられる。したがって、37〜42は「体言＋ガ＋体言」という語列ではあるが、「ガ」が主語表示であるということは比較的容易に理解されたことと思う。

問題は「体言$_1$＋ガ＋体言$_2$」という語列において、「体言$_1$」と「体言$_2$」との間に属性性が認められる場合である。「ガ」が連体表示ではなく主語表示であるということをどのようにして認知することができたのであろうか。「体言$_1$＋ガ＋体言$_2$＋指定辞」という語列においては、「体言$_1$」が非情名詞であることが「ガ」の主語表示性を保証するのであった。それに対して43〜49の「ガ」の上接語は非情名詞ではなく、連体表示「ガ」の上接語群との相補性は見られない。

43〜46の「ガ」が主語表示であることを保証するものとしては述語動詞の統語的情報であるが、もともと従属節内においては「体言＋ガ＋体言―動詞」という語列において主語表示「ガ」は存在していたわけであり、これまでと違う点としては主節において見られるということのみである。したがって「ガ」の連体性あるいは従属性が後退すれば主節であっても主語表示「ガ」であることは、やはり比較的容易に判断されたことと思う。

しかし、47〜49に至っては統語的情報においても連体表示と主語表示の決定性は見られず、文脈において判断されるのみである。このような例は情報伝達において明晰性に欠けていたことと思うが、「ガ」の連体表示機能の低下とともに後世に一般化する例の先駆けと言えよう。全体からすれば非常に少ない。

四・二・六　まとめ

本節で考察した点を以下にまとめる。

①「AガBダ」型の拡がりが遅れたのは、「ガ」の中心的機能が連体表示であった時代に、内部に含まれる「体言＋ガ＋体言」という語列において、「ガ」が連体表示として機能してしまい、その上接語が主語名詞句になりにくく、言語運用上の支障があったからである。

②初期の「AガBダ」型の主語名詞句は非情名詞となっている。これは、連体表示「ガ」の上接語である体言類と相補分布をなすことにより、「体言＋ガ＋体言」という語列における「ガ」が、連体表示ではなく主語表示であるということを認知させる方策となっていると考えられる。

③「ガ」の連体表示性が強い時代に、動詞述語文に見られる主語表示「ガ」は、「体言＋ガ＋体言」という語列において属性関係が見られない場合が多い。たとえそこに属性性が存在していたとしても、述語に「ガ」の機能を判別で

きる統語的情報が存在し、言語運用上の支障が少なかったものと思われる。

四・三　「ガ」の主語表示の拡がり――鎌倉期から室町末期

前節四・二では、「ガ」の連体性が後退することによって「AガBダ」型が発達してきたことを見た。このことは「ガ」の主語表示機能が強くなったことを意味する。本節では、鎌倉期から室町末期にかけて「ガ」がどのように主語表示機能を拡大してきたか、具体的様相を捉える。

資料として『天草版平家物語』とその原拠本「平家物語」を用いる。両資料の比較を通して「ガ」を調査したものには、これまでに安達(一九九二b)、江口(一九九五)、小林茂之(二〇〇〇)などがある。安達(一九九二b)は、原拠本「平家物語」の主語無表示構文と、それに対応する『天草版平家物語』の主語表示構文とを比較調査したもので、無助詞主語、係助詞、格助詞「ガ」などの対応関係から構文史について述べられている。しかし、「ガ」に焦点を当てたものではなく、また関わりの深い「ノ」との関係に関しても言及がない。江口(一九九五)は、「ガ」と「ノ」の関係に言及はするものの、連体表示を視野に入れた調査のため待遇的視点からの考察に偏り、述語や構文の視点による考察に乏しい。小林茂之(二〇〇〇)は、無助詞主語から「ガ」による主語表示への変化を中心とした論考であり、係助詞や「ノ」との関係については触れていない(3)。

そこで本節では、「ガ」が主語表示においてその勢力をどのように拡大させてきたのかを、両テキストにおける相違・変化を中心に、無助詞・係助詞・主語表示「ノ」との関わり、及び述部との関わりなどと関連づけながら考察する。

比較の対象とする例は原拠本「平家物語」と『天草版平家物語』において文脈上同じ内容を表現し、なおかつ同じ

表6　無助詞主語に対する助詞付加状況

	連体節内[5]	従属節内	主節内	複　文[6]	合　計
ガ	36(20.2%)	152(33.5%)	84(27.5%)	18(2.7%)	290(18.2%)
ハ	0(0%)	40(8.8%)	69(22.5%)	87(13.3%)	196(12.3%)
モ	4(2.3%)	25(5.5%)	26(8.5%)	22(3.4%)	77(4.8%)
ノ	42(23.6%)	10(2.2%)	4(1.3%)	1(0.2%)	57(3.6%)
φ	96(53.9%)	227(50.0%)	123(40.2%)	526(80.4%)	972(61.1%)
計	178(100.0%)	454(100.0%)	306(100.0%)	654(100.0%)	1592(100.0%)

構文であるものとし、他の例は参考にとどめる[4]。

四・三・一　無助詞主語と助詞の付加

まずは『天草版平家物語』における助詞の付加状況全体を捉え、主語表示「ガ」の使用状況をふまえた上で、その問題となるところを確認しておきたい。『天草版平家物語』と対応する原拠本「平家物語」の無助詞主語はおよそ一六〇〇例を数えるが、その中で『天草版平家物語』において助詞「ガ」「ノ」「ハ」「モ」が付加されているのは六二〇例ほどであり、無助詞主語に対する助詞付加率は約39%となるが、これらの助詞の付加状況は**（表6）**のようになっている。無助詞主語の部分に入り込んだ助詞は多い順に「ガ」「ハ」「モ」「ノ」となっているが、それぞれの助詞の主な構文的活動領域は文法的性質を特徴づけるものと考えられる。

「ガ」に関しては、以下のことが言えるだろう。

①連体節内においては「ノ」と競合している。
②従属節内においては、他の助詞に比して最も挿入度が高い。
③主節内においても、最も挿入度が高いが、その割合は「ハ」と拮抗している。

表7　主節における助詞付加状況

	他動詞	非能格自動詞	非対格自動詞(7)	形容詞	名　詞	合　計
ガ	2(2%)	13(16%)	54(64%)	15(18%)	0(0%)	84(100%)
ハ	6(9%)	2(3%)	19(28%)	30(43%)	12(17%)	69(100%)
モ	4(15%)	3(12%)	7(27%)	12(46%)	0(0%)	26(100%)
ノ	1(25%)	1(25%)	2(50%)	0(0%)	0(0%)	4(100%)
ϕ	41(33%)	18(15%)	33(27%)	18(15%)	13(10%)	123(100%)

「ガ」の主語表示機能はもともと従属節(連体節を含む)中において発達してきた。それが①・②の結果に表れていると言えよう。しかし、それは「ガ」の、上接語とそれが係りゆく被修飾語とを一体化するという本来的機能の延長上にあり(第二章参照)、従属節という構文的制約から解き放たれた主語表示ではない。言い換えれば、古代語的性格を捨て切れていないものと言える。

そこで注目されるのが、構文的制約から解き放たれた、③に見られるような「ガ」の活動である。古代語においては終止形終止文の主語を表示していた「ガ」もあるにはあったが、「連体形＋ガ」であり「体言＋ガ」ではない。構文的制約から解き放たれ、かつ「体言＋ガ」である③の「ガ」はそれまで見られなかった新しい一面を持った「ガ」であり、その拡大の様相を探ることは文法史において重要であると思われる。そこで本節では主節を中心に「ガ」の拡がりを見ていくこととする。

四・三・二　主節における「ガ」の拡がり

さて『天草版平家物語』において付加された「ガ」は主節内のどのような述語に用いられているのか、他の助詞と比較しておこう。(表7)

「ガ」は特に非対格自動詞述語文における無助詞主語に付加されている(8)。新しい一面を持った「ガ」の重要な特質を表していると言えるであろう。一方、名詞述語文においては「ガ」の付加は見られず、また、他動詞述語文においても「ガ」の付加は稀である。これも「ガ」の機能の一特質を示すであろう。

以下、主語表示「ガ」の拡大の様相を初めとして、原拠本「平家物語」においてすでに見られる「ガ」と、『天草版平家物語』において新たに付加された「ガ」との相違、「ガ」付加の位置づけなどについて考察する。

四・三・二・一　非対格自動詞述語文における「ガ」

「ガ」の付加は先に見たように非対格自動詞述語文においてもっとも多く見られる。「ガ」の付加は地の文より会話文(9)の方が多く見られると予想されるが、非対格自動詞述語文全体の会話文・地の文の割合はおよそ六対四であるのに対して、「ガ」の付加は、五四例中三〇例(約56%)が会話文であり、二四例(約44%)が地の文となっており、それぞれの付加率に差は見られない。

1　北条是ヲ見テ・子細φアリ・シハシトテ・待レケリ　(百二十句本平家物語・七五八頁)
　　北条これを見て子細がある、しばしと言うて待たれた　(天草版平家物語・七九三頁)

2　子尅ニハ・大地φ必打カヘルヘシ　(百二十句本平家物語・七二五頁)
　　子の刻ばかりにわ大地が必ずうち返らうずる　(天草版平家物語・七四五頁)

3　遂ニ終リφナカルヘキカ　(百二十句本平家物語・六〇六頁)
　　ついに終りがあるまじいか？　(天草版平家物語・六三九頁)

この非対格自動詞述語文においては1のような「ある」「ござる」などの存在を表す動詞が、会話文三〇例中二三例、地の文二四例中二〇例、計五四例中四三例（約80％）となっていることは注目に値する。因みに『天草版平家物語』における非対格自動詞述語文の無助詞主語三三例中、存在を表す動詞は七例（約21％）のみで、「ガ」の付加が特に存在を表す動詞において行われたことが窺われる。

また、3のような否定表現が非対格自動詞述語文においてはこの一例しか認められないということも注目に値する。

4　すべてその儀φあるまじ（平家物語・上・九八頁）
　一円その儀わあるまい（天草版平家物語・二〇五頁）

5　近江ノ湖ヨリ出タル河ナレハ・マツトモ・〳〵・水φヒマジ（百二十句本平家物語・四八四頁）
　近江の湖から流れ出る川なれば、待つとも待つとも水わ乾まい（天草版平家物語・四七九頁）

6　重テ使ヲ入テ・別ノ御コトφ候マシ（百二十句本平家物語・七五〇頁）
　重ねて使を入れて別のこともござるまい（天草版平家物語・七七九頁）

原拠本「平家物語」において否定表現は一二例見られるが、4〜6のように、『天草版平家物語』においては一二例中八例に「ハ」、一二例中三例に「モ」が付加されており、この点に関しては「ガ」と相補的であると言える。では、『天草版平家物語』において新たに付加された「ガ」と、原拠本「平家物語」においてすでに表示されていた「ガ」にはどのような相違点があるのだろうか。

原拠本「平家物語」においてすでに「ガ」が表示されている例として以下の三例が認められる。

7　鎌倉殿ノ御前ニテ・討死仕ラウスルザウト・申タルコトガ有ソ（百二十句本平家物語・五三〇頁）

8　日来ハ・何トモ覚ヘヌ・薄金ガ・今日ハ・重フヲホウルソヤ　（百二十句本平家物語・四九七頁）

9　あはれ、例の宰相が、物に心えぬ　（平家物語・上・一六六頁）

これらは原拠本「平家物語」に見られる全例であるが、すべて会話文であり、終助詞「ゾ」や「あはれ」などの語から強調文脈で用いられている例であることが窺える(10)。これらの例（特に「ガ—ゾ」形式）は原拠本「平家物語」においていわゆる係り結び「主語ゾ—連体形終止」の表現効果を引き継いだものと考えられる(11)（三・一参照）。

一方、新たに『天草版平家物語』において付加された「ガ」に関しても、「ぞ」や「あわや」などから以下の三例は強調文脈であると思われる。

10　身を全して君に仕といふ本文φあり　（平家物語・上・八五頁）
身を全うして、君に仕えよとゆう本文があるぞ　（天草版平家物語・二一一頁）

11　おとゞいかでかさる事φ有べきと思へ共　（平家物語・上・一七〇頁）
重盛なぜにただ今さやうのことがあらうぞと、思われたれども　（天草版平家物語・九七頁）

12　六波羅ノ早雄ノ者トモ・アワヤ・事φ出来リトテ・馳向ンスラン　（百二十句本平家物語・二六九頁）
六波羅のはやり者ども、あわや！　事ができたわと言うて馳せ向わうぞ　（天草版平家物語・二五三頁）

しかし、付加された「ガ」が強調文脈において見られるのは五四例中三例のみであり、他の例に関しては、すべて文脈上特別な表現効果が見られない、いわばニュートラルな状態において使用されている。

原拠本「平家物語」における主語表示の「ガ」は表現効果上の使用であり(12)、『天草版平家物語』において付加された「ガ」は単に主語表示のためのみ用いられていると言えるであろう。

四・三・二・二　非対格自動詞述語文における「ガ」付加の意味

では表現効果上の「ガ」の付加ではないとすると、非対格自動詞述語文における「ガ」の付加は、一体どのような意識の変化に基づくのであろうか。

ここで注目したいのは、他動詞述語文の無助詞目的語に対する「ヲ」の付加である。主節内の他動詞述語文における「ヲ」の付加は無助詞目的語一二〇例中八三例(約69%)であり、高い付加率を示す。

非対格自動詞の主語が統語的には他動詞の目的語と同じ振る舞いをすることは知られるところであるが、ここでは影山(一九九三)の記述を用いることにしよう。

項構造に現れる動作主(Agent)や対象(Theme)といった項は対等の資格で並列されるのではなく、或る種の階層関係で示される。本書では項構造の内部を(　)と〈　〉を用いて区別し、〈　〉の中に表示された項を内項(internal argument)、その外側に表示された項を外項(external argument)という。――(中略)――内項は動詞の近くに位置し、外項は動詞から離れている。(四七頁)

と述べた上で次のような図を示している。

a. 他動詞：(Agent 〈Theme〉)
b. 非能格自動詞：(Agent 〈　〉)

c.　非対格自動詞：（〈Theme〉）

非対格自動詞述語文の無助詞主語と他動詞述語文の無助詞目的語に対する助詞の付加率が高いということは、内項（対象）を表示しようとする意識の現れであると考えられる。本書では「ガ」の付加による、このような内項（対象）の表示を「内項（対象）の明示化」と呼ぶことにしたい。古代語から近代語にかけて、語と語の関係性が明示化され、未分化表現から分析的表現へと変化してきたと言われるが、「内項（対象）の明示化」はその一つの流れであると考えられる。

原拠本「平家物語」における主語表示の「ガ」は強調文脈で用いられ、「ゾ」の表現効果の一端を引き継いだ、表現効果上の使用であるが、『天草版平家物語』における「内項（対象）の明示化」は単にそれと指し示すだけであって、表現効果とは別次元であると考えられる。言い換えれば、無助詞主語と「ガ」が付加された主語とは明示の有無という相違はあるものの、何らかの表現効果を伴わないという点では同等と言える。

四・三・二・三　形容詞述語文における「ガ」

形容詞述語文における「ガ」の付加は、非対格自動詞述語文における「内項（対象）の明示化」と連続するものと思われる。地の文、会話文による付加の相違は見られない。

13　当来ニハ・修羅ニ堕ンコトφ・心憂カルヘシ　（百二十句本平家物語・五七一頁）
　　当来でわ地獄に落ちょうことが心憂い　（天草版平家物語・五九一頁）

14　只今ノヤウニ・覚テ・深クノ涙φ押ヘカタシ　（百二十句本平家物語・六一一頁）

ただ今のやうに覚えて、不覚の涙が抑えがたい　（天草版平家物語・六四七頁）

13、14のように形容詞述語文の主語がいわゆる対象格となる点においては非対格自動詞の主語と意味的に連続している。したがって13、14のような例は「内項(対象)の明示化」の同類と言えるものであろう。また、属性のありかを指向する、言い換えれば、対象を明示するという点で、13、14の延長上に15〜18のような例が位置するものと考えたい。

15 手越ノ長者カ娘ニテ候カ・心サマφ優ニ候　（百二十句本平家物語・五八八頁）
手越の長者が娘でござるが、心ざまが優な　（天草版平家物語・六一五頁）

16 いかならん岩木のはざまにてもすごさん事φやすかるべし　（平家物語・上・一〇一頁）
何たる岩木のはざまでも過ごすことがやすからうず　（天草版平家物語・二一一頁）

17 それはなをつみφふかし　（平家物語・上・二三三頁）
それわなを罪がふかい　（天草版平家物語・一七七頁）

18 皆ナ・平家ノ下知トノミ心得テ・随ヒ付ク者φナカリケリ　（百二十句本平家物語・四一九頁）
みな平家の下知とばかり心得て、従いつくものがござなかった　（天草版平家物語・三三一頁）

なお、形容詞述語文においても、非対格自動詞述語文同様、「ガ」の付加による表現効果というものは見られない。また、原拠本「平家物語」から『天草版平家物語』に引き継がれた「主語(体言)ガ―形容詞」という形式は見られない。

四・三・二・四　他動詞述語文・非能格自動詞述語文における「ガ」

先の非対格自動詞述語文における「内項(対象)の明示化」に対して、他動詞述語文・非能格自動詞述語文における、「ガ」の付加による主語表示を「外項(動作主)の明示化」と呼ぶことにしたい。『天草版平家物語』ではこの「外項(動作主)の明示化」はいまだ多くは見られない。なぜなら、他動詞述語文・非能格自動詞述語文においては、その特性である他動性(意志性)によって論理関係が支えられており、改めて「外項(動作主)の明示化」によって語と語の関係性を明らかにする必要性がないからであろう。したがって、「外項(動作主)の明示化」がなされているのは語と語の関係性が曖昧な場合である。

19　土肥次郎φ‖一千余騎ニテ支タリ　(百二十句本平家物語・四九六頁)
　　土肥の次郎が‖一千余騎で支えた　(天草版平家物語・五〇一頁)
20　御乳人ナントφ‖・心ロ稚モ・具シ奉テ出ニケルヤラン　(百二十句本平家物語・二九〇頁)
　　を乳母などが‖心をさなうて具したてまつって出たか　(天草版平家物語・二八五頁)

19、20は語と語の関係性を明らかにするための「外項(動作主)の明示化」と考えられる。前後関係を示すと以下の通りである。

19　木曽わ三百余騎で、竪様横様蜘蛛手十文字に駆け破って、六千余騎があなたえざっと駆け出られたれば、百騎ばかりになられた、土肥の次郎が‖一千余騎で支えた、そこを駆けやぶって出られたれば、五十騎ばかりになられたこの文脈では「ガ」がないと、「支えた」「駆けやぶって出」た主語が曖昧である。「五十騎ばかりになられた」まで来れば論理関係はつかめるが、「ガ」を付加した方がより文脈を把握しやすいことは明らかである。

20　女院のを返事にわ、さればこそこのことの聞こえたあかつきを乳母などが‖心をさなうて具したてまつって出たか、
　　この御所にわござらぬと、仰せられたれば

「ござらぬ」のは姫君・若君で「を乳母」ではない。「ガ」の付加がないと、やはり「ござらぬ」の主語が曖昧である。19、20のような例は他に二例認められる。

また、「外項(動作主)の明示化」には、表現効果上の「外項(動作主)の明示化」と考えられるものも見られる。

21　アワヤ源氏ノ先陣φ‖・既ニ向ヒテンゲリ　(百二十句本平家物語・四二五頁)
　　あわ！　源氏の先陣が‖向うたぞ　(天草版平家物語・三四一頁)

22　此宮ノ御命ニハ・宗盛φ代候ハント・申サレケレハ　(百二十句本平家物語・二九二頁)
　　この宮のを命にわ宗盛が‖代りまらしょうずると、申されたれば　(天草版平家物語・二八九頁)

21、22は、語と語の関係性が明らかであるにもかかわらず、「外項(動作主)の明示化」が行われた例である。21は「あわ」・「ぞ」などから強調文脈と考えられ、22は自称に「ガ」が付加された例で、文脈上いわゆる総記の「ガ」として解釈される。これらのような例は他に数例認められるが、このように「外項(動作主)の明示化」には何らかの表現

効果を伴うものも見られる。

先にも述べたように、他動詞述語文・非能格自動詞述語文においては、他動性（意志性）によって論理関係が支えられており、あえて「外項（動作主）の明示化」をする必要はない。言い換えれば、「外項（動作主）の明示化」が行われるにあたってはそれなりの積極的な意義が存在することになる。すなわち、それが19、20のような語と語の関係性を明らかにするための「外項（動作主）の明示化」であり、21、22のような表現効果上の「外項（動作主）の明示化」であろう。

「内項（対象）の明示化」と「外項（動作主）の明示化」との相違を改めて確認しておきたい。「内項（対象）の明示化」は表現効果上の意義はなく、単にそれと指し示すための主語表示であるが、「外項（動作主）の明示化」は語と語の関係性を明らかにする（曖昧性を排除する）ため、あるいは表現効果のためという積極的意義を伴った主語表示であると言える。

23　東国ヨリ・既ニ・数万騎ノ討手φ‖・登ルト聞ヘシカハ・木曽・西国ヘハ・向ハスシテ　（百二十句本平家物語・四七八頁）
　　東国からすでに数万騎の討手が‖上ると聞こえたれば、木曽西国えは向わいで　（天草版平家物語・四六九頁）

24　或ル庵室ニ立寄リ・滝口ヲ尋ネ玉ヒケレハ・内ヨリ・聖φ‖一人出タリケリ　（百二十句本平家物語・五九八頁）
　　ある庵室に立ち寄り、滝口を尋ねさせられたれば、内から聖が‖一人出た　（天草版平家物語・六二九頁）

25　余ノ面白サニ・白柄ノ長刀持タル・武者φ‖一人出来テシハシ舞タリケリ　（百二十句本平家物語・六五〇頁）
　　余りの面白さに、白柄の長刀を持った武者が‖一人出てしばし舞うた　（天草版平家物語・六八五頁）

26　何となう物哀なりけるおりふし、一行の雁φ‖とびわたる　（平家物語・上・二〇六頁）

なにとやらものあわれな折りふし、一行の雁が飛び渡った

（天草版平家物語・一四九頁）

23～26は特別な表現効果も見られない、語と語の関係性も明らかな文脈における「外項（動作主）の明示化」であり、積極的な意義を持った「外項（動作主）の明示化」とは認められない。これらは「内項（対象）の明示化」同様、単にそれと指し示すための「外項（動作主）の明示化」と位置づけられるだろう。語と語の関係性の明示化、未分化表現から分析的表現へと変化してきた時代であるから、このような例の存在は首肯される。しかし、単にそれと指し示すための「外項（動作主）の明示化」は、付加された「ガ」八四例中五例（約６％）ほどであり、未発達の段階であると捉えるべきであろう(13)。

実は、この未発達が主節における無助詞主語の使用例の多さにつながっているのである。一四七頁の（表6）を見ていただきたい。『天草版平家物語』当時、確かに主節内において「ガ」は発達してきてはいるのだが、全体的に見るとやはり無助詞主語の使用が多い。一四八頁の（表7）を見ていただきたい。他動詞述語文・非能格自動詞述語文における無助詞主語は五九例あるが、これらの例は表現効果上、単にそれと指し示すための「外項（動作主）の明示化」と同質と考えられる。この部分に対する「ガ」の未発達が、主節全体として無助詞主語が「主語＋ガ」よりも多く用いられているということの原因であると考えられるのである。

四・三・三　疑問の係助詞と「ガ」

原拠本「平家物語」においては係助詞「カ」「ヤ」の活動が活発であり、「ガ」によって主語表示された疑問文は皆無に等しい。一方、『天草版平家物語』においては「ガ」によって主語表示された疑問文が多くなってくる。

「カ」の代わりに主語表示として用いられるのは「ガ」のみである。「カ」(「カハ」は除く)から「ガ」になっているのは一八例(会話文一七例、地の文一例)中六例(会話文五例、地の文一例)である(14)。「ヤ」の場合も「カ」同様、「ヤ」の代わりの助詞として「ガ」が用いられている(15)。「ヤ」から「ガ」になっているのは二七例(会話文二二例、地の文五例)中一八例(会話文一三例、地の文五例)である。

27　設君いかなるふしぎをおぼしめしたゝせ給ふとも、なんのおそれか候べき　(平家物語・上・一七三頁)
たとい君いかなる不義を思し召し立たせらるるとも、なんの恐れがござらうぞ?　(天草版平家物語・一〇三頁)

28　生テノ恥・死シテノ辱・イツレカサテヲトルヘキ　(百二十句本平家物語・七一八頁)
生きての恥、死しての恥、いづれが劣らうずるぞ　(天草版平家物語・七四一頁)

29　前ノ世ニ・イカナル契カ候ヒケン　(百二十句本平家物語・二九一頁)
先の世に何たる契りがござるか　(天草版平家物語・二八九頁)

30　樋口聞ル者ナレトモ・命ヤ惜ク成タリケン　(百二十句本平家物語・五〇二頁)
樋口聞こゆる者なれども、命が惜しかったか　(天草版平家物語・五一一頁)

31　平家ハ運ヤ尽ヌラン　(百二十句本平家物語・六四二頁)
平家わ運が尽きたか　(天草版平家物語・六七三頁)

32　旗ヤアル・サシ揚ミヨ　(百二十句本平家物語・四九四頁)
旗があるかさし上げてみよ　(天草版平家物語・四九九頁)

ここで注目すべき点は、「ガ」になっている例がすべて非対格自動詞述語文・形容詞述語文となっていることである。このことは先に見た非対格自動詞述語文・形容詞述語文における「内項(対象)の明示化」と軌を一にすると考えられる。

原拠本「平家物語」における「カ」は「ガ―ゾ」(三例)「ガ―カ」(一例)、「ヤ」は「ガ―カ」(一八例すべて)という表現形式へ移行している。「内項(対象)の明示化」における「ガ」自体には表現効果がなく、「カ」「ヤ」の表現効果を満たすための表現形式であると言えるだろう。

四・三・四　「ノ」と「ガ」

原拠本「平家物語」の「ノ」が『天草版平家物語』において「ガ」になったものは、他動詞述語文七例中二例、非能格自動詞述語文一〇例中五例、非対格自動詞述語文一九例中一三例見られる。

33　あまりに思へば夢やらん、又天魔波旬の‖我心をたぶらかさむとていふやらむ、うつゝ共覚えぬ物かな
(平家物語・上・二一三頁)
あまり思えば、夢か、また天魔波旬が‖わが心をたぶらかさうとて言うか、現とも覚えぬものかな
(天草版平家物語・一五七頁)

34　アワヤ・敵ノ‖・向フハトテ・騒動ス　(百二十句本平家物語・五三六頁)
あわや敵が‖向うわと騒動するところに　(天草版平家物語・五五三頁)

35　トクシテ・日ノ‖暮ヨカシ　(百二十句本平家物語・二六二頁)
早う日が‖暮れいかし　(天草版平家物語・二四九頁)

36　これらが内々はかりし事の‖もれにけるよ　（平家物語・上・一五二頁）
　これらが内々工んだことが‖もれたよ　（天草版平家物語・五七頁）

「ガ」になったものは33〜36のような、いわゆる詠嘆表現において用いられた「ノ」である。原拠本『平家物語』から『天草版平家物語』へと引き継がれている主語表示の「ノ」は尊敬対象表示がほとんどで、詠嘆表現はわずかである(16)。言い換えれば、主節における「ノ」は尊敬対象表示にその機能を収束しつつあると言える。「ガ」が詠嘆表現で用いられる「ノ」の領域に進出してきたことが一つの要因であろう（第五章参照）。

しかしながら、次のような例も見られる。

37　此三年ハ・高クタニモ笑サリシ人々ノ‖・声ヲ揚テソ喚ヒケル　（百二十句本平家物語・七五〇頁）
　この三年わ高うさえ笑わなんだ人々が‖声をあげて叫ばれ‖た　（天草版平家物語・七七九頁）

37は「ノ」から「ガ」になっているが、尊敬表現を伴っている例である。一例のみであるが、「ガ」が尊敬対象表示の「ノ」にも進出し始めていることがわかる。「ガ」自体には「ノ」が持つ待遇性がないため、「ノ」の待遇性を尊敬表現「叫ばれた」で表したものと考えられる。

38　殿上人φ一同に申されけるは、「――（中略）――」由、をの〳〵訴へ申されければ　（平家物語・上・八七頁）
　さてそのままでもをかれいで殿上人たちが‖一度にまた忠盛のことを帝王え訴えられ‖まらした　（天草版平家物語・二七頁）

39　木曽φ‖宣ケルハ（百二十句本平家物語・四三二頁）
木曽殿が‖言われた‖わ（天草版平家物語・三四七頁）
40　小松殿ノ御子ニ・土佐守宗真ト云人φ‖ヲワシケリ（百二十句本平家物語・七七五頁）
小松殿のを子に宗真とゆうひとがござった‖（天草版平家物語・八二五頁）

『天草版平家物語』において新たに付加された「ガ」には38〜40のように尊敬表現を伴うものが数例見られる。「ガ」は以前の軽卑対象表示を捨て、単純に主語たりえるものに下接しようとする傾向にあると言えるだろう。

四・三・五　まとめ

原拠本「平家物語」から『天草版平家物語』にかけて、主語表示としての「ガ」が多方面においてその勢力を拡大させていることが窺えた。その様相は以下の三点にまとめることができよう。

①無助詞主語に付加された「ガ」には、「内項(対象)の明示化」・「外項(動作主)の明示化」の二種があった。「内項(対象)の明示化」は単にそれと指し示すためであった。一方、「外項(動作主)の明示化」は語と語の関係性を明らかにするため、あるいは表現効果のためが中心であり、単にそれと指し示すための「外項(動作主)の明示化」は未発達であった。

②係助詞「カ」「ヤ」から主語表示「ガ」による疑問文への移行も、「内項(対象)の明示化」と軌を一にしていた。その際「カ」「ヤ」の表現効果を引き継いで「ガ―ゾ」「ガ―カ」という表現形式が採られた。

③「ノ」から「ガ」への移行は、主に詠嘆表現における「ノ」で起こった。また、わずかではあるが、尊敬対象表示の「ノ」から「ガ」への移行も見られた。

注意しなければならないのは「ガ」が使用された文脈上の意味と、「ガ」自体の機能との峻別である。例えば『天草版平家物語』において強調文脈で用いられているが、その強調は表現形式全体から醸しだされる意味であり(17)（また、口頭語においてはプロミネンスによる場合もあったであろう）、「ガ」自体が担っている意味であるとは言えない。したがって①②③各領域で勢力を拡大させた「ガ」の共通項が「ガ」自体の機能ということになろう。

①②③における共通項となれば、意味的なものを見いだすのは困難である。無助詞主語に「ガ」が付加されても、そこには何らの表現効果も生じてはいなかった。裏を返していえば、「ガ」の機能は主語たりえるものを純粋に表示するのみであるということになるであろう(18)。

ただし、柳田(一九八五)の言うように、室町時代の「ガ」は「連体格・主格並存の時代」である。「ガ」が連体表示機能をなくし、『天草版平家物語』ではまだ未発達であった、単にそれと指し示すための「外項(動作主)の明示化」が行われるようになれば、現代語的「ガ」の完成である。

四・四　「ガ」の主語表示の拡がり――室町末期から江戸初期

古代語と近代語の違いの一つとして、「ガ」「ヲ」などの格助詞の表示の有無があげられる。古代語では特に主節における主語表示に「ガ」が用いられることは僅少であるが、時代が下るにつれて次第に多くなってくる。四・三では原拠本「平家物語」と『天草版平家物語』とを比較することにより、主節における「ガ」の拡がりについて述べた。

その結果は以下の四点にまとめられる(④に関しては山田(二〇〇一b)による)。

①非対格自動詞述語文や形容詞述語文の無助詞主語(言い換えれば対象・内項)へと活動領域が拡がった。これは疑問文においても軌を一にする。

1　子剋ニハ・大地φ‖必打カヘルヘシ　(百二十句本平家物語・七二五頁)
　子の刻ばかりにわ大地が‖必ずうち返らうずる　(天草版平家物語・七四五頁)

2　当来ニハ・修羅ニ堕ンコトφ‖・心憂カルヘシ　(百二十句本平家物語・五七一頁)
　当来でわ地獄に落ちょうことが‖心憂い　(天草版平家物語・五九一頁)

3　生テノ恥・死シテノ辱・イツレカ‖サテヲトルヘキ　(百二十句本平家物語・七一八頁)
　生きての恥、死しての恥、いづれが‖劣らうずるぞ　(天草版平家物語・七四一頁)

4　平家ハ運ヤ‖尽ヌラン　(百二十句本平家物語・六四二頁)
　平家わ運が‖尽きたか　(天草版平家物語・六七三頁)

②一方、他動詞述語文や非能格自動詞述語文の無助詞主語(言い換えれば動作主・外項)への拡がりは小さく、何らかの表現効果を出す為、あるいは論理関係を明示する為の「ガ」表示が認められた。

5　アワヤ源氏ノ先陣φ‖・既ニ向ヒテンゲリ　(百二十句本平家物語・四二五頁)
　あわ!　源氏の先陣が‖向うたぞ　(天草版平家物語・三四一頁)

③詠嘆表現の一部を担う「ノ」へも活動領域を拡げた。

6　これらが内々はかりし事の‖もれにけるよ　（平家物語・上・一五二頁）
　これらが内々工んだことが‖もれたよ　（天草版平家物語・五七頁）

④名詞述語文の記述用法においても用いられるようになる（三・二参照）。

7　関白殿ほどの人がこのやうな目にあわせられたことは、聞きも及ばぬことじゃ、これが‖平家の悪行の始めと、きこえてござる　（天草版平家物語・四五頁）

以上をふまえ、本節では、『天草版平家物語』と『大蔵虎明本狂言』（一六四二年書写）(19)（以下、『虎明本』と略称する）とを比較することによって、その後、室町末期から江戸初期にかけて、「ガ」が主節においてどのように活動領域を拡げていったのかについて考察する(20)。

四・四・一　主語表示の史的変化

『天草版平家物語』と『虎明本』の主語表示全体の様相をまとめると次の表のようになる(21)。（表8）

表８　主語表示の推移

	天草版平家物語			虎　明　本		
	外　項	内　項	合　計	外　項	内　項	合　計
ϕ	86（26.2%）	74（10.5%）	160（15.5%）	22（3.0%）	75（4.0%）	97（3.7%）
ガ	68（20.7%）	176（25.0%）	244（23.7%）	265（35.6%）	996（52.9%）	1261（48.0%）
ハ	84（25.6%）	250（35.6%）	334（32.4%）	286（38.5%）	534（28.4%）	820（31.2%）
モ	60（18.3%）	138（19.6%）	198（19.2%）	98（13.2%）	236（12.5%）	334（12.7%）
ノ	19（5.8%）	28（4.0%）	47（4.6%）	72（9.7%）	35（1.8%）	107（4.1%）
コソ	11（3.4%）	37（5.3%）	48（4.6%）	0（0.0%）	7（0.4%）	7（0.3%）
合計	328（100.0%）	703（100.0%）	1031（100.0%）	743（100.0%）	1883（100.0%）	2626（100.0%）

（表8）より以下の二点が指摘できる。

①無助詞主語は『虎明本』になると僅少になる。これは助詞表示意識が高まったことを示唆するであろう(22)。

②『天草版平家物語』から『虎明本』にかけて勢力を拡げているのは「ガ」のみである。

以上のことから、「ガ」が「ϕ」へとさらに活動領域を拡げていったと想定される。

四・四・二　「ガ」の無助詞主語への拡がり

（表8）によれば、『天草版平家物語』から『虎明本』にかけて、内項では「ガ」が勢力を拡げている一方で、内項における「ϕ」は４％と僅少になっている。「ガ」が前代より引き続き内項における「ϕ」へ拡がっていることが窺える。

8　日本国え聞こえさせられた木曽殿をばそれがしが家の子、なにがしと申す郎等こそ討ち取り奉ったなどと申さうことφあまりにくちおしゅう存ずる
（天草版平家物語・五〇五頁）

只今せいばいをせうずれ共、おぞんじなひかたかたは、一人つかふ下人を、ゆへもなふせいばいしたとあれは、かうなんがくちおしひ、子細をかたつてきかせてせいばいせう
（虎明本・上・二二八頁）

9　大臣殿の父子も生け捕りまらした、そのほかの生け捕りどもφあまたござる
（天草版平家物語・六九一頁）

「一人や二人はわたさぬいやい、あふわたさぬぞ」
「さて〱にが〱しひ事じや、何といたさうぞ、かやうの所にてはいつはりを申てもくるしからぬ、道しやがあまたあるひやひ」
（虎明本・中・三一三頁）

8、9などは統語関係が類似している例で、「ガ」が内項の「φ」へ活動領域を拡げたことの証左となろう。

先に述べたように、原拠本「平家物語」から『天草版平家物語』にかけて、「ガ」の外項への拡がりはあまり見られなかったが、『虎明本』では外項における「ガ」も増加している。一方で外項における「φ」は僅少になっており、「ガ」が新たに外項の「φ」へと活動領域を拡げたことが窺える。

10　さわよもあらじ、梶原が讒言について頼朝φつねわ義経を討たうと仰せらるると聞く
（天草版平家物語・七六一頁）

「いや別にれうじな事は申さぬ御めんなれ」
「いやそなた達が、れうじをおしやるといふ事ではなひ」
（虎明本・上・九二頁）

11　ここに小松の中将殿の若君のござると聞いて北条と申す者φ‖を迎いに参ってござる
(天草版平家物語・七七九頁)

いや身共らも久しう見廻まらせぬ程に、定てうらみられまらせう、いかにおうぢご、孫共が‖お見廻にまいつた
(虎明本・上・一一三頁)

10、11なども統語関係が類似している例で、外項の「φ」へと「ガ」が活動領域を拡げたことの証左となろう。但し、原拠本「平家物語」の「φ」の部分には『天草版平家物語』において「ハ」や「モ」などが表示される場合もあるので、『虎明本』においても「ハ」や「モ」が「φ」へと拡がった可能性もあると考えられる。

四・四・三　「ヤ」「カ」への拡がり

古代語の特徴である係り結びは近代語において衰退した。その一要因として主語表示「ガ」の発達が指摘されているが(23)、『虎明本』では、「ガ」が主語名詞句に下接していた係助詞の部分へ進出した様が窺える。『天草版平家物語』では係助詞「ヤ」「カ」による疑問(反語)文が存在するが、『虎明本』においては「ヤ」「カ」は消滅し、12、13、14のように、その部分を埋める形で「ガ」が用いられるようになる。

12　この御有様とわゆめゆめ知りまいらせられなんだ、誰か‖言問いまいらするぞ
(天草版平家物語・八〇九頁)

それはたれが‖いふぞ
(虎明本・上・一二九頁)

13　まさなや降人の首切るやうや‖ある
(天草版平家物語・五五九頁)

いや言語道断そのやうな事が有物か　（虎明本・上・一五七頁）

14　捨身の行を修しさせられうずるにわ、何のをはばかりかござらう　（天草版平家物語・八〇五頁）

有もなく、無もなふしていなふずるに、なんのいなれぬといふ事があらふずるぞ　（虎明本・中・三六五頁）

なお、12は外項、13、14は内項の例であり、「ガ」が外項・内項にかかわらず「ヤ」「カ」の領域へ活動領域を拡げたことが窺える。

四・四・四　「コソ」への拡がり

四・四・四・一　強調

『天草版平家物語』において存在した主語名詞句に下接する「コソ」は『虎明本』においては名詞述語文を除いて僅少となる（いわゆる逆接の「コソ」は除く）。三・一では平安期から鎌倉期にかけて「ガ」が「ゾ」の領域へ活動領域を拡げたことを見たが、15のように『虎明本』においては「コソ」の領域へも拡がったものと思われる。

15　「あわれ案内知った者があるか」と口々に申すところで、平山進み出て申したわ、「この山の案内わ私こそ知ってござれ」と、申せば　（天草版平家物語・五二七頁）

「いやいつも風呂をたかする、道金めはえとるまひかな」

「いやあれはとしがよつてござるほどに、えとりますまひ」

「相撲は見たしあひてはなし、何とがなせうやれ、ぜひに及ばぬ、しよせん某がとらうまでよ」

（虎明本・上・一九〇頁）

15はどちらも文脈上、「他でもない私(某)」が」という解答提示(いわゆる総記)(24)であり、「ガ」が「コソ」の領域へ拡がったことが窺える。

16　召し具した女を入れてわらわこそこれまで尋ねて参ったれと言うて、柴の編み戸を叩かせたれば
（天草版平家物語・六二七頁）
一のくひはどこもとぞ、爰元でありさうな、や、某が随分とうまいつたとぞんじたれは、はやなに者やらまいつたよ
（虎明本・上・一二一頁）

16は解答提示ではないが、文脈上、同じように上接語を強調しており、やはり「ガ」が「コソ」の領域へ活動領域を拡げたことを示すであろう。15、16は外項の例であるが、17は内項の例である。

17　「人々の後生を弔いまらすれば、生をかえてこそ六道をば見るに、これわ生きながら六道を、見てござる」と、仰せらるれば、法皇「これこそ大きに心得まらせね」
（天草版平家物語・八〇九頁）
「わごれうはきこえぬ、身どもばかりしのびか、身はいかひではかなわぬ」
「今のほどことはりを申に、そなたのが聞えぬ」
（虎明本・上・一三八頁）

15～17より、「ガ」は外項・内項にかかわらず「コソ」の領域へ活動領域を拡げたということになる。

18は『虎明本』において同様の文脈で用いられている「ガ」と「コソ」である。「ガ」と「コソ」が同じ役割として

用いられているのは、「ガ」が「コソ」の領域へと拡がったということの証左となるであろう。

18「さやうの事を仰られたらは、くがひではぢをかゝせられう」「身どもはくるしうなひが」「して其子細があるか」「中々子細こそござれ」「あわたぐちと申物は人でござるか」「こそ人でおりやる」「其子細がござるか」「中々子細がおじやる」（虎明本・中・九〇頁）（虎明本・上・二一四頁）

四・四・四・二　前項焦点用法における拡がり

山田（二〇〇一b）において、『天草版平家物語』では名詞述語文「AガBダ」型は記述用法にのみ見られ、前項焦点用法は名詞述語文「AコソBダ」型が担っていることを述べた。それに対して『虎明本』においては、19のように「AガBダ」型が前項焦点用法においても用いられるようになっている（三・二参照）。

19「こゝもとに都から流されさせられた丹波の少将殿や、俊寛御坊、また康頼などわござらぬか」と、声々に尋ねたところで――（中略）――「これこそ京から流された俊寛よ」と、名告られたれば（天草版平家物語・一五七頁）「先そのはりだこを見せい」

「是が則はりだいこで御ざる、こなたの仰られたは字がたりまらせぬ」（虎明本・上・八二頁）

どちらも〈「京から流された俊寛」ハ「これ(私)」ダ〉、〈「はりだいこ」ハ「是」ダ」〉と、主語名詞句と述語名詞句を入れ替えて「BはAだ」の形に言い換えられ、前項焦点用法となっている例である。「ガ」がこの用法においても「コソ」の領域へと拡がったことが窺えるであろう。

20の例は『虎明本』においていずれも同様の文脈で用いられている「ガ」と「コソ」である。「ガ」と「コソ」が同じ役割として用いられているのは、先の解答提示の場合と同様、「ガ」が「コソ」の領域へと活動領域を拡げたことの証左となるであろう。

20
「扨はそなたの心ざしがとゞいておりやるは」
「それは満足致た其子細は」
「其事じや、都に人おほひといへども、某こそかくれもなひ、ま仏師でおりやるは」（虎明本・中・三五三頁）
「それについて、そなたは仕合な人じや」
「其子細は何とした事でござる」
「都に人おほいといへども、某が、するひろがりやの亭主でおりやるよ」（虎明本・上・七〇頁）

四・四・五　現代語には見られない「ガ」の用法

以上見てきたように「ガ」は多方面にわたって活動領域を拡げているが、『虎明本』の「ガ」の中には、現代語では見られない「ガ」の用法が存在する。以下にそのいくつかの例を示す。

21　「あの出家とひと所にいとふもなひ程に、別の間があらは、かしておくりやれ」
「おりふしへちの間がふさがつておりなひ、みれは出家どしの事じや程に、いつしよにおじやれ」
（虎明本・中・四〇六頁）

22　「くりはなにとした」
「其事で御ざる――（中略）――かまの神のでさせられて、こゝへ一つくれひと仰られたほどに、しんぜたれは、三十四人のきんだちの、はなをかざつたやうに出たつて、太郎くわじや、爰へくれ、かしこへくれいとおほせらた程に、一つ〳〵しんぜて、みなくばりまらしたが、御富貴にならせられうしたぢで御ざる」
「それは近比めでたい、さりながら栗がまだあらふよ」
（虎明本・中・一〇五頁）

23　女「わらは女の身で御ざれは、せうぶはめいわくに御ざれども、ともかくも御意次第で御ざる」
男「あれが女の身でさへ、せうぶをいたさうと申程に、私もいたさう」
目代「勝負は何をせうぞ」
男「うでおしなりとも、すねをしなりともいたさう」
女「あれがはらはを、女じやと思ふて申と見えた、何なりともいたさう」
（虎明本・中・二四九頁）

24　「ま一度ひいてみう、こんどもあがらせられたらは、まへかどのがいつはりじやあらふ、またあがられずは、もどりまらせう――（中略）――わらはがいにしへ、みこのしそんにておりやらします間、いはふてかぐらをまいらせて、下向申さう」
（虎明本・中・二三六頁）

25　「おのれはしはひやつで、人に酒をのまする事をせぬ程に、いでくらはふ」

「あゝ今から人に、酒をもりまらせう程に、いのちをたすけてくだされひ」
「なんぢがおいが有か」
「中々御ざる」（虎明本・中・二七八頁）

26 「して粟田口といふは人の名でおりやるの」
「いやあわた口と申が、惣名で御ざある」
「うゝ扨はあわた口といふが、惣名でおりやるよなふ」
「中々」（虎明本・上・二一八頁）

27 「いつもの御だんなしうで御ざるに、わるひ酒をしんじては、以来がうられませぬに依て申、ようできた時かさねて御さう申さう程に」（虎明本・中・二五二頁）

21〜26の文脈においては、現代語では「ガ」よりも「ハ」を用いる方が自然であり、27では「ガ」を用いない方が自然である。21、22は内項に下接する例、23、24は外項に下接する例、25は疑問文における例、26は名詞述語文における例、27は副詞成分に下接する例となっており、多様な場において現代語には見られないような「ガ」が存在していることがわかる。

また『虎明本』と同時期の他の資料においても、現代語には見られないような「ガ」の用法が見られる。以下にそのいくつかの例を示す。

28 「はることにきみをいわゐてわかなつむ（此まいのうちに女とさる引物いふ也さとうまふてからいふ）さ「なふ〳〵まいか見事なか」（虎清本・七ウ）

29　「そくめつむれうざい。又はさいとも。とかせられたる。ほうもんな。有かたふはおちやらぬか」
「たつたとかせませ」
「是迄でおちやる」
「してそれが誠でおちやるか」
「中々」　（狂言記・一四〇頁）

30　「公木五十束入れまるした程に出でてみて取らしられ」
「この公木が何故にこのように悪ござるか」　（捷解新語・四・十オ）

28〜30のように、『虎明本』以外においても現代語に見られないような「ガ」が存在するということは、21〜30のような「ガ」の用法は当時の言語表現として一般的であったという事を示唆する（七・一参照）。

このような「ガ」の存在は、江戸初期の「ガ」が多方面において急速に活動領域を拡げたことが要因であると考えられる。

四・四・六　まとめ

『天草版平家物語』から『虎明本』にかけて、「ガ」がどのように活動領域を拡げたのかをまとめると、以下の四点である。

①内項・外項にかかわらず「φ」へと活動領域を拡げた。

②内項・外項にかかわらず「ヤ」「カ」へと活動領域を拡げた。
③内項・外項にかかわらず「コソ」へと活動領域を拡げた。
④名詞述語文の前項焦点用法でも用いられるようになった。それはすなわち「コソ」へと活動領域を拡げたことを意味する。

結果として「ガ」はあらゆる方面においてその活動領域を拡げたという一言に尽きる。

三・一から三・三、そして四・三においてらかにした「ガ」の拡がりの様相と、本節で考察した「ガ」の拡がりの様相の概略を図示すると以下の通りである。

原拠本「平家物語」

	内項	外項	名詞文
平叙	φ		ハ
疑問	ヤ	カ	
強調	ガ		
	ゾ		（記述）
		コソ	（前項焦点）

『天草版平家物語』

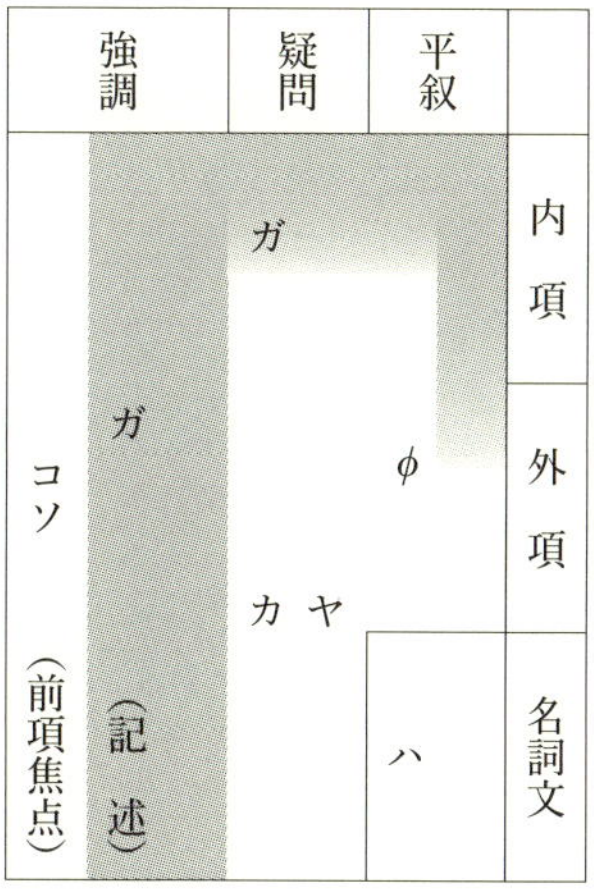

『虎明本』

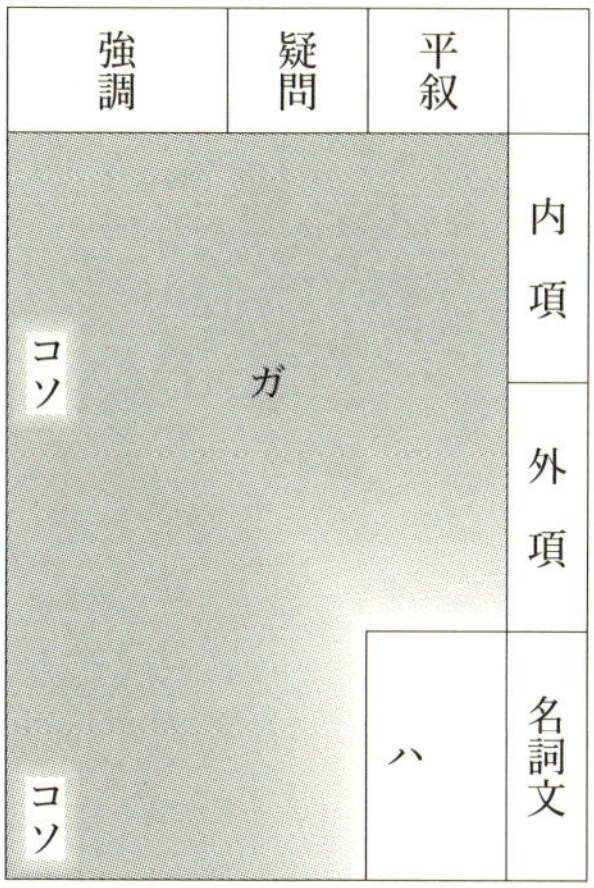

注

（1）資料として『八代集CD-ROM』（岩波書店）を用い、引用の歌番号はこれに従った。

（2）主語名詞句が有情名詞の「AゾBダ」型に関してはどうなったか。初期の「AガBダ」型と同時期に、①〜③のように主語名詞句が有情名詞である「AコソBダ」型はいくつも見られる。したがって、主語名詞句が有情名詞の「AゾBダ」型は「AコソBダ」型に吸収されたと考えられる。

①「将軍仰せけるやうは、『今なればとて恋といふ事の、有まじきにてもなし。糟谷が心の中を、問はせばや』と仰せ出されける。『佐々木三郎左衛門こそ深き知音にて候へ』と申上ければ、佐々木を召されて」（御伽草子・四三六頁）

②「あの殿ばらは、いづくの人にてましませば、かく面白くは売り給ふぞ。今一度売給へ」と申せば人々目を見合せて、これこそ聞ゆる文正よとて、又さきの如く売り給ふ（御伽草子・四六頁）

③「勅宣を承って、頼朝の御代官として、平家追伐に向かう義経が下知をそむくおのれこそ朝敵よ」（天草版平家物語・六六五頁）

（3）小林茂之（二〇〇〇）は、無助詞主語から主語表示「ガ」へと変化している例の多くは、その述語が非対格自動詞になっているという。この結果は本節とも一致する結果であり、尊重すべきであろうが、その考察過程には構文的な条件が考慮されていない。特に連体節における無助詞主語から主語表示「ガ」への変化は、主節・従属節と様相を異にしているにもかかわらず、それを捨象してしまっている（五・一参照）。なお、本節は山田（二〇〇〇ａ）に基づいているが、主語表示「ガ」が非対格自動詞述語文において多く見られることは、すでに山田（一九九六）で指摘していた。

（4）以下のような例は文脈上同じ内容を表現していても、原拠本「平家物語」の「兵トモ」は従属節内の主語であり、『天草版平家物語』の「兵ども」は主節内の主語と考えられ、同じ構文ではないので参考にとどめる。

八ヶ国ノ兵トモ・皆兵衛佐ニシタガイ属テ候ナレハ・何ノ十万騎カ候ハン　（百二十句本平家物語・三五〇頁）
八か国の兵どもがみな頼朝についたと申せば、幾十万かござらうずらう　（天草版平家物語・三〇九頁）

（5）ここでいう連体節とは①のような例であり、また②のような準体節の例も連体節に含める。従属節は①・②のような連体節、準体節を除いたものとする。

①此勢・黒坂ニ向ンコトハ・遥ノコトソ　（百二十句本平家物語・四二五頁）
この勢が黒坂えまわらうずることわはるかの事ぢゃほどに　（天草版平家物語・三三九頁）
②出家ノ望志シ有ヲハ・イカ、スヘキ　（百二十句本平家物語・五七七頁）
出家の望み、志があるをば何としょうぞ　（天草版平家物語・五九九頁）

（6）以下のように、主語述語の対応が一対一ではなく、主語が意味上係ってゆく述部が複数認められる場合を複文とした。

入道相国、一天四海をたなごゝろのうちににぎり給ひしあひだ、世のそしりをもはばからず、人の嘲をもかへり見ず、不思議の事をのみし給へり。　（平家物語・上・九四頁）
清盛わこのやうに天下を掌に握られたによって、世間の謗をもはばからず、人の嘲りをもかえりみいで、不思議なことのみをせられてござる　（天草版平家物語・一九七頁）

(7) ここで言う非能格自動詞、非対格自動詞のカテゴリーは、影山(一九九三)の以下の記述に従うこととする。

意味的な目安としては行為の意図性が挙げられ、「働く、さわぐ、起きる」のような意図的行為を表す自動詞が非能格、「ころぶ、生じる、浮かぶ」のような非意図的事象を表す自動詞が非対格と判断される。(四二頁)

(8) 日本語の能格性(他動詞の目的語と非対格自動詞の主語が統語的に同じ振る舞いをする)に関しては、小泉(一九八二)、角田(一九八四)、李(一九八九)、松本泰丈(一九九〇)、近藤(一九九三a)などの報告があり、日本語の分析に有効であることが指摘されている。やや時代は下るが、『大蔵虎明本狂言』においても非対格自動詞述語文において「ガ」が表示されやすいことは同様である。但し、『大蔵虎明本狂言』においては、後で述べる「外項(動作主)の明示化」が一般化しているので今回の調査ほどはっきりとした傾向の相違は見られない。山田(一九九六)参照。

(9) 『天草版平家物語』は喜一が右馬の允に語るという体裁になっているが、実際は登場人物による発話と見られるところもある。本節では、登場人物の発話のやり取りの部分、「といふ」「と申す」などの引用形式になっているものを会話文とし、それ以外の、喜一による状況説明・心情描写などを地の文とする。

(10) 他に原拠本「平家物語」には「連体形+ガ」ではあるが、強調文脈で用いられている「ガ」が見られる。

卯尅ノ矢合ト定タレトモ・余リニ待カ心元ナウ覚ユルソ　(百二十句本平家物語・五三〇頁)

因みに『天草版平家物語』と対応はしていないが、『覚一本平家物語』には①~⑤のような例も見られる。やはりすべて会話文であり、「ガ」が強調文脈において用いられていることの証左となろう。

①汝等が頻に供せうどいひしか共、存るむねがあるぞとて、汝らをとゞめをき　（平家物語・下・一〇〇頁）
②是は君に奏すべき事があるぞ、あけてとをせとのたまへども　（平家物語・下・一五九頁）
③左兵衛尉長谷部信連が候ぞ　（平家物語・上・二八七頁）
④今度は小太郎をすててゆけばにや、一向前がくらうて見えぬぞ　（平家物語・下・一四八頁）
⑤日来はなにともおぼえぬ鎧が、けふはおもうなたるぞや　（平家物語・下・一七九頁）

(11)『覚一本平家物語』全体を通して「ゾ」は、原則として地の文においては係り結び、会話文においては終助詞として使用されており、相補分布をなしている。言い換えれば、「ゾ」の係り結びは口頭語においては用いられなくなっているということが示唆される。したがって会話文における強調表現を「ガ―ゾ」という表現形式で言い表していると考えられる。名詞述語文に限っては会話文において係り結びで表現されているので、主語表示「ガ」はまだ名詞述語文には進出していないと考えられる（三・二参照）。

(12)また、原拠本「平家物語」における「ガ」には次のような例も認められるが、自称や「ども」に下接している「ガ」で、古代語的性格である待遇性を引きずった「ガ」の使用例と考えられる。

①俊寛がかく成といふも　（平家物語・上・二一四頁）
②イクラモ群レ居タリケル水ツ鳥トモカ・何ニカ驚タリケン　（百二十句本平家物語・三五三頁）

以下、これらの例は「ガ」の全体像を捉えるためには必要であるが、「ガ」の新しい領域への進出という点では直接関連しないと思われるので、参考にとどめる。

（13）語と語の関係性を明らかにするための「外項（動作主）の明示化」と単にそれと指し示すための「外項（動作主）の明示化」との間には、どちらとも取れる微妙な例がある。今それらすべてを、単にそれと指し示すためのものとしてみなすとしても、八四例中九例（約11%）であり、やはり未発達の段階と言える。

（14）以下の例は「カ」から「ガ」になったとも考えられるが、「たが」は一語化しているものとして参考にとどめる。

苔の下にはたれか‖こたふべき （平家物語・上・二二八頁）

苔の下にわたが‖返事をもしょうぞ？ （天草版平家物語・一六九頁）

（15）唯一「ハ―カ」となっている例がある。

是に都よりながされ給し丹波少将殿、法勝寺執行御房、平判官入道殿や‖おはする （平家物語・上・二一三頁）

ここもとに都から流されさせられた丹波の少将殿や、俊寛御坊、また康頼などわ‖ござらぬか‖ （天草版平家物語・一五七頁）

（16）因みに、『天草版平家物語』で主節の無助詞主語に付加された「ノ」の四例のうち三例は尊敬対象表示であり、一例は詠嘆表現と考えられる。述部が非対格自動詞の否定表現であるために、「ハ」が選択されたものであろう。

（17）尾上（一九七七）参照。

（18）現代語の格助詞「ガ」に関して城田（一九八二）において、以下の言及がある。

ガは何等積極的な意味上の要素を持たない格助詞です。ですから、それがつく名詞は、裸かの名詞に最も近い存在といえます。

(19) 北原保雄・池田廣司著『大蔵虎明本狂言集の研究　本文篇』上中下巻（表現社）のト書きを除く台詞を資料として用いる。但し、狂言の詞章で節を付けて語る部分などには古代語的要素が含まれているため、これを除く。また、巻八「万集類」は他の巻とは異なっているため、これも除いた。

(20) 『天草版平家物語』『虎明本』の成立年代差は五〇年である。しかし、『天草版平家物語』は古代語的要素の強い原拠本「平家物語」の影響を受けており、日本語教科書という性格上、その使用言語はある程度洗練されたものであり、一方の『虎明本』の使用言語には日常の言語が反映していると考えられ、両者の間には史的資料として成立年代差以上の言語的年代差が存在すると思われる。

(21) 表の「φ」の数値は、以下のような命令文における二人称、慣用的表現を除く。

①そなたφ‖ようがてんのいくやうにおしやれ　（虎明本・上・一〇八頁）

②早々御出φ‖かたじけない　（虎明本・上・三一頁）

(22) 『虎明本』の写本では「ガ」「ハ」「ヲ」「ノ」などの助詞の書き入れが見られ、助詞を表示しようとする意識が窺える。

(23) 柳田（一九八五）参照。

(24) 菊地（一九九七a）では解答提示に関して以下のように述べている。

いわば〈枠〉が話手と聞手との間でできていることにも留意しよう。〈枠〉とは、それについての話をすべき状況が整っているものというほどの意である。〈枠〉のもとで〈関心の対象〉とXがあり、「Xが〈関心の対象〉」のXを埋めるのが《解答提示》

の「ガ」なのである。

本節ではこの解答提示を「コソ」にも認める。

第五章　主語表示「ガ」と「ノ」

五・一　主語表示「ガ」の拡がりと「ノ」――鎌倉期から室町末期

『天草版平家物語』とその原拠本「平家物語」とを比較することによって、「ガ」と「ノ」の関係を調査したものに江口(一九九五)がある。詳細な調査ではあるが、連体表示を視野に入れた調査のため待遇的視点からの考察に偏り、述語や構文の視点による考察に乏しい。また、他の資料も併用はしているが、『天草版平家物語』や『覚一本平家物語』を用いて「ガ」と「ノ」の相違に言及したものには大野(一九七七)がある。しかし、これも「ガ」と「ノ」の上接語を中心に述べられており、述語や構文の視点からの言及はない。そこで本節では、待遇性を含め、構文(主節・従属節・連体節)的相違、述語(他動詞・非能格自動詞・非対格自動詞・形容詞)の相違などと関連づけながら主語表示「ガ」と「ノ」の変遷を考察してみたい。

表1　主語表示「ガ」「ノ」の推移

	人主語		非人主語	
	ガ	ノ	ガ	ノ
原拠本「平家物語」	114(47.7%)	125(52.3%)	13(7.6%)	158(92.4%)
天草版平家物語	237(63.7%)	135(36.3%)	250(60.8%)	161(39.2%)

五・一・一　原拠本「平家物語」と『天草版平家物語』の比較

まずは原拠本「平家物語」と『天草版平家物語』における主語表示「ガ」「ノ」の全体像を比較してみよう**(表1)**。

原拠本「平家物語」における人主語では「ガ」「ノ」の使用は同程度であるが、非人主語では基本的に「ノ」が用いられていると言える。『天草版平家物語』における人主語・非人主語では、いずれにしても「ガ」がその勢力を拡大させていることが分かるが、特に、非人主語における「ガ」の伸びは注目に値する。「ガ」はもともと人名詞に下接するのが特徴であったが、その性格が大きく転換したことがわかる。

さらに「ガ」「ノ」が構文的にどのように分布しているかを示したのが**(表2)**である。

(表2)からは以下のことが言えるであろう。

①人主語・非人主語の各構文いずれにおいても「ガ」がその勢力を拡大している。

②但し、その「ガ」の「ノ」に対する浸食の仕方は均一的ではない。

③人主語では、連体節における「ガ」の拡大が主節・従属節に比べて緩やかで

表2　各構文における「ガ」「ノ」の分布

〈人主語〉		ガ	ノ	合計
主　節	原拠本「平家物語」	18(47%)	20(53%)	38(100%)
	天草版平家物語	61(78%)	17(22%)	78(100%)
従属節	原拠本「平家物語」	29(58%)	21(42%)	50(100%)
	天草版平家物語	78(76.5%)	24(23.5%)	102(100%)
連体節	原拠本「平家物語」	67(44.4%)	84(55.6%)	151(100%)
	天草版平家物語	98(51.0%)	94(49.0%)	192(100%)

〈非人主語〉		ガ	ノ	合計
主　節	原拠本「平家物語」	4(17%)	19(83.0%)	23(100%)
	天草版平家物語	105(92.9%)	8(7.1%)	113(100%)
従属節	原拠本「平家物語」	8(21%)	31(79%)	39(100%)
	天草版平家物語	133(87.5%)	19(12.5%)	152(100%)
連体節	原拠本「平家物語」	1(0.9%)	108(99.1%)	109(100%)
	天草版平家物語	12(8.2%)	134(91.8%)	146(100%)

ある。

④非人主語では、主節・従属節における「ガ」は非常に大きな進出を示すが、連体節における進出は僅少であり、「ノ」が大きな割合を示している。

『天草版平家物語』の序には「この物語を力の及ぶところわ本書のことばを違えず書写し、抜書となしたるものなり」(序・三頁)とある。したがって、原拠本「平家物語」と文脈上対応する『天草版平家物語』の「ガ」「ノ」には原拠本「平家物語」の「ガ」「ノ」をそのまま引き継ごうとする意識が働いていると考えられる。一方、同じく序には「平家をば書物の如くにせず、両人相対して雑談をなすが如く、ことばのてにはを書写せよ」(序・二頁)という命を受けていたことが記されており、「雑談をなすが如く」書写

表３　「ガ」「ノ」の付加状況

		主節	従属節	連体節	合計
人主語	ガ	29(2)	42(1)	27(1)	98(4)
	ノ	3(2)	7(7)	15(15)	25(24)
非人主語	ガ	55	109	10	174
	ノ	1	2	27	30

＊(　)内は尊敬表現を伴っている用例数を示す。

したため『天草版平家物語』において原拠本「平家物語」とは相違する「ガ」「ノ」も見られる。引き継がれた「ガ」「ノ」は変化していないという点で重要な一面ではあるが、先の①～④などに関して史的な変遷を見るために、本節では変化した「ガ」「ノ」を中心に見てゆく。

そこでまず、原拠本「平家物語」の無助詞主語の部分に『天草版平家物語』において「ガ」「ノ」が付加されている例を見ておきたい。新たに付加された「ガ」「ノ」は、『天草版平家物語』当時の典型的な「ガ」「ノ」であるはずである。その「ガ」「ノ」の相違を確認した上で、改めて原拠本「平家物語」における「ガ」「ノ」と比較対照してゆく。

また原拠本「平家物語」から『天草版平家物語』にかけて、「ノ」から「ガ」へ、「ガ」から「ノ」へ移行した例にも注目する。まさにそこには「ガ」「ノ」の変遷の縮図を見ることができよう(1)。

五・一・二　付加された「ガ」「ノ」

「ガ」「ノ」の付加は三二七例見られ、「ガ」の付加は二七二例(83・2％)、「ノ」の付加は五五例(16・8％)となっている。基本的に主語表示の助詞として「ガ」が用いられ、「ノ」はある限られた状況下で用いられていると考えられる。「ガ」「ノ」の付加状況を詳しく見てみよう(**表3**)。

五・一・二・一　人主語の場合

人主語に対して付加された「ノ」は二五例で、そのうち二四例（96％）は1、2のように尊敬表現を伴っており、尊敬対象を表示していると考えられる。尊敬表現を伴っていないのは3のみであるが、「諸人」は「雲の上人」（殿上人）であると考えられ、この「ノ」も尊敬対象表示となっていると見てよい。

1　あねの祇王を入道相国φ‖さいあひせられければ　（平家物語・上・九四頁）
　　姉の祇王を清盛の‖愛せられたによって　（天草版平家物語・一九七頁）
2　大臣殿φ‖・既関東へ御下候　（百二十句本平家物語・七〇五頁）
　　大臣殿の‖すでに関東えを下りある　（天草版平家物語・七二七頁）
3　諸人φ‖目をすましけり　（平家物語・上・八五頁）
　　諸人の‖目をすまいてこれを見まらした　（天草版平家物語・二一一頁）

「ノ」が『天草版平家物語』当時において尊敬対象表示として機能していることは間違いない。しかも、付加された「ノ」の中では例外が見られないということは、『天草版平家物語』当時における「ノ」は尊敬対象表示という機能が非常に強く働いていると考えられる。

一方、人主語に対して付加された「ガ」は九八例で、そのうち尊敬表現を伴っているものは4、5を含め四例（4・1％）のみである。

4　木曽φ宣ケルハ　（百二十句本平家物語・四三二頁）
木曽殿が言われたわ　（天草版平家物語・三四七頁）

5　伊賀大夫知忠ト云人φヲワシケリ　（百二十句本平家物語・七七二頁）
伊賀の大夫とゆう人がござった　（天草版平家物語・八一九頁）

では、原拠本「平家物語」における「ガ」「ノ」は尊敬対象表示という点においてどのような状態であろうか。原拠本「平家物語」において尊敬表現を伴っている「ガ」は一一三例中、6の一例（0・9％）のみであり、尊敬表現を伴っている「ノ」は一二五例中五八例（46・4％）である。

6　上陽人ガ・閉コモラレケン孤サモ・是ニハ過シトソミヱシ　（百二十句本平家物語・六七八頁）

尊敬対象表示という点で、『天草版平家物語』において付加された「ガ」「ノ」よりもさらにはっきりとした相違が見られ、尊敬対象表示においては「ノ」が専ら用いられていると言えるであろう。

大野（一九七七）では、覚一本平家物語に関して

「ガは人を承ける」という点を中心に、かつまた「敬意を以て遇しない対象を承ける」という方向に対象が広まりつつあったといえる。

とあり、また

尊敬的な場ではノが使われた。これに対してガで承けた場合には、こうした明かな尊敬の扱いではない。むしろ一般に広く非尊敬の対象をガで承けている。

とも述べている。

しかしながら、一例のみではあっても6のように尊敬表現を伴う「ガ」の例が見られるということは、「ガ」が尊敬対象をも承けるようになってきたということであり、「ノ」「ガ」の相違に関しては、すでに原拠本「平家物語」において尊敬・非尊敬という一元的な見方ではその相違を捉えきれなくなってきていると言える。

但し、『天草版平家物語』における人主語全体で、尊敬表現を伴う「ガ」は二三七例中一〇例(4・2%)、尊敬表現を伴う「ノ」は一三五例中八二例(60・7%)となっており、「ガ」の尊敬対象への進出は非常に緩やかであったと考えられる。「ノ」の尊敬対象表示機能の強さが「ガ」の尊敬対象への進出を遅らせていたと考えられる(2)。しかしその中においても「ガ」は微々たるものにせよ尊敬対象表示という新しい領域に進出してきたわけである。

五・一・二・二　非人主語(構文的相違)

先に見たように人主語において付加された「ノ」はすべて尊敬対象表示であった。言い換えれば、『天草版平家物語』当時、人主語に下接する「ガ」「ノ」の相違は構文的条件とは関わりが薄く、尊敬対象か否かが優先的に働いていたと考えられる。したがって「ガ」「ノ」の構文的相違に関しては非人主語に下接する場合を中心に見てゆく。

非人主語に付加された「ノ」は三〇例で、そのうち二七例(90%)が連体節における付加であり、主節・従属節における付加は三例(10%)にとどまっている。一方、非人主語に付加された「ガ」は一七四例で、そのうち一〇例(5・7%)

が連体節における付加であり、主節・従属節における付加は一六四例(94・3%)である。この数値によれば、『天草版平家物語』当時、主節・従属節においては「ガ」に活動力があり、連体節においては「ノ」に活動力があるということになる。構文的に見て「ガ」「ノ」の振る舞いは相補的であると言えるだろう。

「ノ」が連体節において活動力を持っているのは、「ノ」が連体表示機能を強めたためと考えられる。原拠本「平家物語」から『天草版平家物語』にかけて、「ガ」から「ノ」へと移行した例は八例見られるが、そのうち六例が7のような連体表示の例であり、「ノ」が連体表示機能を強化したことの証左となろう(3)。

7　只今終ル物夫ガ‖為ニ・経書キ　(百二十句本平家物語・六四六頁)
ただ今終る武士の‖ために、経書いて　(天草版平家物語・六七九頁)

主節・従属節においてのみ「ガ」に活動力があるのは、「ノ」が連体表示機能を強め、活動領域を連体節に限定したことと相俟って、「ガ」が人名詞以外、広範な語を承けるようになり、主語表示機能を拡大したためと考えられる。

五・一・二・三　主節・従属節において付加された「ノ」

「ノ」の付加は連体節が中心であったが、実際には主節・従属節において付加された「ノ」も見られた。この「ノ」は『天草版平家物語』当時のどのような「ノ」の反映と考えられるであろうか。
主節・従属節において付加された「ノ」は以下の三例である。

8　我ヲ都ヘ具シテ上レ・降人ニ成テ・切レント宣ハ・争カ去事φ‖候ヘシトテ・頻ニ叶マシキ由申ケレトモ

（百二十句本平家物語・七七五頁）

我を都え具してのぼれ、降人になって切られうと、仰せらるれば、いかでかさることの‖ござらうと申せども

（天草版平家物語・八二三頁）

9　十日余ノ比ニ・庭ニ散敷ケル楢ノ葉ヲ・鹿φ‖踏ナラシテ過ケレハ　（百二十句本平家物語・七三五頁）

十日あまりの頃に庭に散り敷く楢の葉を鹿の‖踏みならいて過ぎたれば　（天草版平家物語・七五七頁）

10　やう〳〵日くれ、月φ‖さし出て、塩のみちけるが、そこはかとなき藻くづ共のゆられよりけるなかに

（平家物語・上・二〇四頁）

日暮れて、月の‖さし出でて、潮の満ちくるに、そこはかともない藻屑どものゆられよるなかに

（天草版平家物語・一四五頁）

8の「ノ」を含んだ文は反語表現であり、文脈から見て「ノ」の付加は詠嘆的な表現効果を出すためであると考えられる。『天草版平家物語』では11、12のような詠嘆的な表現効果を出している「ノ」が他にも存在するが、8の付加はその影響であろう。

11　腹帯の‖伸びて見ゆるわ、しめさせられい　（天草版平家物語・四八一頁）

12　さりとてもしばし御返事の‖あらうずるぞ　（天草版平家物語・五九一頁）

9、10は自然描写である。『天草版平家物語』における自然描写では、10の「潮の満ちくるに」などをはじめ、「薄氷のはったに」「夜のほのぼのとあくるに」「月の出でたに」「空の鳴り、地の動く」「花の散り、葉のおつる」「菊の枯

れ枯れに」など、その他「ノ」が用いられている例は多数見られるが、「ガ」が用いられている例は「夜がふくるに」「羽音が聞こえたれば」など数えるほどである。自然描写において「ノ」が多用されるということが、9、10の付加につながっていると考えられる。

五・一・二・四　連体節において付加された「ガ」

「ガ」の付加は主節・従属節が中心であったが、連体節において付加された「ガ」も見られた。この「ガ」は『天草版平家物語』当時のどのような「ガ」を反映しているのであろうか。

13　上ノ山ヨリ・敵φ‖サツト落シテ候ン時ハ　（百二十句本平家物語・五一八頁）
ただ今も上の山から敵が‖ざっと落しまらしょう時わ　（天草版平家物語・五二七頁）

14　此勢φ‖・黒坂ニ向ンコトハ・遥ノコトソ　（百二十句本平家物語・四二五頁）
この勢が‖黒坂えまわらうずることわはるかの事ぢゃほどに　（天草版平家物語・三三九頁）

この二例は「敵」「勢」が人主語に準ずるもので、それゆえ「ガ」が付加されたものと考えられる。連体節においては「ノ」がその活動力を発揮するところであるが、人主語の場合には「ガ」の活動も多少は見られる。因みに人主語に付加された「ガ」は九八例中二七例（27・6％）が連体節である[4]。

15　異国の習には、天下に兵革φ‖おこる時　（平家物語・上・一七七頁）
異国のならいにわ、天下に乱が‖起こる時　（天草版平家物語・一一三頁）

16　出家ノ望志φ‖有ヲハ・イカ、スヘキ　（百二十句本平家物語・五七七頁）
出家の望み、志が‖あるをば何としょうぞ　（天草版平家物語・五九九頁）
17　父ノ行ヘφ‖・聞マ欲シサニ　（百二十句本平家物語・七七一頁）
ちちの行方が‖聞かまほしさに　（天草版平家物語・八一七頁）
18　人のくい物φ‖たえてなき所なれば　（平家物語・上・二三五頁）
人の食い物が‖絶えてないところなれば　（天草版平家物語・一八五頁）

15～18のような非対格自動詞述語・形容詞述語において「ガ」が付加されたものは八例見られる。これらは非対格自動詞・形容詞の主語表示となっており、その統語的要因によって「ガ」が付加されたものと考えたい（四・三・二参照）。一方、連体節において付加されていた「ノ」の述語に注目してみるとやはり二七例すべてが非対格自動詞・形容詞となっているが、「ノ」の付加の場合は連体節における主語表示という構文的要因によるものであると考えたい。連体節における非対格自動詞述語・形容詞述語の主語表示の場合、両要因が競合していると考えられるが、連体表示と連体節における主語表示は文法的性質が非常に近いため、連体表示を中心的機能とした「ノ」の方が「ガ」よりもその付加が多くなっているのであろう。

五・一・三　「ノ」から「ガ」への移行

原拠本『平家物語』から『天草版平家物語』にかけて「ノ」から「ガ」へと移行した例を見てみよう。数値は以下の通りである（表4）。

表4　「ノ」から「ガ」へ移行した用例数

	主節	従属節	連体節	合計
人主語	6	5	7	18
非人主語	14	13	0	27

五・一・三・一　尊敬対象表示

「ノ」から「ガ」への移行では、基本的に尊敬表現を伴っていない「ノ」が「ガ」へと移行しているが、尊敬表現を伴った「ノ」が「ガ」へと移行した例が二例、「ノ」から「ガ」へ移行したと同時に、尊敬表現が付加された例が一例見られる。

19　摂政関白のかゝる御目にあはせ給ふ事、いまだ承及ず　（平家物語・上・一二〇頁）
関白殿ほどの人がこのやうな目にあわせられたことわ、聞きも及ばぬことぢゃ　（天草版平家物語・四五頁）

20　平家ノ人々ノ・周章騒レケル消息　（百二十句本平家物語・四五二頁）
平家の人々があわて騒がれた有様　（天草版平家物語・三七一頁）

21　此三年ハ・高クタニモ笑サリシ人々ノ・声ヲ揚テソ喚ヒケル　（百二十句本平家物語・七五〇頁）
この三年は高うさえわらわなんだ人々が声をあげて叫ばれた　（天草版平家物語・七七九頁）

19〜21は先にも見たように「ガ」が尊敬対象表示へと進出したことを示す例

であろう。21の場合は「ノ」の待遇性を「ガ」が持ち合わせていないため、「叫ばれた」のように尊敬表現形式を付加したものと考えられる。

五・一・三・二　詠嘆表現

原拠本「平家物語」から『天草版平家物語』にかけて、主節・従属節における「ノ」の活動力が減少してきたことは先にも触れたが、原拠本「平家物語」に用いられていた、どのような「ノ」が活動力を失ってきたのであろうか。尊敬対象表示であった「ノ」を除くと、「ガ」へと移行した「ノ」は四二例認められ、そのうち主節・従属節における「ノ」は三七例(88・1%)である(5)。

22　あまりに思へば夢やらん、又天魔波旬の‖我心をたぶらかさむとていふやらむ、うつゝ共覚えぬ物かな　（平家物語・上・二一三頁）
あまり思えば、夢かまた天魔波旬が‖わが心をたぶらかさうとてゆうか、うつつとも覚えぬものかな　（天草版平家物語・一五七頁）

23　アワヤ・敵ノ‖・向フハトテ・騒動ス　（百二十句本平家物語・五三六頁）
あわや敵が‖向かうわと騒動するところに　（天草版平家物語・五五三頁）

24　これらが内々はかりし事の‖もれにけるよ　（平家物語・上・一五二頁）
これらが内々工んだことが‖もれたよ　（天草版平家物語・五七頁）

25　事ノ譬ノ‖候シゾカシ　（百二十句本平家物語・四三六頁）
ことのたとえが‖ござる　（天草版平家物語・三五五頁）

表5　付加された「ガ」の分布

	主節	従属節	合計
他動詞	2	13	15
非能格自動詞	13	17	30
非対格自動詞	54	95	149
形容詞	15	26	41

「ガ」へと移行した「ノ」の中には22～25のような明らかな詠嘆表現が一一例見られる。主節における尊敬対象表示以外の「ノ」は、すべて詠嘆表現である(6)。そこで、26のような一見詠嘆表現とは見えない例も、実は詠嘆表現であると考えておきたい。

26　命ハ依義軽シト申ス事ノ候フ　（百二十句本平家物語・四七九頁）
　　命わ義によって軽しと申すことがござる　（天草版平家物語・四七三頁）

原拠本『平家物語』から『天草版平家物語』にかけて「ノ」は尊敬対象表示・連体表示にその機能を収束しつつあり、その結果、詠嘆的表現効果を示していた「ノ」の部分に「ガ」が進出したものと考えられる。

五・一・三・三　「ノ」から「ガ」へ——従属節における「ガ」の拡がり

尊敬対象表示や詠嘆表現を除いた例、すなわち「ガ」へと移行した、従属節における「ノ」は一八例となるが、その移行は述語の統語的性質に依るところが大きいと思われる。

先に(表3)において無助詞主語に付加された「ガ」の数値を示したが、これをさらにどのような述語において付加されているかを示すと(表5)のようになる。

「ガ」は二三五例中一四九例(63・4%)が非対格自動詞述語において付加されており特徴的である。また、それに次いで形容詞述語において付加されたものが四一例(17・4%)と多く、合わせると一九〇例(80・8%)となる。この非対格自動詞述語・形容詞述語における「ガ」の進出が、「ノ」から「ガ」への移行に関係していると考えられる。

非対格自動詞述語文の主語は統語的に他動詞述語文の目的語と同じ振る舞いをし、内実は対象の表示である。その対象の表示という点においては形容詞の主語と連続しているのであった(四・三・二参照)。「ガ」の進出がとくにこの領域で顕著であるということは、従属節内の非対格自動詞述語・形容詞述語の主語表示「ノ」においても「ガ」の進出があるはずである。「ノ」から「ガ」への移行は、この「ガ」の進出に依るところが大きいと考えられる。

因みに、「ガ」へと移行した従属節内の「ノ」一八例の述部は、他動詞三例、非能格自動詞一例、非対格自動詞八例、形容詞六例となっており、非対格自動詞述語・形容詞述語における「ノ」から「ガ」への移行は一八例中一四例(77・8%)であり、付加された「ガ」と似たような数値になる。

五・一・三・四　「ノ」から「ガ」へ――連体節における「ガ」の拡がり

前節では、従属節内の「ガ」が非対格自動詞述語・形容詞述語において拡がった結果、「ノ」が衰退したことを見たが、では、連体節内において「ノ」はどうなったのであろうか。

『天草版平家物語』の連体節内における非対格自動詞述語・形容詞述語では「ガ」が二〇例(12・6%)、「ノ」が一三九例(87・4%)用いられており、連体節においては「ガ」の活動が見られない。なぜ「ガ」が進出できないのであろうか。

これは先に見た通り、「ノ」が連体表示機能を強めたことにより、連体節におけるその活動力が「ガ」に比べて非常に強くなったことが要因であると思われる(五・一・二・四参照)。

五・一・四　まとめ

以上、原拠本「平家物語」の無助詞主語の部分に『天草版平家物語』において付加された「ガ」「ノ」の例、原拠本「平家物語」から『天草版平家物語』にかけて「ノ」から「ガ」へと移行した例を中心に「ガ」「ノ」の史的変遷を見てきたが、およそ次のようにまとめることができよう。

①「ガ」「ノ」が人主語に下接する場合

「ノ」は原拠本「平家物語」においても『天草版平家物語』当時においても尊敬対象表示という機能が強く働いていると考えられるが、特に原拠本「平家物語」では尊敬対象表示に関して「ノ」が専ら用いられていた。しかし、「ガ」が原拠本「平家物語」において尊敬対象に下接した例がすでに見られ、原拠本「平家物語」において尊敬・非尊敬という一元的な見方では「ガ」「ノ」の相違を捉えきれなくなってきていた。その後、「ガ」は次第に勢力を拡大させ、『天草版平家物語』においては４％ほどの「ガ」が尊敬対象に下接するようになった。

②「ガ」「ノ」が非人主語に下接する場合

「ガ」の構文的活動は原拠本「平家物語」から『天草版平家物語』にかけて主節・従属節において飛躍する。「ノ」は原拠本「平家物語」における主節・従属節において活動力があったが、その機能が次第に連体表示に傾き、その結果『天草版平家物語』当時では、主な活動領域を連体節に限定するようになった。『天草版平家物語』当時の「ガ」は非対格自動詞述語・形容詞述語の主語表示として多用されるようになり、主節においては詠嘆的表現効果を醸しだしていた「ノ」の領域に進出し、従属節においても対象表示の「ノ」の領域に進出した。その結果「ガ」は主節・

従属節を中心に、「ノ」は連体節を中心に活動することとなり、「ガ」「ノ」の振る舞いは構文的に相補的となった。

五・二　主語表示「ガ」の拡がりと「ノ」――江戸期

室町期から江戸期にかけての「ガ」「ノ」の相違に関してはこれまで寿岳(一九五八)、山田瑩徹(一九七〇)、桑山(一九七二、一九七三、一九七六、一九七九)、山田潔(一九九四)、江口(一九九五)、山田(一九九七a)などの研究があり、待遇表現、文構造などの面から述べられ、その相関関係に関して明らかになりつつある。しかし、「ガ」「ノ」の相違はいまだ共時的視点に重きがおかれ、通時的視点より捉えられることはなかったように思われる。山田(一九九七a)で『大蔵虎明本狂言』を資料とし報告をしたが、本節では『狂言記』(7)における「ガ」「ノ」の相違を調査し、『狂言記』は『虎明本』より新しい口語が反映されている資料と考え、両者を比較することにより「ガ」「ノ」の相違を通時的変遷という観点より分析を試みたいと思う。これまでにもさまざまな口語資料による報告がされているが、同一分野における資料を扱うことによってより正確な変遷をたどることが可能であると考える。

分析は、待遇性(尊敬表現との関わりにおける)の相違、構文的(主節・従属節・連体節における)相違、述語(他動詞・非能格自動詞・非対格自動詞・形容詞)の相違などの観点から行う。

五・二・一　『狂言記』の資料性

『狂言記』は、寛文二年(一六六二)に刊行されたものであるが、これは万治三年(一六六〇)の再摺本とされている。書誌的なことは不明な部分があるが、言語資料としては当時の口語を反映しているものとして考えてよいものと思われる。『狂言記』は、一六四二年に書写された『虎明本』とは時代的に二〇年ほどの違いしかないが、その資料的な性格により、『虎明本』に用いられた言語と相当に違いのある、新しい言語が用いられていると考えられる。『狂言記』は版本であること、絵入りであることなどから、大衆に広くよまれることを意識したうえで編まれたものであると考えられ、したがって、『狂言記』に用いられている言語は、一般大衆を意識している分だけより新しい口語表現が用いられていると考えられる(8)。一方、『虎明本』は一家相伝の控えであり、ある種の伝統を引きずっているものと考えられ、したがって、書写年代における生の口語表現よりも多少古い口語表現が反映しているものと考えられる。

大蔵虎明が筆した『わらんべ草』(笹野堅校訂、岩波文庫)の以下のような記述からは、『虎明本』に使用されている言語が、俗語表現を捨象し、洗練された言語であることが窺える。(傍線は山田)

1　狂言ハ、天よりくだりたる物にあらず、地よりわきたるにもあらず、たゞ昔物語、哥一首にてもつくり、亦古事をたよりてしたる事、色々おほし、しかれば、かたことはなをすべし、これふるきをしりて、あたらしきをもとむ　(一三二頁)

2　狂言ハ、大和詞、世話に云付たること葉、國きやうだんもあるべし、猶以言葉をあらため吟味して、あからさまにも、耳にさはらず、いやしからざるやうに、たしなむべき事かんようなり　(一三五頁)

3　狂言は、かたことなくて、やすらかなるよからん　(一六一頁)

4　狂言するものハ、不断のことざまを、よく嗜むべし、たはれことといへば、其詞ぶたいにて出る――(中略)――惣て狂言ハ、せわにて不断のことば也、さるに依て、ふだんむさとしたる事をいひつくれハ、必ぶたひにて出るものなれハ、よくたしなむべし　(三一一頁)

以上のことから、「ガ」「ノ」の相違に関しても『虎明本』から『狂言記』への推移が刊行年書写年代の開き以上のものであると考え、両者を通時的視点によって位置づけたい。

五・二・二　「ガ」「ノ」と待遇性

山田(一九九七a)で『虎明本』における「ガ」「ノ」の相違を待遇性という視点から見ると、「ノ」は尊敬対象に下接する場合が多く、待遇的使用が強く認められる一方、「ガ」は待遇性とは関わりが薄く、軽卑対象から尊敬対象まで幅広い語を受けるようになっていた。しかし、尊敬対象に下接する「ガ」は多くは見られず、「ノ」の待遇性の強さが「ガ」の進出をくい止めていた。『狂言記』においては、その傾向はどのように変化しているであろうか。

尊敬表現が用いられるのは原則として人主語の場合であるため、人主語に関して「ガ」と「ノ」の相違を見てみたい。

5　ゑい。とのゝ‖。まちかねさつしやれう　（狂言記・一〇四頁）

6　今日はさいしやう吉日。むこの‖わするけな　（狂言記・一一三頁）

7　そおふずる人が‖。ぜひ共きぬを。とらしやれい　（狂言記・二四八頁）

8　あれへよさそうなる。道つれが‖ゆかるゝ　（狂言記・一三二頁）

5〜8のような尊敬表現を伴う例は『狂言記』の人主語において、他動詞、非能格自動詞の場合にのみ認められる。

表6　尊敬表現を伴う「ガ」「ノ」

「ガ」

	虎明本	狂言記
他動詞	4.0%（450例中18例）	6.4%（110例中7例）
非能格	6.8%（176例中12例）	11.8%（51例中6例）
合計	4.8%（626例中30例）	8.1%（161例中13例）

「ノ」

	虎明本	狂言記
他動詞	66.4%（217例中144例）	78.4%（37例中29例）
非能格	60.7%（61例中37例）	100.0%（12例中12例）
合計	65.1%（278例中181例）	83.7%（49例中41例）

『虎明本』のそれと比較したものが（表6）である。表に示した数値は、尊敬表現を伴う場合のパーセンテージである。『狂言記』の「ガ」「ノ」いずれにおいても尊敬表現を伴う例が増加している。一見矛盾するような結果となっているが、『虎明本』から『狂言記』への変化をどのように捉えるべきであろうか。

五・二・二・一　「ガ」の待遇性の変化

まずは「ガ」の待遇性の変化を見てみたい。『狂言記』における「ガ」の用例を見てみよう。

9　是はいかな事。ぼうすめが。理づめにしをつた。　（狂言記・三二六頁）

10　是はふつしめが。めんをきて。だますと見へました。　（狂言記・二八九頁）

11　だんな衆が。はらをたてぬぼうすぢや。しやうじきなぼうずぢやと。おしやつて御ざる。　（狂言記・四二八頁）

12　どなたなりとも。御ゑんの有かたが。とゞまらしやれ

表７　尊敬表現における「ガ」「ノ」の割合

	虎明本	狂言記
ガ	30例（14.2％）	13例（24.1％）
ノ	181例（85.8％）	41例（75.9％）
合　計	211例（100％）	54例（100％）

ませい。　（狂言記・二四八頁）

9～12のように、「ガ」は軽卑対象から尊敬対象まで幅広く用いられていることから、待遇的性質は衰え、主語表示としての機能が前面に出てきているといえる。このことは、すでに『虎明本』においても認められることであったが、**（表6）**によれば「ガ」が尊敬表現を伴う例は、『虎明本』から『狂言記』にかけてほぼ倍となっており、「ガ」が軽卑対象に下接するという待遇性はほとんどなくなってきたことを示唆する。

尊敬表現が用いられている例においてのみ「ガ」「ノ」の割合を見てみよう**（表7）**。

（表7）から「ガ」の尊敬表現への進出が窺えるであろう。

13　いやこゝな人は、たのふだ人のおしやるかと思ふて、きもをつぶさせた　（虎明本・上・九六頁）

14　是はたのふだ人の、不断もたれた鏡でござるほどに　（虎明本・上・一七六頁）

15　やい〳〵。おんなども。たのふだお方の御ざつた。酒をだせ　（狂言記・四〇一頁）

16　まことに。たのふた人のいわるれば。是はさしからかさぢやげなものを

17 さりながら。たのふた人が。注文のおこされて御ざるほどに（狂言記・二四〇頁）

18 又七月には、いつも旦那衆のおどりをおどらせらるゝ（狂言記・二三五頁）

19 だんな衆が。はらをたてぬぼうすぢや。しやうじきなぼうずぢやと。おしやつて御さる（虎明本・中・三三一頁）（狂言記・四二八頁）

「たのふだ人」に関して、『虎明本』では13、14のように主語を「ノ」で受け尊敬表現を伴う例がほとんどであり、「ガ」で受ける例はない。このことは『虎明本』においては「ガ」の待遇性と「たのふだ人」の語性が相容れないということを示す。しかし『狂言記』においては、もちろん15、16のように「ノ」で受け尊敬表現を伴う例もあるが、17のように「ガ」で受け尊敬表現を伴う例が存在する。この例は『狂言記』において、「ガ」が待遇的側面をなくし、尊敬表現へ進出したことを示唆するであろう。18、19の例からも同様に『狂言記』における「ガ」の尊敬表現への進出が窺える。これらの例が示す「ガ」の尊敬表現への進出は、「ガ」が保持していた待遇性がなくなったことを示し、「ガ」の主語表示機能専一化への動きを示すものと言える。

五・二・二・二　「ノ」の待遇性の変化

次に「ノ」の待遇性の変化を見てみたい。

20 若い衆のちやうちやくめされたときひたほどに、とる物もとりあへずいでたが（虎明本・中・二〇〇頁）

21 わかい衆のさかつきがのみたひと申（虎明本・下・九九頁）

22 たのふだ人の、三人の者の智恵をはからふといふ事で有らふ（虎明本・上・一〇一頁）

『虎明本』においては先にも見たように「たのふだ人」は、尊敬表現を伴っているのが普通であり、また20の「若い衆」の場合も同様に尊敬表現を伴うのが普通である。21、22の例は、「たのふだ人」「若い衆」が尊敬表現を伴っていない唯一の例であるが、上接語の「たのふだ人」「若い衆」が尊敬対象であるため「ノ」が用いられているのであり、言い換えれば、『虎明本』における「ノ」は単独で上接語に対する敬意を示すことができたものと考える。

『狂言記』における「ノ」はどうであろう。

23　やい。ゐい。お大名の‖。両方につくぼうているなりを見れは。そのまゝたゞ。にわ鳥のやうな　（狂言記・三五四頁）

24　いゑ。御亭様の‖。かさをとらせて。おひだそうとおもふて　（狂言記・三三七頁）

23、24の例は尊敬表現こそ伴っていないが、主語が尊敬対象であるために、待遇性が残存している「ノ」が用いられた例と考えられる。これは『虎明本』同様「ノ」が単独で上接語に対する敬意を表示できたことを示唆する。

しかし（表6）によれば、『狂言記』の「ノ」で尊敬表現を伴う例が増加しており、言い換えればそれだけ「ノ」自身が持つ待遇性が減少してきていると言えるのではなかろうか。「ノ」の中心機能は連体表示へと傾き、待遇表示性を次第に述語に託すようになったと考えられる。

五・二・二・三　（表6）が示すこと

（表6）では、「ガ」「ノ」いずれも尊敬表現を伴う例が増加しており、一見矛盾するような結果となっていたが、『虎明本』と比較することにより『狂言記』における「ガ」「ノ」と待遇性との関係は以下のようにまとめられる。

①「ガ」はすでにその待遇性を失い、主語表示機能専一化へと向かっている。

②「ノ」も「ガ」程ではないが、『虎明本』と比較するとその待遇性は弱くなってきている。

この『虎明本』から『狂言記』への変化を図に示すと以下のようになるであろう（図1）。

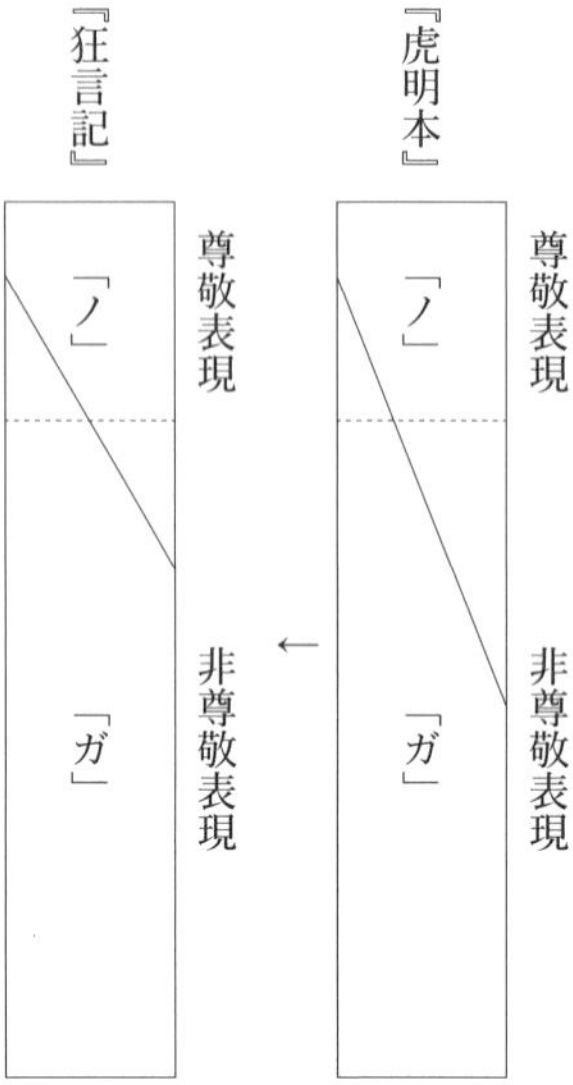

図1　「ガ」の「ノ」に対する侵食

（図1）のように、「ガ」がその勢力を拡げてきたとすれば、『狂言記』の「ガ」「ノ」が共に尊敬表現の割合を延ばしたことが説明可能であろう。非尊敬表現の「ノ」の部分を「ガ」が侵食し、「ノ」が非尊敬表現と関わる割合が減るということは、「ノ」全体における尊敬表現の割合が高まることにつながるであろうし、それと同時に、「ガ」が尊敬表現の領域へも勢力を拡げたとすれば、「ガ」全体における尊敬表現の割合が高くなることにつながるわけである。

表８　「ノ」における敬語動詞の推移

	虎明本	狂言記
尊敬動詞	181(65.1%)	41(83.7%)
謙遜動詞	23(8.3%)	0(0.0%)
一般動詞	74(26.6%)	8(16.3%)
合計	278(100%)	49(100%)

五・二・二・四　「ガ」の進出した領域

では、具体的に「ガ」は「ノ」のどのような領域へ進出したのであろうか。尊敬表現への進出に関しては既に見た。ここでは、「ノ」が非尊敬表現と関わる領域に関して見てみたい。

(表6)より「ノ」で尊敬表現と関わらない例は『虎明本』では二七八例中九七例、『狂言記』では四九例中八例見られるが、それらをさらに詳しく見ると、謙遜動詞と共に用いられている例とそれ以外の一般動詞[9]と共に用いられている例とに分けることができる。

25　されはこそ私の‖申さぬか　（虎明本・上・一七六頁）

26　それがしの‖おともいたひて参れはくるしうござなひ　（虎明本・上・三八五頁）

27　則我らの‖まいる御たちはこれで御ざるが　（虎明本・上・四三頁）

これら25〜27のような「ノ」が謙遜動詞を伴う例は『虎明本』では二三例見られるのであるが、『狂言記』においてはそれが見られない。今その数値を示すと**(表8)**のようになる。

「ノ」は、謙遜動詞・一般動詞の割合をそれぞれ減らしてきているが、特に謙遜動詞が見られないということは注目すべきであろう。「ガ」が「ノ」の謙遜動詞の領域を侵したことにより、「ノ」が活動領域を狭める結果になったと言えるであろう。

五・二・三 「ガ」「ノ」と構文

まずは全体像を捉えるために主語表示の「ガ」「ノ」が係る述語を、他動詞、非能格自動詞、非対格自動詞、形容詞に分類し、さらに主節、従属節(連体節、準体節を除く。以下従属節はこの意味で用いることとする)、連体節(準体節も含む)における「ガ」「ノ」の出現の割合を見てみる(表9)。

(表9)から、以下の点が読みとれる。

①主節・従属節においては『虎明本』と『狂言記』との間に大きな変化は見られない。
②連体節においては、他動詞述語と非能格自動詞述語の部分で変化が見られ、それが連体節全体の数値に影響を与えている。

五・二・三・一 連体節内の「ガ」と「ノ」

(表9)より、『虎明本』から『狂言記』への変化として連体節内における「ガ」の進出が窺えるが、どのような様相を呈しているのか具体的に見てみよう。

「ガ」の進出を示す一例として、『虎明本』『狂言記』に共通して用いられている表現と考えられる「がてんがゆく」「がってんがいく」に関して見てみる。

表9　「ガ」「ノ」の分布

	主節			
	『虎明本』		『狂言記』	
	ガ	ノ	ガ	ノ
他動詞	175(77.8%)	50(22.2%)	52(74.3%)	18(25.7%)
非能格	97(80.8%)	23(19.2%)	34(85.0%)	6(15.0%)
非対格	688(95.4%)	33(4.6%)	195(96.5%)	7(3.5%)
形容詞	264(99.6%)	1(0.4%)	92(98.9%)	1(1.1%)
合計	1224(92.0%)	107(8.0%)	373(92.1%)	32(7.9%)

	従属節			
	『虎明本』		『狂言記』	
	ガ	ノ	ガ	ノ
他動詞	155(73.8%)	55(26.2%)	27(81.8%)	6(18.2%)
非能格	76(75.2%)	25(24.8%)	15(75.0%)	5(25.0%)
非対格	411(91.5%)	38(8.5%)	51(92.7%)	4(7.3%)
形容詞	143(97.9%)	3(2.1%)	11(73.3%)	4(26.7%)
合計	785(86.6%)	121(13.4%)	104(84.6%)	19(15.4%)

	連体節			
	『虎明本』		『狂言記』	
	ガ	ノ	ガ	ノ
他動詞	138(55.0%)	113(45.0%)	38(74.5%)	13(25.5%)
非能格	25(64.1%)	14(35.9%)	14(87.5%)	2(12.5%)
非対格	29(27.9%)	75(72.1%)	6(25.0%)	18(75.0%)
形容詞	10(12.7%)	69(87.3%)	3(27.3%)	8(72.7%)
合計	202(42.8%)	271(57.2%)	61(59.8%)	41(40.2%)

28　一度ならず二度ならず、たび〳〵申せどもがてんがまいらぬ　（虎明本・中・二三九頁）

29　誠に天地の間に物のへんずると申事は、目ノ前にあつて、がてんのまいらぬふしきなことでござるぞ　（虎明本・中・六九頁）

30　わたくしの今がつてんがまいつて御さる　（狂言記・四二三頁）

31　いや。殿様のおがつてんの。まいる事では御さらぬ　（狂言記・三四三頁）

32　はあ。とのさまの。おがつてんが。まいらぬこそだうりで。御ざりますれ　（狂言記・二三八頁）

『虎明本』では、主節・従属節においては、28のように「がてんがゆく・がてんがまいる」と「ガ」が用いられている（一二例）が、連体節内においては、29のように「がてんのゆく・がてんのまいる」と「ノ」が用いられている（三例）。このことは、連体節内においては、連体表示機能を持つ「ノ」が優先されることを示唆する。

一方『狂言記』でも『虎明本』同様、主節においては、30のように「がつてんがまいる」と「ガ」が用いられ（二例）、連体節内においては、31のように「がつてんのいく・がつてんのまいる」のように「ノ」が用いられている（二例）が、同時に、32のように「ガ」が用いられた例（二例）も存在する。『虎明本』における主語表示の「ガ」は、主節、従属節、連体節の順に「ノ」の領域を侵してきたが、連体節においては「ノ」がその進出をくい止めていた[10]。32の『狂言記』の例は、連体節内において「ノ」のガードが緩み、「ガ」が進出してきたことを示唆する。

（表10）は、五・一・一の**（表2）**の数値と本節**（表9）**の数値を用いた、連体節における「ガ」と「ノ」の割合を示したものである。

「ガ」が次第に連体節内へと拡がっていく様が窺えるであろう。但し、その拡がりの速度は、五・一・一において見たような、主節・従属節における「ガ」の急激な拡がりに対して非常に緩やかである。

表10　連体節における「ガ」「ノ」の割合の推移

	ガ	ノ	合計
原拠本「平家物語」	68(26.2%)	192(73.8%)	260(100%)
『天草版平家物語』	110(32.5%)	228(67.5%)	338(100%)
『虎明本』	202(42.8%)	271(57.2%)	473(100%)
『狂言記』	60(59.4%)	41(40.6%)	101(100%)

五・二・三・二　「ガ」の拡がりの偏り

さて、いよいよ連体節においても「ガ」が優勢になるわけであるが、（表9）によれば、連体節内のそれぞれの述語において全体的に「ガ」の拡がりが確認されるのではなく、他動詞述語、非能格自動詞述語においてのみ「ガ」の拡がりが顕著であり、それが全体的な数値に影響を与えているのであった。なぜ連体節内の他動詞述語、非能格自動詞述語にのみ「ガ」の進出が認められ、非対格自動詞・形容詞においてはその進出が見られないのであろうか。

他動詞、非能格自動詞が表現する世界は行為者を中心とする動的格関係の世界である。ここにおいては「ガ」が行為者を表示するために用いられる。「ノ」には格的関係の表示機能がなく、特殊な場合(例えば尊敬対象表示、詠嘆表現など)を除くと、基本的には用いられない。したがって、主節・従属節において勢力を強めた「ガ」が、連体節内において拡がりやすい領域は、他動詞述語、非能格自動詞述語の領域であろう。一方、非対格自動詞述語、形容詞述語は動的格関係を示すわけではない。もともと連体節内における主語表示は「ノ」によって行われていた。「ノ」は格的関係を示すわけではないが、非対格自動詞述語、形容詞述語における主語表示としては十分である。わざわざ「ガ」を用いて格関係を明確にする必要はない。このことが「ガ」が連体節の非対格自動詞述語、形容詞述語へ進出できなかった理由であろう。

五・二・四　まとめ

以上、『虎明本』から『狂言記』にかけての「ガ」「ノ」の史的変遷を、待遇、構文、述語の観点から見てきた。主語表示「ガ」の拡がりという観点からまとめると以下のようになろう。

①「人主語＋ガ」は、尊敬表現において４・８％から８・１％と増加する。また非尊敬表現においては特に「ノ」の謙遜動詞の領域を侵した。
②構文的に見ると、主節・従属節においては主語表示「ガ」の拡がりに変化はない、というより数値的に見るとその成長を遂げていると見られる。勢力拡大の可能性として残された領域は、尊敬表現に関わる「ノ」の領域のみとなる。
③連体節において、「ガ」は「ノ」の他動詞述語・非能格自動詞述語の領域へと拡がった。

五・三　「ガ」「ノ」の表現価値

五・三・一　共時態としての「ガ」と「ノ」

現代日本語を操る我々は、その用法・語感・ニュアンスなどに関して、この使い方はおかしいとか、この表現は日本語らしくないとか、正誤・適否の判断が可能である。しかし、現代日本語の中においても、例えばラ抜き言葉などのように、言語使用者によって日本語表現としての適否の判定に揺れが見られることもある。まして古典語になると内省はたちまちにして利かなくなり、その言い回しにはどのような表現効果があるのかなどは判定できなくなってしまう。

橋本(一九八七)のまえがきには興味深い指摘が見られる。

まず一番最初のあまりにも有名な冒頭【春は曙】であります。【春は曙】ただこれだけ。それがいいんだとも悪いんだともなんだとも、彼女は言っていない。普通ここを現代語に訳す時は【春は曙(がよい)】という風に言葉をこっそりと補って訳しますが、本書ではそういうことはしません。いいとも悪いともなんとも言っていないそこを押さえて、【春って曙よ!】これであります。これだけしか言ってないんだからこれだけが正しい。これが一番正しい直訳だと訳者は信じております。

内省が利かない言語表現に関しては、現代人の発想を捨て、ありのままに受け取ることが肝要であることを示唆する重要な指摘であろう。

しかし、過去の日本語に関して内省を持たない我々が、その時代の人々と同じようにその日本語の表現効果を追体験することは不可能である。不可能ではあるが、客観的データに基づいた追体験ならば可能であろう。ここでは『狂言記』(11)の一表現について、当時の人々の言語感覚に迫ってみたい。

五・三・二　「ガ」と「ノ」の共存

さて、『狂言記』には「武悪」という曲がある。その中には次のようなくだりがある。

1　そなたは急いで川狩に出やつて、雑魚を捕つて、御前へ持つて出やつたら、ようおぢやろ、又殿も今日は川狩に出らるゝ、そこで御傍輩衆が、「申直そう」とおつしやるほどに、急いで出やす　（一七三頁）

2　きやつは手者と思はつしやれませひ、又身どもは何にも存ぜぬ者の事で御ざれば、だまさずはなるまひと存じ、「傍輩衆のおつしやるゝ、殿の御前へ言ひ直そうほどに、殿も川狩に出さつしやるほどに、そなたも急いでお出やつたらよかろう」と申て御ざれば　（一七四頁）

1は、大名（殿）から「無奉公している武悪の首を討ってこい」と命令された太郎冠者が、武悪に対して言った言葉である。「傍輩衆」が殿との間をうまくとりなそうとおっしゃってくれているから、おまえは魚でも持って殿のところへ戻れと武悪を安心させ、機を窺って討とうとする場面である。2は、結局、太郎冠者は、武悪に情けをかけて逃がしてやったが、大名に対して武悪をうまく騙して成敗したと嘘の報告をしている場面である。

太郎冠者は、「傍輩衆」という主語に対して一方で「ガ」を用い、一方で「ノ」を用いているが、内省の利かない我々はこの「ガ」と「ノ」の違いをどのように理解すればよいであろうか。

『宇治拾遺物語』の「播磨守爲家侍さたの事」では、「さた」という侍が、「さたがころもをぬぎかくるかな」と詠んだ女房に対して、「さたの」と言うべきなのに「さたが」とはけしからんと激怒する場面がある。これは尊敬対象には「ノ」を用い、軽卑対象には「ガ」を用いるという待遇性の違いを窺わせる例として有名である。時代が下って『ロドリゲス日本大文典（土井忠生訳）』（三省堂）の「主格に用ゐられる格辞に就いて」では「ガ」「ノ」に関してそれぞれ3、4のような記述が見られる。

3　この格辞は丁寧な言ひ方をする場合の主格に用ゐるものであって、それの接続する名詞が意味する者を卑下する。第一人称に用ゐ、又低い地位の第三人称に用ゐる。

4　関係句の中で第二人称及び第三人称に用ゐるのが普通であって、それ自身ある敬意を含み、或いは少くとも軽蔑する意のない助辞である。

（五〇一頁）

3の「低い地位の第三人称に用ゐる」からは「ガ」が軽卑対象に下接することが窺われる(12)。また「ノ」に関しては4の「ある敬意を含み」とあることから、待遇性に関しては『宇治拾遺物語』の状況と大きな違いはなさそうである。

以上のことから、2の「傍輩衆のおつしやるゝ」は、「おつしやるゝ」と尊敬表現を用いて「傍輩衆」に敬意を示しており、この場合の「ノ」の使い方は、いわば正当な日本語表現であるということが窺われる。問題は1の「御傍輩衆がおつしやる」である。尊敬対象である第三人称の「御傍輩衆」に「ガ」を用いているのは、「低い地位の第三人称に用ゐる」という記述に反している。

この表現がなぜ用いられたのか、またこの表現にはどのような表現効果があったのであろうか。現代語では待遇性による「ガ」と「ノ」の使い分けは見られないが(13)、『狂言記』においてはどのような状態になっていたのであろうか。内省が利かない我々はいかに迫っていくことができるであろうか。

五・三・三　「ガ」と「ノ」の実態

当時の言語感覚を理解するためには少なくとも『狂言記』における「主語ガ」と「主語ノ」の使われ方を見ておか

表11　尊敬表現と共起する割合

	尊敬表現	非尊敬表現	合計
主語ガ	15(8.2%)	169(91.8%)	184(100%)
主語ノ	41(70.7%)	17(29.3%)	58(100%)

なくてはならないであろう。

まずは尊敬表現との共起関係を見てみよう。尊敬表現に成りうるものとして、意志的動作を示す動詞(他動詞、非能格自動詞)の数値を示す。(表11)

(表11)からは、「主語ノ」は尊敬表現との結びつきが強く(14)、「主語ガ」は尊敬表現とは共起しにくいという状態にあることが窺える。「ノ」はいまだ尊敬対象に下接するという待遇性を色濃く残していると考えてよいであろう。では「ガ」はどうか。確かに尊敬表現との共起はしにくいのであるが、尊敬表現と共起関係を持つこと自体これまでには見られなかった表現であり、「ガ」には以前のような軽卑対象に下接するという待遇性はなくなっているものと考えられる。

次に「ガ」と「ノ」の上接語を見てみよう。(表12)

「ノ」の上接語には、「殿・御前・大名小名・頼ふだ人・〜さま・〜どの」などをはじめとして尊敬対象に値する語が多く見られ、やはりその待遇性が残存していることが窺われる。「ガ」は、卑罵の接尾辞「め」に下接する一方で、「どの」などにも下接し、また特に軽卑対象でもなく尊敬対象でもない名詞に多く下接している。したがって、待遇性に関してはニュートラルな状態になっていると考えられる。

表12 「ガ」「ノ」の上接語

	尊敬表現	非尊敬表現
主語ガ	2人称(そなた) 人名詞(道連れ、頼ふだ人、いづれも、お人、して(為手)、伯母、御坊) ～どの(きつね) ～方(御縁の有る) ～衆(旦那、傍輩)	1人称(おれ、それがし、み、みども、わたくし、わらわ、われ) 2人称(おのし、おのれ、おのら、そち、そなた、なんじ、わごれう) 3人称(あれ、かれ、きやつ、たれ、やつ) 固有名(武悪) 人名詞(婿、女房、甥、男、官者、食らいだおれ、恥しらず、ぼん(僧侶)、亭主、子供、山人、すり(盗人の類)、山伏、渡守、茶屋、座頭、使い、田舎者、弟子、坊主、柿売り、鞨鼓張り、かな法師(男児)、山の神、盗人、ぬし(主)) 動物･物(鳥、鶏、おんど(雄鳥)、牛、鳶、蜂、烏、田、物、手) ～め(さこ、武悪(以上固有名)、太郎冠者、やつ、おのれ、すり(盗人の類)、柿主、猿、仏師、坊主、あの者、鍋売り、下人、盗人)
主語ノ	2人称(おまえ、こなた) 人名詞(殿、殿様、大名小名、御前、頼ふだ人、御坊、お方、神様、仏、老僧、おぢご(伯父御)、おかっ様、婿) ～さま(勾当、かな法師、おおぢご(祖父御)、花子) ～どの(下六(固有名)、婿) ～衆(若い、傍輩)	1人称(＊わたくし) 2人称(そなた) 人名詞(御亭様、出家、鬼、猟師、茶屋、＊人、＊婿、＊お侍、＊お大名) 動物(＊おんど(雄鳥)) ＊は連体節中の主語

五・三・四 「ガ」と「ノ」の表現効果

前節で見たような「ガ」と「ノ」との相違点をふまえた上で、1においてなぜ「ガ」を用いたかについて考えてみる。

表現形式「主語ガ＋尊敬表現」は、「ガ」の待遇性がなくなるにつれて発生したと考えられるが、当時の人々にとって、この表現形式は以前から存在した「主語ノ＋尊敬表現」に比べて新しい表現であると感じられたことであろう。**(表11)**の8％という数値がそのことを物語っている。言い換えれば、「主語ガ＋尊敬表現」は日常の場を中心に用いられた、新しく、俗っぽい表現であって、改まった場では正当な表現である「主語ノ＋尊敬表現」が用いられていたということが窺われるのである。

『狂言記』の当時の読み手にとって、1では、「傍輩衆がおつしやる」という最近定着してきた新しい言い方が用いられており、それゆえ太郎冠者とその仲間である武悪とのやり取りに、日常会話のリアルな感じを抱いたのではないかと推察される。付言すれば「急いで出やす」の「やす」などもこの時期から見られるようになった新しい表現である。2は、太郎冠者が大名に対して説明をする改まった場面で、それゆえ従来存在する表現である「傍輩衆のおつしやる」が用いられていると考えられる。実際には1で「出やつたら」と武悪に対して言っていたにもかかわらず、2では「お出やつたら」とより丁寧な表現を用いて大名に説明していることも改まった場面であることを示す証左となろう。

「末広がり」という曲においても同様の使用法が見られる。

5　さりながら、頼ふだ人が注文のおこされて御ざるほどに、是に合ふたらば買いませう　（八三頁）
6　まことに、頼ふだ人の言わるれば、是は差し傘ぢやゃげな物を、ひよんな事を致した　（八五頁）

5は、末広がりを買ってくるように、大名（頼ふだ人）から言いつけられた太郎冠者が、末広屋に扮した盗人に向かって言う場面。6は、騙されて古傘を買ってきた太郎冠者が大名（頼ふだ人）に叱られて独り言を言う場面。いずれも尊敬表現が用いられており、「頼ふだ人」に対する敬意が示されているが、5は、「頼ふだ人が」という表現が用いられていることによって、日常生活の中での商人との会話であることを感じさせ、6は、「頼ふだ人」に叱られて、どのように事態を収拾すべきか戸惑っている状態で、「頼ふだ人の」という改まった表現がその場にふさわしかったものと考えられる。

五・三・五　ことばの新局面

古典語における語学研究にはこれまでに多くの蓄積がある。しかし、その多くは語や表現形式がどのように成立し、どのように変化してきたかという記述が中心であり、その表現形式が当時どのような表現価値を担っていたのか、当時の人々にとってどのような感覚を以て受け入れられていたのか、ということに焦点が当てられることは少なかったのではないかと思われる。近年、Nグラムや文字列解析ツールなどを用いた新たな研究方法も見られるようになった(15)。客観的データを用いることによって、内省が利かない言語に対していかに肉迫できるか、語学的研究成果をテキスト解釈においていかに活かしていくか、当時の言語感覚の追体験をめざした研究は、今後とも文学語学研究において必要となるであろう。

	ガ	ノ
虎明本	5.2%	59.3%
狂言記	6.4%	77.4%
続狂言記	5.3%	47.2%

注

（1）無助詞主語から「ガ」表示への移行、「ノ」から「ガ」への移行という観点による言及は、すでに大野（一九七七）に見られるが、「ノ」に関する言及はない。

（2）因みに『虎明本』（一六四二年）、『狂言記』（一六六二年）、『続狂言記』（一七〇〇年）における「ガ」「ノ」が尊敬表現を伴うのは上記の表のような割合になっている。「ノ」が尊敬対象表示に強く関わっている間は「ガ」の尊敬対象に対する進出がいまだ進んではいないことがわかる。詳しくは山田（一九九七a、一九九八、一九九九）参照。

（3）また、「ガ」から「ノ」へ移行した他の例には以下の例が見られる。

①八郎為朝カ‖軍ニ負テ・落行ケルヲ・搦進セタリシ勲功ニ　（百二十句本平家物語・四四九頁）

為朝の‖いくさに負けて落ちゆかるるを搦めとって渡いた勲功に　（天草版平家物語・三六七頁）

②つねにもまいらぬものが‖参じたるは何事ぞ　（平家物語・上・一五一頁）

常にも来ぬものの‖来たわなにごとぞ　（天草版平家物語版・五三頁）

①は「落ちゆかるる」と尊敬が付加されているので、尊敬対象表示のための「ノ」への移行と考えられる。②は人主語に下接した例ではあるが、連体節における主語表示なので「ガ」から「ノ」へ移行したものと考えたい。

（4）連体節において人主語に下接する「ガ」に、なぜ活動力があるのかについては山田（一九九八）参照。

（5）他の連体節の五例中三例は人主語であり、二例は「駿河の勢がまいらうずること」「源氏の白旗が都へ入ること」で人主語に準ずるものと考えられる。**（表3）**より無助詞主語に付加された「ガ」では、連体節においても人主語に下接する「ガ」の場合にはある程度の活動力が見られるが、そのことと軌を一にする。

（6）安田章（一九七七）では

この二つの場合（山田注　関係句に使われる、尊敬せらるべき第二人称第三人称に使われる）以外の主格ノは、「寝うやれ、月のかたぶく」（『閑吟集』）のように、表現に感情の色彩を加えた、前代のいわゆる連体止めに等しい効果をもたらしたことであろうと思われる。（二九六頁）

と述べている。

（7）一般的に「狂言記」とは一連の版本『狂言記』『狂言記外五十番』『続狂言記』『狂言記拾遺』を総称したものとして用いられるが、ここでは特に断らない限り四作品のうちの『狂言記』をさすものとする。

（8）『狂言記』の時代的新しさに関しては、亀井（一九五三）、蜂谷（一九八〇）、小林賢次（一九八二）などにも述べられている。また、『狂言記の研究』（勉誠社）には次のように述べられている。

『狂言記』は、狂言家だけのためのものではなく、いな狂言家のためのものではなく、一般の読者に読まれることを前提としたものである。それは、大量生産が可能な版本という形をとっているということだけでなく、そこに挿入されているさし絵によっても明らかに知ることができる。（八頁）

（9）ここで言う謙遜動詞とは、菊地（一九九七b）の謙譲語Bに相当する動詞である。謙譲語Bの用法に関しては以下のように述べている。

低められる主語は原則としてI人称者（話手自身か身内）であり、《自分側を低めて述べることによって、話手が聞手に対してへりくだった／かしこまった趣、つまり丁重さをあらわす》というのが謙譲語Bの最も普通の用法である。（二七〇頁）

また一般動詞とは、尊敬表現で用いられる動詞及び謙遜動詞以外の動詞を指すこととする。この分類方法を採ったのは『虎明本』において用いられていた謙遜動詞が『狂言記』においては見られないことによる。

（10）山田（一九九七a）参照。

（11）引用は『新日本古典文学大系　五八』によった。

（12）「丁寧な言ひ方をする場合」とあるが、これは一人称主語でへりくだる場合を示すものであろうか。

（13）長崎方言や熊本方言には待遇性による「ガ」と「ノ」の使い分けが存在するようである。「先生がいらっしゃったよ」という時に、「シェンシェイノ　コラシタバイ」とか「シェンシェイノ　キナハッタ」のように主語が尊敬対象の場合には「ノ」を用いるという。

（14）「ノ」が非尊敬表現とともに用いられている例の中には、「おんどの歌ふを知るまひと思ふて」（四六頁）、「聟のいるよしを」（八八頁）など連体節中の「主語ノ」が八例存在する。これらの「ノ」の使用は、待遇性によるものではなく連体表示性によるものであると考えられる。この八例を除くと、「ノ」と尊敬表現との共起率は82％となる。

（15）近藤（二〇〇一）や南里・竹田・福田（二〇〇二）など参照。なお師茂樹氏「Nグラムによるテキスト研究」（http://ya.sakura.ne.jp/~moro/resources/ngram/）は入手可能なツールや先行研究などがまとめられており参考になる。文字列分析ツールに関しては竹田正幸氏（http://www.i.kyushu-u.ac.jp/~takeda/software.html）を参照されたい。

第六章　主語表示システムの変化と「ガ」の発達

主節における主語表示「ガ」は平安鎌倉期以降、まずは係助詞との関わりにおいて発達したと考えられる。係助詞の表現性がプロミネンスや副詞などを伴う代替表現によって引き継がれていく過程の中で、主語表示「ガ」もそこに参与した結果、その発達が見られたのである(三・一から三・三参照)。この場合の主語表示「ガ」の発達は日本語表現の変化に伴うものであったと位置づけられるであろう。表現の一端を担う形で発達したわけである。

しかし、後で述べるように主語表示「ガ」の使用拡大には至らなかった。主語表示「ガ」の拡がりは一六世紀をまたなければならなかった(第二章参照)。そしてこの拡がりは無助詞主語との関わりにおいて見られた。そもそも何もないところに入り込んだわけであるから、これは表現効果との関わりにおける発達とは言えない(四・三及び四・四参照)。この場合の主語表示「ガ」の拡がりは、主語表示が「φ」であった体制から、「ガ」によって表示する体制へと変化したわけであるから、主語表示システムの変化に伴うものであると言える。

このように考えると、なぜ主語表示システムが変化し、主語を「ガ」で表示する必要があったのか、について考察することが、主語表示「ガ」の拡がりの根本を問うことであるということがわかる。そこで本章では、六・一で、中

表１　『平家物語』における助詞表示、助詞無表示の割合

	助詞表示		助詞無表示 ϕ	
	会話文	地の文	会話文	地の文
ガ格名詞句	195	184	330（ハ190）	1189（ハ789）
ヲ格名詞句	796	1671	208	443
ニ格名詞句	＊		4	9
デ・ニテ格名詞句			0	5

＊ニ格・デ格・ニテ格名詞句においては、「ϕ」の実数が極端に少なく、原則として助詞による格表示がなされている状態であるため、助詞表示の実数は未調査である。

央語における主語目的語の表示システムについて考察し、六・二で、方言における主語目的語の表示システムについて概観し、六・三で、周圏論的、言語類型的観点より中央語の主語表示システムの変化と主語表示「ガ」の拡がりについて考察する。

六・一　中央語における主語目的語の表示システム

（表1）は『平家物語』（日本古典文学大系　上）において、無助詞名詞句に見られる格成分を基準に、助詞表示と助詞無表示の数値を示したものである。「ガ」表示に関しては主語表示の数値のみで、連体表示は除いてある。表中の「ハ」は文脈上（現代語感覚により）「ガ」よりも「ハ」の方がよいと思われる数値である。

（表1）より、ガ格名詞句とヲ格名詞句において「ϕ」の場合があり、それ以外の格成分に関しては原則として助詞による格表示が行なわれていることがわかる。小田（一九九七）では、具体的な数値は示されていないが、『源氏物語』における無助詞の名詞に現れうる成分として、ガ格、ヲ格、ニ格、種々の格（山田注　ニテ格、ト格等）、接続句的に解釈されるもの、格関係を有さない提題などをあげている。『平家物語』ではガ格、ヲ格以外の格成分は助詞表示が原則となっているわけであるから、無助詞名詞句の格のバリエーションが減少したと

考えられる。

「ガ」表示率は、二八七七例中三七九例、13・2％（会話文27・3％、地の文8・5％）で、「ヲ」表示率は、三一一八例中二四六七例、79・1％（会話文79・3％、地の文79・0％）となっている。目的語成分における「ヲ」の表示率は約80％であり、鎌倉期の中央語は言語類型的に見れば対格型とみなせる。

『平家物語』における「ガ」の表示率は約13％であるが、まだ構文的制約から解放されていないため、そのほとんどが従属節内における使用である（例1、2）。つまり、鎌倉期の中央語が対格型であるとはいえ、現代日本語のように主語目的語の両成分を表示するシステムにはなっていない。四・三では、「φ」から「ガ」表示への変化が内項から発達し、その一方、外項においては「φ」が中心であり、「ガ」表示が未発達であったことを述べた。また、四・四では、「ガ」表示は外項においてもなされ、主節の主語は基本的に助詞で表示されるようになったことを示した。「ヲ」表示は鎌倉期においてすでに一般化しているが、「ガ」表示の一般化はかなり時代が下ってからのことであり、主語と目的語が助詞によってマークされる、現代日本語のような対格型になるのは、一七世紀以降をまたなければならなかったわけである。

1　入道「いで〳〵わごぜがあまりにいふ事なれば、見参してかへさむ。」とて、つかひをたててめされけり（平家物語・上・九六頁）

2　前駆御随身どもがけふをはれとしやうぞひたるを、あそこに追かけこゝに追つめ、馬よりとて引おとし、さむ〳〵に陵礫して、一々にもとどりをきる（平家物語・上・一一九頁）

六・二　方言における主語目的語の表示システム

本節では『おもろさうし』、現代沖縄方言、喜界島方言、水海道方言などの先行研究より、主語目的語の表示システムの多様性について確認する。

六・二・一　『おもろさうし』

内間（一九九四）では、『おもろさうし』（1）における助詞の用法に関してまとめられている。この記述と中央語との比較を試みる。

『おもろさうし』の主語成分は「φ」の場合が比較的多く、「ガ」の係っていく叙述部を見ると、「もちよる」など終止形である場合は比較的少なく、むしろそれ以外の接続形、連用形、仮定形である場合が多い、という（二〇〇三〜二〇〇四頁）。つまり、主語表示「ガ」の活動領域がいまだ主節にいたっていないということが窺われる。古代中央語の状況と類似しており、まだ主語表示「ガ」は確立していない状態であると考えられる。

さらに目的語もそのほとんどは、助詞なしで表現される、という（二一三頁）。この点に関しては、古代中央語と異なる。古代中央語では先に見たとおり、目的語成分はすでに『平家物語』においては約80％が格表示を受けている。『おもろさうし』における表示システムは主節を中心に考えてみると、主語目的語を形態的に表示するシステムではなく、言語類型的には中立型であった可能性がある。

高山（二〇〇五）の提示した数値によれば、『源氏物語』における「ヲ」の表示率は約70％であり、鎌倉期に比べると平安期の方が「ヲ」の表示率が低下する。さらにそれ以前の日本語(文献以前)を予想すれば、中央語においても主語目的語が「φ」であった可能性がある。そのような状況であったとすれば、日本語は中立型であったと考えることもできる(2)。

六・二・二　現代沖縄方言

内間・新垣(二〇〇〇)によれば、沖縄各地域の奥方言、辺野喜方言、前島方言、渡嘉敷方言などの表示システムは、原則として主語が「ガ」(あるいは「ノ」)、目的語が「φ」である。

3　waga　ʔikundoː(私が行くよ)
4　ʔariga　jumuN(あれが読む)
5　dʒiː　hakuʃiga　ʔainroː(字を書くのがあるよ)
6　midʒiga　koːri　naiN(水が氷になる)
7　taːφ tumeːtoːga(だれを探しているのか)
8　ʔiruφ hoːtaN(魚を買った)
9　muNφ kadaN(ご飯を食べた)
10　ʔinuŋkai tiφ kuːrattaN(犬に手を噛まれた)

	主語	直接補語		述語	
自動詞構文1	N ϕ	——	Vi	状態的stative	
自動詞構文2	Nŋa	（N ϕ）	Vi	行為的active	
他動詞構文	Nŋa	N ϕ	Vt		（199頁）

図1　喜界島方言における主語目的語の表示（松本泰丈（2006））

六・二・三　喜界島方言

松本泰丈（二〇〇六）では、喜界島方言における主語目的語の表示システムを上記のような図でまとめ、これを活格型言語(3)に近いと見ている（図1）。

主格的なNϕをもてない文とは、いきもの、ひとのような能動主体の、ひろい意味での客体にはたらきかける意志的行為をあらわす、能動文だということになる。それに対して、主体的なNϕをふくみうる、自動詞文、形容詞文を、非能動文（所動文）inactive sentenceといっておこう。（一九三頁）

能格・対格制度にさきだつ言語タイプの構文に、うえのような対立の存在することを主張するゲ・ア・クリモフにならって、この種のNŋaをシテ格（活格）active caseとよぶことができる(4)。（一九九〜二〇〇頁）

管見によれば、名詞の有生性無生性という視点によって格表示が行なわれていたということは、中央語の文法研究においては言及がなかったと思われる。しかし、ここに示された図は一六世紀の中央語と関わりがあるものと思われ、非常に興味深い（六・三・二で再度触れる）。

	有生	無生	
主格	―ϕ	―ϕ	
対格	―godo	―ϕ	（44頁）

図２　水海道方言における対格表示（佐々木（2004））

六・二・四　水海道方言

佐々木（二〇〇四）は、水海道方言において対格表示に「goto」と「ϕ」の二種があり、その使い分けの基準は格成分の有生性（例11）無生性（例12）であるとし、上記の図を示している**（図2）**。

11　アノヤロ―ϕ　　オレ―ゴト　　ブックラシタ
　　あの野郎（主格）　私（対格・有生）　殴った
12　マゴ―ϕ　　ガラス―ϕ　　ワッタ
　　孫（主格）　　ガラス（対格・無生）　割った

これは、名詞の有生性無生性によって格表示がなされるというシステムが喜界島方言だけの特色ではなく、本土においてもそのようなシステムが存在するということを示すものである[5]。詳しいことは今後の研究をまたなくてはならないが、周圏論的に見れば、喜界島方言における主語目的語の表示システムが、過去において本土のある地域で存在したという可能性を窺わせる。

名詞の有生性無生性が文法現象に関わっている例としては、古典語では、「ガ」が原則として無生名詞を受けないこと、無生名詞が受け身の主語になりにくいこと、敬語体系が有生名詞において機能すること、現代語の存在表現「いる」「ある」の使い分け等があげられ、名詞の有生性無生性が格の表示にも関わっていたということも十分考えられる。

六・三　中央語における主語表示システムの変化

六・三・一　周圏論的考察について

文献資料（主に古典文学作品）はその時代の言語を反映するものであり（もちろん本文批判を経る必要はあるが）、中央語としての歴史的な位置づけにはさほどの問題はない。とはいえ古代中央語の場合は、特に上層知識階層における書記言語が反映されていると考えられ、位相的な偏りがあることは否めない。その短所を補う可能性を持っているのが方言資料である。しかし、現代方言には庶民階層における口頭言語が反映されており、それを中央語史の資料として扱うには、周圏論的な変換手続きを経なくてはならないという点が問題である。つまり位相的にかなり隔たりのある、文献資料と方言資料をどのように突き合わせるかが問題となる。

しかし、このような問題点があることを確認しながらも、現在、各方言に残されている表示システムが、過去においてどの地域でいつ頃存在したものかを推測する術がないので、周圏論的視点を単純に取り入れ、本土のある地域で過去のある時期にその表示システムが存在したと仮定して、以下考察を進める。

六・三・二　主語目的語表示の多様性

四・三では、原拠本「平家物語」と『天草版平家物語』を対照することによって、「名詞句―ϕ」が「名詞句―ガ」

	主語	直接補語	述語	
自動詞(非対格自動詞)構文	Nが／ϕ	——	Vi	状態的stative
自動詞(非能格自動詞)構文	Nϕ	——	Vi	行為的active
他動詞構文	Nϕ	Nを	Vt	

図3　原拠本「平家物語」から『天草版平家物語』にかけての表示法の変化

へどのように変化したかについて述べたが、その表示法の変化の結果を松本泰丈(二〇〇六)の示した(図1)に当てはめることができる点は興味深い(図3)。非対格自動詞文の主語は無生名詞が多く、やはり中央語においても名詞の有生性無生性が格の表示に関わっていたという可能性がありうる。

ただし、結果としては格表示法が正反対の状況となる。すなわち、(図1)では非能格自動詞と他動詞の主語が助詞表示となっているのに対し、(図3)では助詞無表示であり、また(図1)では非対格自動詞主語と他動詞補語が助詞無表示となっているのに対し、(図3)では助詞表示が行われるようになってきている。したがって周圏論的な変換を行っても(図1)(図3)のうち、いずれかの状態が他に先行し、いずれかの状態がその後を継ぐというような、歴史的な流れとして一つにつなげることは不可能であると思われる。通時的な線としてつなげないとすれば、(図1)(図3)のような表示システムがそれぞれ存在していたということを認める他はないであろう。

現代沖縄方言では、主語表示を「ガ」で行い、目的語は助詞無表示である。一方、古代中央語では、主語は助詞無表示で、目的語表示は「ヲ」によって行われていた。助詞の表示・無表示という点で、これらもまた格表示システムが反対であり、これを周圏論的変換によって一つの線でつなぐことはできないであろう。

いつの時代のどの地域の言語を反映しているのかは明らかではないが、『おも

表2　各資料における主語目的語表示システム

	主語表示形式	目的語表示形式
古代中央語	名詞句―ϕ	名詞句―ヲ
17世紀中央語	名詞句―ガ	名詞句―ヲ
『おもろさうし』	名詞句―ϕ	名詞句―ϕ
現代沖縄方言	名詞句―ガ	名詞句―ϕ
喜界島方言	有生名詞句―ガ 無生名詞句―ϕ	名詞句―ϕ
水海道方言	名詞句―ϕ	有生名詞句―ゴト 無生名詞句―ϕ

ろさうし』からは日本語が中立型であった可能性が、喜界島方言からは日本語が活格型であった可能性が、また水海道方言からは名詞の有生性無生性による格の表示が行われていた可能性が窺えた。

本章においてこれまでに確認した主語目的語表示システムを表にまとめると上記の通りである（表2）。このように多様な表示システムを周圏論的変換によって一つにつなげることは可能なのであろうか。

こうして考えてみると、（表2）で見た日本語の主語目的語表示システムを周圏論的変換手続きによってつなぎ合わせるよりも、そもそも各地域において主語目的語表示の多様なバリエーションが存在していたと考える方が自然であるということになろう。

六・三・三　中央語の表示システムの特徴

先に見たように、中央語では一七世紀に主語目的語の両成分を「ガ」や「ヲ」で表示するシステムになっていた。しかし、実はこの表示システムは他の対格型言語に比べると、主語目的語の両成分を形態的に表示するという点で過剰な表示システムであると言える(6)。主格や対格いずれかの有形の格形式があれば、一方の格は自ずと決まるわけでありマークする必要性はない。このことは中央語の格表示の歴史を見ても窺える。目的語の「ヲ」表示が早く行われ、かなり遅れて主語の「ガ」表示が始まるということは、本来「ガ」の表示は必要性がなかったということである。

では、なぜ中央語は主語名詞句を無助詞のままではなくマークする必要に迫られたのであろうか。

六・三・四　言語接触による表示システムの変化

鎌倉期以降、鎌倉に幕府がおかれ東北、関東、中部、近畿を結び付ける街道が発達した。人が移動することにより、異なる方言話者間のコミュニケーションが必要となったであろう。

『明月記』（活字本『明月記　第三』（国書刊行会）による）の天福元年（一二三三年）一二月二七日には、多くの関東の女性が京都に移り住み、これを聞いて多くの貴族が妻と別れたという出来事が記されている。


新季、成茂娘去月離別了、関東女多入洛、之聞、月卿雲客多與妻離別云々　（四一三頁）

この記述は、各地域から人々が集まってきて、異種方言話者間のコミュニケーションがあったことを裏付けるであろう。

また、『徒然草』二四〇段には以下のようなくだりがある。


世にあり侘る女の、にげなき老法師、あやしの吾妻人成とも、にぎはゝしきにつきて、さそふ水あらばなど云ふを、なか人何方にも心にくきさまに言ひなして、しられずしらぬ人を、むかへもて来たらんあいなさよ　（一五〇頁）

これらの記述が示すように、京阪地域に他地域の人間が集まり、東国を含め各地域の人々との間で交流があったことを知ることができる。一種の言語接触が起きたわけである。

情報伝達の際、支障となるものの一つとして無助詞名詞句があげられるであろう。なぜなら、(表2)に見るように、各方言によって無助詞名詞句の役割が違っているからである。古代中央語のように無助詞名詞句が主語として機能する方言もあれば、現代沖縄方言のように無助詞名詞句が目的語として機能する方言もある。喜界島方言のように無助詞無生名詞句が主語として機能する方言もあれば、水海道方言のように無助詞無生名詞句が目的語として機能する方言もある。

このような状態であったわけであるから、異なった方言話者間のコミュニケーションにおいて無助詞名詞句は支障となる。そこで無助詞名詞句をなるべく避け、助詞を付加するようになったのではないだろうか。無助詞名詞句を排除し、コミュニケーション上の支障を取り除こうとする言語使用者の心理が、「ガ」や「ヲ」による主語目的語表示を生み出したものと考えたい。

その結果、現代日本語につながるような、主語を「ガ」、目的語を「ヲ」によって表示するという、対格型言語においては過剰な表示法が成立したわけである。もちろん、この異種方言話者間のコミュニケーションは口頭語の世界の話であるが、それが次第に中央語の各散文資料に反映したのであろう。

六・四　まとめ

以上、中央語の主語表示システムの変化とそれに伴う主語表示「ガ」の発達について考察した。「ϕ」との関わりにおける主語表示「ガ」の拡がりは、中央語の格表示システムの変化によるものであった。そして格表示システムの変化は異なる方言話者間の言語接触によるものと推定した。もちろん、方言に残る格表示システムを単純な周圏論的変換によって援用し、言語接触に関しても詳しい歴史的事実の考察を経ずに認めている点、この推定には多くの欠落がある。しかし、このような方言間の言語接触による言語変化があることもまた事実である。

工藤（二〇〇七）は、標準語や各方言のアスペクト形式について記述し、言語接触と文法的変化について以下のように述べている。

①日本語の伝統方言には、標準語と異なる多様なアスペクト体系がある。
②言語接触によっても、ハイブリッドで動的なアスペクト体系が生成される。

各方言にはそれぞれのアスペクト体系が存在しており、その形式はバリエーションに富んでいる。工藤（二〇〇七）は「ウチナーヤマトゥグチ」のアスペクト体系は標準語や西日本方言との言語接触によるものであるという。過去の格表示システム（ヴォイスにも関わるであろうが）においても、同様のことがあったとしてもおかしくはないであろう。

注

（1）琉球王府が古歌謡のオモロを編集したものである。巻一が一五三一年、巻二が一六一三年、巻三～二十二が一六二三年に編集された。収録地域は、奄美大島・喜界島などから、沖縄本島・久米島で、宮古・八重山はない。高橋（二〇〇七）は『おもろさうし』の言語は、古い琉球語が新しい琉球語に移る初期の状況をうつしだしている。首里方言より　奄美方言に近く、宮古・八重山方言とは遠いといえる」という。

（2）仁田（一九九二）は、『方言文法全国地図・第一集』をもとに、「山形県を中心とする東北地方のかなりの地域は、〈中立型〉といった格表示体系のあり方を示している」と述べている。

（3）活格型言語に関しては、山口巌（一九九四）において次のような説明がある。

活格言語とは、言語外的な世界を生物であるか、それ以外のものであるかに分類する言語である。したがって文法的な性は、生物と無生物に分かれる。無生物は行為主体にはなれないから、無標的な格（絶対格）しか与えられないのに対し、生物性では、行為の積極的な主体となるものには有標的な格（活格）が、また行為の客体、あるいは状態の担い手となるものには、無標的な絶対格が与えられることになる。述語となる動詞も同様に、生物に関わる行為動詞や状態動詞（活格動詞と呼ぶ）と、無生物に関わるもの、あるいは生物でも絶対格としての名詞と結合する状態動詞（絶対動詞と呼ぶ）の二つのカテゴリーに分かれる。

無生物主語の場合には、行為主体とは成れないため必然的に状態動詞（絶対動詞）と呼応し、生物主語は、それが行為主体となっている場合（活格）には意志的な行為動詞と呼応し、それが状態の担い手となっている場合（絶対格）には状態動詞と呼応するのである。またこの絶対格は目的語としても用いられる。

具体的な例を、クリモフ（一九九九）からダコタ語の例をあげてみよう。

活格系列の1、2人称接頭辞wa-とya-、同人称の不活格系列の接頭辞ma-とni-が区別される。――（中略）――ダコタ語の動詞形が伝達する主体・客体の内容は――wa-ti「私が住む、生きる」、wa-kaska「私が繋ぐ（彼を）」、ma-kaska「私を繋ぐ（彼が）」、

ma-ta「私は死につつある」、ma-waste「私は善良である、良い」、ma-ya-kaska「私をお前が繋ぐ」等——いかなる曖昧さも引き起こすものではない。

（四六頁）

一人称に注目すると、他動詞文の主語では「wa」、目的語では「ma」が用いられる。意志的・行為的な自動詞文の主語では「wa」、無意志的・非行為的な自動詞文・形容詞文の主語では「ma」が用いられるわけである。無生物は行為主体にはなれないから、「死ぬ」や「善良である」などのような無意志的・非行為的な自動詞文や形容詞文の主語で用いられる。

（4）佐々木（二〇〇七）は、さらに詳細に分析し、以下のように指摘する。

無生名詞は他動詞文と自動詞文の主語と直接目的語が全てゼロ格表示の中立型で、有生名詞は他動詞の主語と行為性の自動詞の主語が「名詞句―ガ」で非行為性の自動詞の主語と目的語がゼロ格表示の活格型ということになる。

（5）有生性無生性による格の表示は秋田方言にも見られるようである。日高（二〇〇〇）では、秋田方言は、動作の対象や感情・知覚の対象を助詞で表示しないのが普通であるとしながらも、対象物が有生物である場合には、特にその名詞句を取り立てて、助詞「トコ」を用い、一方、対象物が無生物である場合には、「トコ」は用いない（九〇頁）、と述べる。

（6）Dixon（1994）3.4 Markedness参照。

第七章 「ガ」の周辺の問題

七・一 現代語には見られない「変」な「ガ」

『捷解新語』(一六七六年刊)は康遇聖の手による日本語学習書であり、一七世紀の日本語を知る上で重要な資料であることは広く知られている(1)。本節で言う「変」な「ガ」とは、濱田(一九七〇)の「現代語的感覚から、「変」だと思われるもの」(二三二頁)に基づいている。濱田(一九七〇)はこれを「恐らくは、日本語に比較的未熟な朝鮮人の立場で話され、書かれたものと一応は考えることが出来るであろう」(二三七頁)と位置づけている。しかし、この位置づけは「現代語と、それぞれの朝鮮資料に反映した時期の言語との間にあるはずの、時代差も、一応、大まかには同じ「近代語」であると云う意味で、無視してもよいとの仮説的立場」(二三三頁)からなされたもので、すぐには従えない。なぜなら我々は、過去の日本語に関して内省が利かないからこそ過去の文字資料を用いて日本語の分析をするのであって、時代差を捨象して現代語的感覚を用いて分析をするのでは史的研究の意味をなさないからである。一七世紀の口語資料として目される『捷解新語』を用いるからには、現代語的感覚によって「変」だと思われるものであっても、それらは一七世紀の日本語において一般的に使用されていた表現であったと考えなければならないはずである。一七世紀の資料に現代語的感覚と違っている点があるのはむしろ当然で、それを一七世紀の日本語の一形態として認めた上で、それをどのように位置づけるかが検討されなければならない。

そこで本節では、『捷解新語』における、この「変」な主語表示「ガ」に焦点を当て、一七世紀の口語資料である狂言資料(『虎明本』『虎清本』『狂言記』)の主語表示「ガ」と対照することによって、一七世紀の日本語における位置づけについて再検証し、さらに『捷解新語』の資料性についても言及したい。

七・一・一　『捷解新語』の「変」な「ガ」

まずは内省によって現代日本語の表現としては一般的ではないと判断される「ガ」を以下に示す(2)。また参考として、原刊本と対応する改修本の例を付す。

1　「なかなかひたかいにてつきまるせうお、かせにゆられていままいて御さる、おくれたふねかいつかたゑつくとも、けうわよかふけまるしたほとに、あすききつけてみさしられ」
「そのふねかうみののなかをこいておくれまるしたか」　(第一・一二～一三)
改修本「その船はのなかを過ぎて遅れましたか」　(一・一七)

2　「こうもくこしつそくいれまるしたほとに、いててみてとらしられ」
「このこうもくか、なせにこのやうにわるう御さるか」　(第四・九～一〇)
改修本「このこうもくか、なせにこのやうにわるう御さるか」　(四・一三～一四)

3　「せめてわ、このこしつそくお、いつそくにしつたんつつよりたせは、しつそくおうけとりまゐちやほとに、はんすしゆいかかおもわしらるか」――(中略)――

「なとして、こちの申ことわ、みなほうくにめされて、そなたしゆのかつてはかりさきにめされるか、むかしより、そくおとけてよりたいたことかないに、ことに、みきに申やうに、いまほとくにくにより、さたのかきりもないとき、せんれいにないことおしそめて、ひはんあるときわ」　(第四・一八～二〇)

改修本「そくおといてゐりたしたことわ御さらぬ」　(四・二六)

4　「こうもくおたんたんによるとあるおしらるか、せんこうにないことちやほとに、われらとかにあうわ、くるしもなけれとも、いくさきのしたらか、いちねんにねんてわなし、なにとつつくとおもわしらるか」

(第四・二五～二六)

改修本「こうもくおたんたんにもゐるとおつしやるわ、せんこにないことて御さるほとに」　(四・三〇)

5　「さてあうならはそのしまいわいかか、さかつきもたすやうなこともあてよかろうやら、そなたこころゐてよかるやうにさしられ」

「こちよりもさきに申そうとそんしたに、こうおしらるか御もつともで御さる」　(第七・一一)

改修本「おおせられまするたうり御もつともて御さりまする」　(七・八～九)

6　「申ことわいろいろにとりないても、かつてん御さるまいかときつい(山田注　釈文によれば「い」は「か」の誤り。ハングルの表音でも「か」となっている)いまるする、まつまいてたいしゆおしらるたうり、ねんころに申てみまるせう」

「そなたしゆのこたいかかねておくしたやうすちや、なせにかたつらはかりおもわしらるか」(第五・二六～二七)

改修本に対応例なし。

7 「いちにちもあくふうおあわす、たにんちうなにこともなしこれまてつかしられて、めてたさ御れいにあまりまするに、またあすのひよりかくもいきもよう御さると申ほとに、なによりたいけいにこそ御され」（第八・一二～一三）

改修本「またみやうにちのひよりもくもいきかよいと申ますするほとに」（八・一四）

8 「あすはしんすふねにめさしらるきちにちやと申か、いやいやそのふんて御さるか、てんきのやうすかたふんおいかせかありそうに申すか、てうせんのしゆわいかか申か」（第五・一二）

改修本に対応例なし。

9 「なにかしこちこい、そちかたいくわんにいてみか申、おとついここもとゑくたて、きのうにもまいるお、ろしのくたひれにいまこそもんまてまいてこそ御され、うちに御さらは、まいるとあんないこそ申まるすれとゆうてこい」（第一・一）

改修本「なにかしここゑこい、そなたφたいくわんちうゑいてわれわれのこうしやうお申そうわ、おとといここもとゑくたりまして、きのうにもまいりまするはつて御さるお、ろしのくたひれか御さつてやうやくたたいましやもんまてまいりまして御さる、うちに御さらは、さんしませうとゆうてこい」（一・一～二）

七・一・二　狂言資料との比較

1、3、4、7、9の主語表示の仕方に関しては、原刊本よりも改修本の方が現代日本語の感覚からすれば自然な表現として認められるが、原刊本の日本語表現は一七世紀の日本語としてどのように位置づけられるであろうか。

本節では狂言資料との比較を通して、主語表示「ガ」を用いた原刊本の1～9の表現が一七世紀当時の一般的日本語表現であったことを示す。

七・一・二・一　既出語・既知情報

1～6の主語はすべて文脈上、指示詞が付加された既出語あるいは既知情報であり、現代日本語では「ガ」を用いるよりも「ハ」を用いる方が自然な表現となる。しかし1～6のような主語表示「ガ」は狂言資料にも散見するのである(3)。10～15はその一部である。

10　売　手　「誠にいなか者と見えた、是にふるひたいこかある程に、たらひてうり付て、鳥目をとらう、最前の人のおじやるか、これ〳〵」
太郎冠者「是かそて御さるか」
売　手　「中々、はり太こといふ物じや」
太郎冠者「扨はゝりたこと申か‖是て御さるか」　(虎明本・上・八一頁)

11　さ(山田注　発話者が座頭であることを示す)「はることにきみをいわゐてわかなつむ」(此まいのうちに女とさる引物いふ也さとうまふてからいふ)さ「なふ〳〵まいか‖見事なか」　(虎清本・一一三頁)

12　浄土「そくめつむれうざい、又はさいとも、とかせられたるほうもんな、有かたふはおちやらぬか」
法花「たつたとかせませ」
浄土「是迄ておちやる」
法花「してそれか‖誠ておちやるか」

浄土「中々」　（狂言記・一四〇頁）

13
果報者「して粟田口といふは人の名でおりやるの」
粟田口「いやあわた口と申か、惣名で御ざある」
果報者「う〻扨はあわた口といふか、惣名ておりやるよなふ」
粟田口「中々」　（虎明本・上・二一八頁）

14
福神「某みきをしんてう、南無日本の大神小神、別ては松尾の大明神、〳〵」
男「松尾の大明神を別てと仰らる〻いはれは何とした事て御さるそ」
福神「しらぬか」
男「いやそんせぬ」
福神「惣して松尾の大明神か、神々のさか奉行てある、其故に先松尾へしむせいては、神々のうけとらせられぬよ」　（虎明本・上・三六頁）

15
主「やれ〳〵うれしや、此中もあひつか事を思ひたせはきかわるうなつたに、此やうなきのよひ事か有まひ（虎明本・上・三一一頁）

10〜15の主語はいずれも指示語・既出語などの既知情報であり、現代日本語ではやはり「ガ」を用いるよりも「ハ」を用いる方が自然な表現となる。

すなわち1〜6、10〜15の主語表示「ガ」は現代日本語の感覚からするとすべて「変」な「ガ」なのである。しかし、一七世紀の口語資料である『捷解新語』や狂言資料に共通して見られるということは、一七世紀の日本語においては自然な表現であったと考えなければならない。

七・一・二・二　状況成分

7の「ひより」（海上の天候の意）、8の「様子」はいずれも状況を示す語であり、現代日本語においては、文の成立に一次的に関わるような主語成分として「ガ」でマークすることは一般的な表現ではない。「明日の日和は」「天気の様子は」のように主題ならば自然な表現となる。しかし狂言資料には7、8と同様の例がやはり存在するのである。

16　「太郎くわしやつれてきたものを見付て、むこ殿は、あれかそてありさうなといひて、しうとに其よしをいふ、しうときひた体か、むこ殿はそれかしにめんほくうしなはせうと云ことてあらふ、ひやうけた人しやときひた程に、そのやうな事もあらふ」（虎明本・上・三六五頁）

17　夫「いつもの御たんなしうて御さるに、わるひ酒をしんしては、以来かうられませぬに依て中、ようてきた時かさねて御さう申さう程に、かならすなまいつて下されそ」（虎明本・中・二五二頁）

16は、ト書きと発話が混在している部分である。むこ入りに来た男がおかしな格好をしているのを見た舅の発話で、「きひた体」は「聞いたところによると」の意で状況を示す。17は、酒の出来具合が悪いと嘘をついて客を帰す場面である。「以来」は「今から後」の意で副詞的成分である。いずれも7、8と同様で、現代日本語では「ガ」を用いると不自然な表現となる。しかし『捷解新語』や狂言資料に共通して見られるということは、やはり7、8の「ガ」と16、17の「ガ」は、一七世紀の日本語として自然な表現であったと考えなければならない。

七・一・二・三　構文的特徴

9は命令表現における主語表示である(4)。現代日本語の命令表現では基本的に主語は省略され、「ガ」を用いると動作主が選択指定としてマークされる。したがって現代日本語では9の「そちが」を省略する方が自然な表現となる。狂言資料の命令表現において「ガ」が用いられている例は存在するが、それらは18のように文脈上すべて選択指定であり、現代日本語と同様の様相を呈している。9と同様の例は見いだすことができない。

18　藤六「いさゝらはゝやし物をつくらしめ」
下六「いやわこりよかたくましめ」
（虎明本・上・一五八頁）

確かに、命令表現という表現レベルにおいては9と同様の「ガ」は狂言資料に見いだせないが、構文的特徴に注目してみると同様の「ガ」を見いだすことができるのである。9は、「そちか」と「ゆうてこい」の間に長い引用文が挿入されており、「そち」を命令表現の成分として動詞と関係を持たせるには現代日本語では「ハ」を用いる方が自然な表現となるが、このような、主語と述語の間に長い引用句が挿入されており、主語が「ガ」でマークされている例ならば、狂言資料にも見いだすことができる。

19　大　名「汝馬になれ」
太郎冠者「是はおなさけなひ事仰らるゝ、某かせかれの時から今までめしつかはれて、大名にもならせられ、新座の者をもかゝへさせられたらは、ちとらくをもいたさうと存してこさるに、迷惑な事御意なさるゝ」
（虎明本・上・二二二頁）

「某」は意味的には「存してこさる」まで係っていると考えられるが、その間に「大名にも〜楽をもいたそう」という引用句が挿入され、文構造としては9と類似している。このような場合、現代日本語では、より離れた述語まで係りうる「ハ」を用いる方が自然な表現である。

構文的に見れば9や19は同様であると考えられ、これらの主語表示「ガ」も一七世紀の日本語において自然な表現として使用されていたと推測されるのである。

七・一・三『捷解新語』の「変」な「ガ」の位置づけと資料性

『捷解新語』に見られる、現代日本語には存在しないような「変」な「ガ」は狂言資料にも存在した(四・四・五参照)。すなわち一七世紀の日本語においては一般的に存在する「ガ」であったということになる。したがって『捷解新語』の「変」な「ガ」に関しての「日本語に比較的未熟な朝鮮人の立場で話され、書かれたもの」という位置づけは誤りであり、正しくは、「一七世紀当時の日本語における主語表示「ガ」の、現代日本語においては見られなくなった特徴的な側面を示すものである」と位置づけるべきである。

さらに、このことを踏まえて『捷解新語』の資料性についても言及しておきたい。

実は、現代日本語では使用されないような「ガ」は、一七世紀の口語資料とされるキリシタン資料の『天草版平家物語』や『天草版伊曽保物語』には皆無なのである(5)。これは一体何を意味するのであろうか。キリシタン資料は外国人宣教師達によって作られた、宣教師達のための日本語学習教材であり、狂言資料は日本人によって書かれた、庶民階級を対象とした演劇台本である。自ずとキリシタン資料には、日本語学習教材としてふさわしい、改まった日本語表現が用いられ、狂言資料には、日常語あるいは俗語的表現が多用されることになる。したがって狂言資料の日本語はいわば一七世紀当時の「現代口語」であったとみなせるのである。

『捷解新語』の主語表示「ガ」には、狂言台本同様、現代日本語では使用されないような「変」な「ガ」が存在した。このことは『捷解新語』の日本語も、やはり一七世紀当時の「現代口語」の一面を反映しているのだということを示唆するであろう(6)。壬辰倭乱のとき日本へ連行された康遇聖が、一〇年後に帰国するまでの間、日本で学習した言語は、必要に迫られ日常生活の中で習得した言語であったろう。この歴史的事実もまた『捷解新語』に反映されている日本語が一七世紀当時の「現代口語」であったことを裏付けるのである。

七・二 『あゆひ抄』における「ガ」と「ハ」の使い分け意識

『あゆひ抄』(7)はその「大旨(おおむね)」の記述によれば、安永二年(一七七三)に完稿したものと思われる。その特徴として、古代語の「あゆひ」の一つ一つに口語訳をあてていることがあげられる。「里言」「里」「里す」などという術語がそれであるが、これに関して成章は次のように述べている。

> 歌のことはに里言をあつること梵経を翻訳せむかことくになれるよ――(中略)――いにしへの詞は心ひろくことわりつよくして、今ひとつの里言にあてかたきもあり（一〇～一一頁）
> よくあたれりとおほゆる里言も、くはしくおもひあてされは、ふかき心はえかたかるへし（一二頁）

訳をあてることに関しては、慎重な態度をとっていることが窺われる。

本節ではこの「里言」に注目し、これを一八世紀後半の言語資料とし、どのような基準をもって「ガ」と「ハ」の使い分けをしていたのか、その使い分けの条件をどれほど把握していたかを探ってみたい。

「里す」にあたって「ガ」「ハ」の使い分けが問題になるのは、主語に下接している係助詞「ぞ」「なむ」「や(やは)」「か(かは)」である(8)。成章がこれらの係助詞をどのような基準をもって「ガ」や「ハ」と訳しているのか、それぞれの記述からその意識を探っていく。

七・二・一　「ぞ」の「里言」

a　第一めくらす中のそといふ　上何は名装の引靡頭脚等也(9)、下何は名也　名頭脚をうくる時、里ぞをがになし、装をうくる時のがになして、下にぢやぞとつめて心得へし

1　大かたは月をもめてしこれぞ（ガ）此つもれは人のおいとなるもの（チャゾ）

2　水のうへにうかへる舟の君ならはこゝそ（ガ）とまり（チャゾ）といはましものを

（一一四〜一一五頁）

「下何は名也」とは、名詞述語を意味するが、この場合には「ぞ」を「ガ」と里している。

b　第二あたる中のそといふ　上何は名装の往引靡頭脚等也、下何は装の引靡脚也里裏にこちはといふ、表に何かしらずといふ、但上何につきて四様あるへし、一名なる時がとうく　但「あらたまれとも我そふり行なとむかへていふ時ははとうけ「物そおもふ「花そみるなとはをとうくるたくひは時にのそみて心を用へし、こと〱にはいふへからす——(中略)——三装の引靡なる時ことが　のがなとうく——(中略)——又下何様の引靡にて「こえぬよ

そなき「春そすくなきなと勢せまりたる詞はそをはになして、下何にそとつくるもよし
3　さくらちる花のところは春なから雪そ（ガ何カシラズ）ふりつゝきえかてにする
4　こゑをたにきかてわかるゝ玉よりもなきとこにねん君そ（ガコチヤ）かなしき
5　のこりなくちるそ（ノガコチヤ）めてたき桜花有て世中はてのうけれは
6　しくれつゝもみつるよりもことの葉の心の秋にあふそ（コトガコチヤ）わひしき　（一一五～一一六頁）

「名なる時がとうく」「装の引靡なる時ことがのがなとうく」は、aの「めくらす中のそ」の記述と同様であるが、「むかへていふ」時や「勢せまりたる詞」の時は「ハ」と里す、と「ガ」「ハ」使い分けの条件ともいえる言及をしている。詳しく見てみよう。

「あらたまれとも我そふり行」というのは、「百千鳥さへづる春はものごとにあらたまれども我ぞふりゆく」（古今集・二八）の下の句であり、その歌は「春はあらたまる」一方「我ぞふりゆく」という対句形式となっている。この「我ぞ」を「むかへていふ」として「ハ」と里すのであるから、「むかへていふ」とは現代の文法用語では「対比」に相当するものと考えてよいであろう[10]。つまり成章は「ガ」「ハ」使い分けの条件として、この「対比」を意識していたと言える。ただし、「時にのそみて心を用へし」とあることから、任意的な条件と認識していたと考えられる。「勢せまりたる詞」に関してあげられている、「こえぬよそなき」「春そすくなき」はそれぞれ、「思ひやる越の白山知らねどもひと夜も夢に越えぬ夜ぞなき」（古今集・九八〇）、「いたづらに過ぐす月日は思ほえで花見て暮らす春ぞすくなき」（古今集・三五二）の第五句であるが、何をもって「勢せまりたる詞」と判定するのか、右記の歌だけでは成章の意識を窺うことは難しい。

他のところでは「となしとはなし二の詞心おほくかはらねとはもし入ては今すこしいきほひありとしるへし」（二

三五頁　傍線は山田)とある。「となし」と「とはなし」とは、大きく違わないけれども、「は」が入ると少し「いきほひ」がある、というのである。また「そをはになして、下何にそとつくるもよし」に従えば、「こえぬよそなき」は「こえぬよはないぞ」、「春そすくなき」は「春はすくないぞ」と訳すことになるが、「ぞ」を添加することを考え合わせると、「いきほひ」とは発話におけるプロミネンスを意味すると言えるのではないだろうか。ただし、成章は「下何様の引靡にて」、すなわち結びが形容詞、形容動詞の場合と限定しているが、証歌の4、5、6などは形容詞述語であるにもかかわらず「ガ」と里されており、何によって「勢せまる」とするのかは、恣意的で曖昧であると言わざるをえない。

では、「ぞ」の里し方を「ガ」「ハ」に関してまとめておこう。

①基本的には「ぞ」を「ガ」と里す。
　証歌1~6において、すべて「ぞ」を「ガ」と里していることが証左となろう。

②「むかへていふ」(対比)の時や、「勢せまりたる詞」(プロミネンスか)の時は「ぞ」を「ハ」と里す。ただし、何をもって「勢せまる」とするかは曖昧である。

七・二・二　「なむ」における使い分け

名頭をうくる時がなといふ、引靡をうくる時のがなといふ(11)

7　たもとよりはなれて玉をつゝまめやこれなむ(ガナ)それとうつせみんかし

8　さくら花山にさくなん(ノガナ)さとのにはまさるときくをみぬかわひしさ

9　つれ〳〵に何かなみたのなかるらむ人なむ（ガナ）われをおもふともなく　（二〇五頁）

証歌7〜9に見るように、「なむ」を「ガ」と里していると見てよいであろう（もちろん「がな」ではあるが）。

七・二・三　「や（やは）」「か（かは）」における使い分け

「や（やは）」「か（かは）」は同時に考察を進める。

c　うたかふ中のかといふ　上何は疑の頭也――（中略）――里かをまはして、下何の下にぞとつくへし、但名をうけたるはかをがになして、下にぞをつくへし

10　小舟さしわたのはらからしるへせよいつれか（ガ）あまの玉もかる浦（ゾ）

11　たかみそきゆふつけとりかから（ガ）衣たつたの山にをりはへてなく　（六四〜六五頁）

d　前のうたかふ中のかに同じく上何はかならす疑のかさしをうく　里かはをまはして、下何の下にぞいのとつくへし

12　さく花はちくさなからにあたなれとたれかは（ガ）春を恨はてたる（テアルゾイノ）　（六八頁）

e　さす中のやといふ　上何は名頭脚装の引靡等也、下何は疑のかさし也　やをはと里して、下何にぞをつくへし

13　春霞たてるや（ハ）いつこ（ゾ）みよしのゝよしのの山に雪はふりつゝ

14　山ふきのはな色ころもぬしやたれとへとこたへす口なしにして　（七三頁）

f　さゝぬ中のやはといふ　上何は名也、下何は疑のかさし也

15　命やは何そは露のあたものをあふにしかへはをしからなくに

此歌のみみゆ、里は何ぢややなと心得へし　（八三頁）

cの「上何は疑の頭也」、dの「上何はかならす疑のかさしをうく」、eの「下何は疑のかさし也」、fの「下何は疑のかさし也」とあるように、特に「疑のかざし」の位置に関する言及がなされており、成章は疑問詞の位置による「ガ」「ハ」の使い分けを強く意識していたと考えられる。

他にも、「ガ」「ハ」の使い分けに言及している部分がある。

g　さゝぬ中のや――（中略）――里いつれもやをまはして、下何にかをつけて心得へし、さて上何につきて五様あるへし、一名又名にかよふ脚頭をうけたるをはやをが又ははになして心得へし、――（中略）――三装をうけたるをはのが又のはなとそれ〳〵にうけて里すへし　（七四〜七五頁）

「名又名にかよふ脚頭をうけたるをはやをが又ははになして心得へし」より、いわゆる主語を表示するには「ガ」「ハ」を用いるということが意識されていることが窺われる。しかしながら「ガ」「ハ」をどの場合に、どちらを用いるかまでは説明がなされていない。一体、「ガ」「ハ」の使い分けに関してどのように認識しているのであろうか。証歌を見てみよう。

16 谷風にとくる氷のひまごとにうちいつる浪や(ガ)春のはつはな
17 月や(ガ)あらぬ(カ)春や(ガ)むかしの春ならぬ(カ)我身ひとつはもとの身にして
18 花のちることや(ガ)わひしき(イカ)春霞たつたの山のうくひすのこゑ
19 いつとなくこひにこかるゝ我身よりたつや(ノガ)浅間の煙なるらむ(デアルデアロカ)　（七六頁）

「や」を「ガ」又は「ハ」と里すというのであれば、双方の証歌があってしかるべきであろうが、16～19のようにすべて「ガ」と里す証歌があげられている。しかも17の歌に関して言えば、「月・春」と「我身」とが「むかへていふ」形式、すなわち対比となっている点からすれば、「ハ」と訳す方が適当であろう。

以上のことから推測するに、「ぞ」「なむ」の場合同様、疑問詞が関わっていない場合の「や」は、「ガ」と里すことが基本になっていたと考えられる。

h さす中のやはといふ――（中略）――心得おほかた前の中のやの下にくはしくいふかことし、おほくはやはをはと里して、下何にかやかいやいなと付へし
20 春の夜のやみはあやなし梅の花色こそみえねかや(ハ)はかくるゝ(カヤ)
21 そこひなきふちや(ハ)はさはく(カヤ)山川のあさきせにこそあた波はたて　（八二頁）

「心得おほかた前の中のやの下にくはしくいふかことし」より、成章が「や」「やは」の意義をほぼ同じであると捉えていることが窺われるが、それならば里言は「ガ」「ハ」のいずれかということになるはずである。にもかかわらず、

「おほくはやをはと里して」とあるのは、「や」に「は」が下接しており「がと里す」とは言えなかったためであろう。

成章の「や(やは)」「か(かは)」における里し方を「ガ」「ハ」の使い分けに関して整理しよう。

①疑問詞の位置

具体的には、疑問詞が主語名詞句にあれば「ガ」、疑問詞が述部にあれば「ハ」と里す。この使い分けの条件は、明確に認識されていたようである。

②疑問詞がない場合

「や」においては「ガ」又は「ハ」と里すとしているが、その使い分けに関する具体的条件については言及がない。基本的には「ガ」と里そうとしていたことが証歌より窺われる。「やは」の場合には、「は」を含んでいることから「ハ」と里さざるをえなかったようである。

七・二・四　まとめ

成章は里すにあたって、どのような基準をもって「ガ」「ハ」を使い分けたのであろうか。証歌全体に目を通すと、基本的には係助詞を「ガ」と里していることがわかる(1~11、14、16~19)。したがって、例外的に「ハ」と里してある証歌、あるいは「ハ」と里すことに関する記述より抽象される条件を、成章が認識していた「ガ」「ハ」使い分けの条件と見ることが可能であろう。

①疑問詞の位置
述部に疑問詞がある場合には「ハ」と里す。この条件に関しては強く意識されていたようである。疑問詞による「ガ」「ハ」の使い分けは現代語文法において周知のことであるが、今から二〇〇年も以前に意識されていたということは注目に値するであろう。

②「むかへていふ」(対比)・「勢せまりたる詞」(プロミネンスか)
「ぞ家」においてのみ言及されていたが、この使い分けの条件に関しても現代語文法において認められるものである。やはり注目に値するであろう。ただし、「時にのそみて」「——とつくるもよし」(七六頁)などと曖昧な表現を用いていること、述語が「様の引靡」(形容詞・形容動詞)の場合にという但し書きと実際の証歌との間に矛盾が見られること、「や」に関しては「ガ」あるいは「ハ」と里す(七八頁)としながらも、その使い分けの具体的条件には言及がないことなどから、成章の内省においては、「むかへていふ」「勢せまりたる詞」という条件は、術語としては昇華されていなかったと思われる。

七・三 「コソガ」の発生

名詞述語文の主語に下接していた、ある種の「コソ」は一七世紀中期以降「ガ」に取って代わられることとなった(三・二参照)。その後、「コソ」と「ガ」は用法上の相補分布をなしていたと考えられるが、そのような状況下で「コソ」と「ガ」が承接した「コソガ」という形式が発生した。この表現形式は、どのようにして発生し発達してきたのであろうか。本節では、「コソガ」という表現形式の発生とその発達に関して、史的に考察するものである。

七・三・一　先行研究

現代日本語において一般的に用いられる、「コソガ」形式（以下、単に「コソガ」とする）の発生過程や用法に関してはまだ解明されていない点が多い。まずは簡単に先行研究に関して触れておく。

山田みどり（一九八八）では「コソガ」の発生について述べてはいるが、古代語と現代語との比較によるのみで、その詳しい発生過程や用法などに関しての言及はない。

寺村（一九九一）では、以下のように、「コソガ」の「コソ」が準体助詞であると述べるにとどまり、「コソガ」の用法に関する記述は見られない。

> 名詞とガ、あるいは名詞とヲの間、つまり、名詞がガ格、あるいはヲ格であるときに限って、準体助詞に使われることがある。――（中略）――しかし、このような例は比較的少なく、名詞に直接「コソ」が後接する形のほうがふつうである。（九三頁）

中西久実子（一九九五）では、「コソガ」を「総記のガを更に強調した形であるとしておく」とあるが、「コソガ」は「ガ」を強調する形式なのか、「コソ」を強調する形式なのか、あるいは「ガ」や「コソ」とも違う意味用法を持つ形式なのか、改めて問われなければならないであろう。

丹羽（一九九七）は、「コソガ」は相手に反論する場合には用いられにくいが、それ以外の場合には、「コソ」と大差がないとしている。

「こそ」は主格に用いられる場合「こそが」という形も取る。この両者は等価というわけではない。「こそが」は、次のように相手に反論するときには用いられにくい。

「本当にお疲れさまでした。」「いやいや、君{こそ／?こそが}大変だったでしょう。」

——(中略)——

しかし、それ以外の場合は、「こそが」が「こそ」に比べ強調の度合いが少し強く感じられるという程度の違いであり

「コソ」には反論の他に、特立や譲歩などの用法も見られるが(「コソ」の用法に関しては後述)、これらの用法においては「コソガ」と「コソ」との違いは本当に見られないのであろうか。

以上見たように、「コソガ」と「コソ」との用法上の違いに関する言及はあるものの、「コソガ」と「ガ」との関係や、あるいは「コソガ」「コソ」「ガ」の三者間の関係などについての言及はなく、特に「コソガ」発生の経緯に関する言及はまだない。

まずは「コソガ」の用例を確認し、その発生過程について考察する。これを明らかにすることにより、「コソ」と「ガ」の関係を踏まえた上での「コソガ」の用法とその拡がりについて言及する。

七・三・二 「コソガ」の用例

まずは、「コソガ」の使用例を見てみよう。管見によれば、「コソガ」は明治期以降にならないと文字資料に出現し

ない。以下に明治期に見られる例をあげる(例1〜5)。

1　余は獄舎の中より春を招きたり、高き天に。遂に余は春の来るを告られたり、鶯に！　鉄窓の外に鳴く鶯に！——(中略)——思ひ出す……我妻は此世に存るや否？　彼れ若し逝きたらんには其化身なり、我愛はなほ同じく獄裡に呻吟ふや？　若し然らば此鳥こそが彼れの霊の化身なり。

(北村透谷『楚囚之詩』一八八九年(明治二二年))

2　昨日は私が悪るかりし此後はあの様な我儘いひませぬ程におゆるし遊ばしてよとあどなくも詫びられて流石におかしく解けではあられぬ春の氷いや僕こそが結局なり妹といふもの味しらねどあらば斯くまで愛らしきか

(樋口一葉『闇桜』一八九二年(明治二五年))

3　今のところ、動機となる要素はいくらか平衡を保ち、社会状態もだいたい安定している。しかし、こうしたわずかの平衡も、かりに乱されることがあれば、新たな闘争と苦難の一時期をへてふたたびつかの間の安定が得られるまで、またもや混乱と変化の淵に投げ込まれるであろう。今日の貧しい無力な人びとは、将来の富裕な強者となるかもしれず、その逆もまた同様である。永遠につづく混乱こそが、彼らの宿命なのである。

(小泉八雲『日本人の微笑』一八九三年(明治二六年))

4　古風な忍耐と献身、昔ながらの礼儀正しさ、古い信仰のもつ深い人間的な詩情——こうしたいろんなものを想い悲しむことであろう。そのとき日本が驚嘆するものは多いだろう。が、後悔もまた多いはずである。おそらく、そのなかでもっとも驚嘆するものは、古い神々の温顔ではなかろうか。その微笑こそが、かつての日本人の微笑にほかならないからである。

(小泉八雲『日本人の微笑』一八九三年(明治二六年))

5　この脅迫に、果心居士はとまどったような笑いを浮べて叫んだ、「人をだます罪を犯したのは、わしではない」そして、荒川のほうへ向き、大声で怒鳴った、「お前は嘘つきだ！　お前はあの絵を差し上げて殿様にとり入ろうと思った。そして、それを盗みとるため、わしを殺そうとした。もし罪というものがあるなら、それこそが罪ではないか。

（小泉八雲『果心居士の話』一九〇一年（明治三四年））

1が明治二二年で一番古い例である。「コソガ」の歴史は新しく、発生してからまだ百年程度ということになる。もちろん調査資料に穴があり、1が書記言語であるということを勘案すれば、口頭語ではさらに早い時期に発生していると考えられるが、後に述べるように、遡っても一九世紀前半と思われる。したがって「コソガ」の歴史は長くとも百数十年であろう。

では、次に「コソガ」成立のための条件を考えよう。

七・三・三　「コソガ」の発生過程

七・三・三・一　「コソ」の変容

日本語において係助詞と格助詞が承接する場合には、「格助詞＋係助詞」という語順にならなければならない。もちろん古代語における「コソ」も格助詞に後接する（例6〜8）。

6　さやうならむ人をこそ見め、似る人なくもおはしけるかな　（源氏物語・一・一二五頁（桐壺））
7　そこにこそ多くつどへたまふらめ　（源氏物語・一・一三二頁（帚木））
8　をかしきことものあはれも人からこそあべけれ　（源氏物語・二・二九八頁（澪標））

したがって「コソ」と格助詞「ガ」が承接する場合、文法体系として考えるならば、「ガコソ」という承接にならなくてはならない。「コソガ」という承接は成立しないのである。「コソガ」が発生するには「コソ」の変容が必要となる。

金沢(二〇〇三)は近世前期から近世後期かけての「コソ」の変容を詳細に分析し、次のように述べている。

日本語史的な面から見た、近世語の「こそ」の最大のポイントは、「係助詞」から「とりたて助詞(本節では、以下便宜上、副助詞とする)」的なものへと、その性格や役割に大きな変化が見られることであろう。

「コソ」は近世期を通して、係助詞から副助詞へとその性格を変えたわけである。近藤(二〇〇〇)では、副助詞と格助詞との承接に関して、「副助詞の特徴として、〈名詞＋副助詞＋格助詞〉という承接と、〈名詞＋格助詞＋副助詞〉という承接のどちらも持つことがあげられる」(二〇八頁)と述べる。つまり、「ガ」と並存していた係助詞「コソ」が副助詞に変容することによって、初めて「コソガ」という承接が発生しうる状況になったわけである。

すると、「コソガ」は文献上では一八八九年(明治二二年)が初出であるが、その発生は可能性として「コソ」が副助詞化する一九世紀前半まで遡ることになる。

七・三・三・二　「コソガ」発生の因子

前節では、「コソ」の変容を確認した。「コソガ」という承接が生じるためには、この「コソ」の変容、つまり副助詞化が必須条件なのであった。

しかし、「コソ」の変容は、「コソガ」の成立には必須条件であっても、「コソガ」を発生させた直接の因子とは考えられない。「コソ」の変容という条件のもと、「コソ」と「ガ」とを承接させようとする要求がなければ「コソガ」は成立しえないであろう。では、一体その力とは何であろうか。

ここで、他の副助詞と「ガ」との承接関係を見てみたい。近世期にはすでに「バカリガ」「ノミガ」「マデガ」「ダケガ」などの「副助詞＋ガ」という形式が見られる(例9～12)。

9 ア與兵衛めばかりが子ではない。兄の太兵衛娘なれどもおかちは此方の子でないか（女殺油地獄・四一六頁）

10 さはあれ後の夫にあはねば、只是のみが後やすし（椿説弓張月・三六四頁）

11 客もうちへかへつても、御持佛の阿弥陀さままでが、女郎の顔に見ゆるもの也（洒落本 傾城買四十八手・四一四頁）

12 三スジ黒ヤキ以上十味等分ニ合煎シ用ユ。三すじだけが、大わらひなり（洒落本 青楼昼之世界錦之裏・四三〇頁）

しかし、そもそも古代語では主語名詞に副助詞が下接する場合には、「ガ」が表出することはなかった(例13～15)。現代語的な主語表示「ガ」が古代語においては、いまだ成立していないからである。

13 さるべき女房どもばかりとまりて、「親の家にこの夜さりなん渡りぬる」と答へはべり（源氏物語・一・一五一頁（帚木））

14 事にふれて、数知らず苦しきことのみまされば、いといたう思ひわびたるを（源氏物語・一・九六頁（桐壺））

15　装束より始めてさるべき物どもこまかに、誦経などせさせたまふ。経仏の飾までおろかならず

（源氏物語・一・二六五頁（夕顔））

つまり、9〜12のような例は、日本語史的に見ると新しい用法なのである(12)。これらの例は、単に副助詞を主語名詞に下接させるだけでは言語表現者にとって何か物足りないものがあって、そこに何らかの表現効果を加えようとした結果、「ガ」を表出させたのではないかと推測される例である。「副助詞＋ガ」という形式は言語使用者にとっては、何か目新しい新鮮な表現であったのだろう。

「コソガ」も9〜12などと同様の「副助詞＋ガ」という形式であるが、副助詞として変貌した「コソ」に「ガ」を承接した「コソガ」は、やはり表現効果として何か目新しい感覚を伴う表現形式であっただろう。言語使用者がそういう表現形式を模索し、要求したために「コソガ」が発生したものと考えたい(13)。

七・三・四　「コソガ」の用法と変容

では次に、「コソガ」の用法について考えてみよう。「コソガ」は「コソ」を強調しているのであろうか、「ガ」を強調しているのであろうか、それとも「コソ」とも「ガ」とも違った一面を持つのであろうか。

1〜5の例を見てみると、全て名詞述語文の主語表示となっていることは注目に値するであろう(14)。「コソガ」は「コソ」と「ガ」との承接からできており、「コソガ」の用法を知る上で、名詞述語文における「コソ」と「ガ」の活動を見ておく必要があろう。

七・三・四・一　名詞述語文における「コソ」と「ガ」

名詞述語文の主語表示の推移に関してはすでに述べた（三・二参照）。それによれば、一六世紀以降名詞述語文における「コソ」は次第に「ガ」に侵食され、一七世紀中頃には「ガ」が「コソ」を凌駕することになる。16は「もうこれで終わりである、これが最後である」という状態を示す類似表現であるが、名詞述語文において「コソ」から「ガ」へと移行したことを示すものである。

16「命こそ限りよ」（曽我物語・八一頁）
「命こそかぎりなれ」（曽我物語・三五五頁）
「今こそ最後の際なれ」（曽我物語・三四八頁）
「是こそ限りなれ」（御伽草子・一五六頁）
「これが限りの言葉也」（御伽草子・三五二頁）
「それが最後」（天草版平家物語・五九頁）
「只今が最後なり」（仮名草子・八一頁）

ただし、「コソ」は現代においても名詞述語文の主語表示として使用されているわけであるから、名詞述語文において「ガ」が「コソ」の領域をすべて侵したわけではない。したがって、名詞述語文において「コソ」と「ガ」は相補的に並存していたと考えられる。

では、次に「コソ」と「ガ」がどのような用法で相補的であったのかを見ておきたい。

七・三・四・二　「コソ」と「ガ」の相補分布

野田(二〇〇三)によれば、現代語の「コソ」には、特立、譲歩、反論の三用法があるという(例17〜19)。

17　みんなも悪いが、あの人こそ一番悪い。(特立)
18　程度の差こそあれ、みんなが悪い。(譲歩)
19　「みんなが悪いんだ」「そういうおまえこそ悪い」(反論)

寺村(一九九二)は、特立の「XコソP」の表現機能について以下のように述べている。

よりふさわしいものからそうでないものまで序列的に捉え、そのなかの最高位にあるもの、「よりふさわしいもの」としてXを取り立てていう言いかたである点に特徴がある。(九七頁)

これを受けて森野(二〇〇二a、b)は、古代語の「コソ」には、現代語に認めにくい特立の「コソ」があると述べ、それは「他の何でもない」「他の誰でもない」「他の何よりも」「他の何にもまして」と言った表現主体の把握を示すという(例20〜22)。そしてこのような「コソ」は近世前期におおよそ姿を消したという。

20　梶原申けるは、「けふの先陣をば景時にたび候へ」。判官「義經がなくばこそ」。「まさなう候。殿は大将軍にてこそまし〳〵候へ」。判官「おもひもよらず。鎌倉殿こそ大将軍よ。義經は奉行をうけ給たる身なれば、たゞ殿原とおなじ事ぞ」との給へば(平家物語・下・三二八頁)

21　虎は、里の翁にあひて、とひけるは、「すぎにし夏の比、鎌倉殿の御狩の時、親の敵打て、おなじくうたれし曽我の人々の跡やしらせたまひ候。おしへさせ給へ」といひければ――（中略）――翁、ある方を爪ざして、「あれこそ、出の屋形の跡にて候へ。あの辺こそ、工藤左衛門殿うたれさせ給ひ候所にて候へ。また、かしこは、十郎殿のうたれさせ給ひ候所、こゝは、五郎殿御生害の所、扨また、あれに見え候松の下こそ、二人の死骸をかくしまいらせたる所候よ」と、ねんごろにおしへければ　（曽我物語・四〇八頁）

22　黄香は、安陵といふ所の人也。九歳の時母に後れ、父に能仕へて、力を盡せり。されば夏の極めて暑き折には、枕や座を扇ひですゞしめて、又冬の至つて寒き時には、衾のつめたきことを悲しんで、わが身をもつて温めて與へたり。かやうに孝行なるとて太守劉讙といひし人、札を立てゝ、彼が孝行をほめたる程に、それよりして人みな黄香こそ孝行第一の人なりと知りたるとなり　（御伽草子・二五三頁）

20の「鎌倉殿」、21の「あれ」「あの辺」「松の下」、22の「黄香」、これらの主語は、「よりふさわしいものからそうでないものまで序列的に捉え、そのなかの最高位にあるもの」ではない。つまり現代語の「コソ」にはない用法なのである。このような古典語特有の特立を現代語の特立と区別するため、本節では強調と呼ぶことにしたい。

では、近世前期に姿を消した強調の「コソ」はどうなったか。それを引き継いだのが「ガ」なのである。実際に、20〜22の「コソ」を「ガ」に入れ替えた方が、現代語的には自然な表現となろう。先にも述べたように、名詞述語文の主語表示では一七世紀中頃には「ガ」が「コソ」を侵食した。古代語の「コソ」には強調、特立、譲歩、反論の用法があり、現代語の「コソ」には特立、譲歩、反論の用法がある。ということは名詞述語文において「ガ」が侵食した「コソ」の領域は「コソ」の強調用法の領域であったと考えられるのである。つまり「コソ」が特立、譲歩、反論で、「ガ」が強調という用法上の相補分布が成立したわけである。

七・三・四・三　「コソガ」の用法

では、本節で具体的に「コソガ」が「コソ」の強調であるのか、「ガ」の強調であるのかについて考えてみよう。1～5の「コソガ」の代りに「コソ」や「ガ」を用いるとすると、いずれがふさわしいのであろうか。

1の「此鳥こそが彼れの霊の化身なり」は、文脈上「彼れ(妻)の霊の化身」にいくつか候補があって、その中から「此鳥」が一番ふさわしいと取り立てられているわけではない。したがって、もし「此鳥こそ彼れの霊の化身なり」のように「コソ」に置き換えると不自然であり、「此鳥が彼れの霊の化身なり」のように「ガ」の方が自然である。つまりここでの「コソガ」は「ガ」をさらに強調する形式として用いられていると考えられるのである。3の「永遠につづく混乱こそが、彼らの宿命なのである」も、「彼らの宿命」にいくつか該当するものがあって、その中からふさわしいものとして「永遠につづく混乱」を選択しているわけではない。したがって「コソ」を用いるよりも「永遠につづく混乱が彼らの宿命なのである」の方が適当である。やはり「コソガ」は「ガ」を強調していると考えられるのである。

一方、2の「いや僕こそが結局なり」は、相手に先に謝られた状況を受けているので、「コソガ」と入れ替えるとすれば、「ガ」よりも反論の用法を持つ「コソ」の方がふさわしい。この場合には、「いや僕が結局なり」では不自然で、「いや僕こそ結局なり」の方が文脈としては自然であろう。つまりこの場合の「コソガ」は「コソ」を強調している形式であると考えられるのである。

4の「その微笑こそが、かつての日本人の微笑にほかならない」は、「～にほかならない」とあることから、「その微笑」が、該当する候補の中からふさわしいものとして選択されたものとして解釈できる。この点で特立用法として「コソ」に置き換えることが可能である。しかし、この場合は文脈上「ガ」でも不自然ではない。つまり、4の「コソガ」は「コソ」を強調しているとも「ガ」を強調しているとも捉えることができる例である。また、5の「それこそが罪ではないか」も、「人をだます罪を犯したのは、わしではない」を受けて発言しているので、反論の用法として「コソ」に置き換えることも可能であるし、「他でもないそれ」という意味で「ガ」を用いることもできる例である。5の「コソガ」も「コソ」の強調とも「ガ」の強調とも捉えることができる。

以上見たように、「コソガ」は、「ガ」を強調しているとしか捉えられない場合や、「コソ」を強調しているとしか捉えられない場合もあるが、「コソ」「ガ」いずれを強調しているのか判断ができない場合にも使用されているわけである。つまり、「コソガ」は単純に「コソ」と「ガ」とを承接させた形式であり、しかし、それゆえ「コソ」や「ガ」が使用可能なところに強調として用いることができる便利な表現形式であると考えられるのである。

また先に見たように、「コソガ」の発生は、「副助詞＋ガ」という新しい表現形式に則って起こったと考えられるため、「コソ」と「ガ」との間にある用法上の相補分布には影響を及ぼさなかったものと思われる。なぜなら、その相補分布は現代日本語においても残存しているからである。

明治期以降に見られる文字資料においても、「コソガ」の使用傾向は変わらない。23は「コソ」に置き換えると不自然であり、したがって「ガ」を強調する例、24は「ガ」に置き換えると不自然であり、「コソ」を強調する例とみなせる。25、26は「コソ」「ガ」いずれを強調しているのか判断できない例である。

23　まして、わが作家同盟が、その成員と活動の歴史性により過渡的制約性として、現在まだ少なからず小市民性的要素を包括している場合、その小市民性こそが困難な闘争に際して「左」右両翼への偏向を生む社会的要因である場合、われわれの警戒と努力とは、相互的な関係において常に結ばれている。

（宮本百合子「前進のために――決議によせて――」『プロレタリア文学』一九三三年（昭和八年））

24　だが、考へやうによつては、おきよが苛々してゐるのももつともだと云ふ気がしないではなかつた、どうせ、飲み屋のことだから、そこで働く女の一人一人が俺が俺こそが客を持つてゐるとの自惚がなくてはかなはないとだけではない、おきよにはおきよの古い思ひ出があつたはずだ（武田麟太郎『一の酉』一九三五年（昭和一〇年））

25　七兵衛の奴は、稼ぎさえすればいいので、稼ぎためなんぞは存外、頭に置いていない男だから、自分が稼ぐことの興味と、労力とのほぼどの程度であるかということを、相手に納得させてやりさえすれば、その粕に過ぎないところの稼ぎためなんぞは、思ったより淡泊に投げだしてしまうに違いない。ところが、二人のうち、特にお絹という女にとっては、その粕こそが珍重物である。（中里介山『大菩薩峠　勿来の巻』一九三一年（昭和六年））

26　さて、私の如く常に芝居の空気とその雰囲気による訓練を欠いでいる無風流な者どもが、そして毎日無風流な文化住宅とビルディングとアトリエの中をズボンと靴で立ちつくしているものたちが、時たま観劇に誘われて見ると、東京の劇場は靴のままの出入りだから幸福だが、大阪では通人のする苦労を共に楽しまねばならない。この我まんこそが芝居をよりよきものにするのだとは知りながらも、つい腹の方が先きへ立ってくるのでいけない。（小出楢重『めでたき風景』一九三〇年（昭和五年））

七・三・四・四　「コソガ」の拡がり——述語の多様化

「コソガ」の使用は当初、名詞述語文（例1～5、23、25）において見られたが、動詞述語文（例24、28）や形容詞述語文（例27）、「ノダ文」（例26、29）などにおいても見られるようになってくる(15)。

27　「戦争と革命との新たなる周期」において、文化運動の内部に発生したこのような敵に対して、仮借なき闘争こそが必要である。同志小林は、この課題に率先して立ち向い、次々に、逞しき諸論策を送った。

（宮本百合子「同志小林の業績の評価に寄せて――誤れる評価との闘争を通じて――」『プロレタリア文化』一九三三年（昭和八年））

28　時評とは一定の限られた時事問題に即して、原則的な立言をすべきものだというのであって、山川氏のようなやり方の論文こそが、実は時評というもの全般のやり方とならなければならぬというのである。

（戸坂潤『思想と風俗』一九三六年（昭和一一年））

29　私はこう思います。当時の歴史の若さ、全体として経験の未熟さこそが、貴方の云われる「あんな男」を、一応は指導者めいた位置にもおいたのであろうし、同時に、文学についての理解においても、その若さ未熟さから避け難い文化主義を生んだのであったろう、と。

（宮本百合子「不必要な誠実論――島木氏への答――」『読売新聞』一九三七年（昭和一二年）六月九日号）

このように、「コソガ」は多様な述語文において見られるようになってくる。このことは「コソガ」の汎用性を示唆し、活動領域が拡大してきたことを意味するであろう。こうして現代日本語において「コソガ」は定着を見たのである(16)。

七・三・五　まとめ

本節では、「コソガ」の発生と用法について考察した。まとめると以下の通りである。

①「コソ」の副助詞化が近世後期に見られた。この変化は「コソガ」発生の必須条件である。

②「副助詞＋ガ」という承接の表現形式群が近世期にすでに存在し、それにならって副助詞化した「コソ」を用いた「コソガ」が発生したと思われる。
③「コソガ」は、「コソ」を強調することもでき、「ガ」を強調することもできる。したがって、「コソ」や「ガ」が使用可能なところにおいて自由にもちいることができる点が特徴的であると考えられる(但し、この特徴は成立時に限るものと思われる)。

七・四　「ガコソ」の発生

七・四・一　用例について

近年コンピュータを用いた大量言語処理による日本語研究が見られる(17)。大量言語処理による研究の利点は、内省では把握できない事項についても実態が把握できることである。具体的には以下のような利点があげられる。

①内省による判断が揺れる事項(例えば、標準的な表現なのかどうか判断に迷う、共起成分にはどのようなものがあってどのようなものがないのか、など)についての実態を把握できること。
②複数の用法が見られる語(語句)について、それらの用法の中でどの用法がどの程度用いられているのかが把握できること。
③内省では気がつかないような多種多様の用例を見つけられること。

ｗｅｂ上の言語は文字を用いるという点で書き言葉である。書き言葉は対話の場面に依存しないため、前後の文脈を目で見て確認しながら書き進め、表現の完結性・独立性を目指す作業であり、整った文章が多くなる。しかし、ｗｅｂ上には、極めて個人的趣味のホームページ、会議室と言われる話し合いの場、掲示板と言われる情報交換の場など、非常に多種多様の場が存在しており、文字表記ではあるが、話し言葉的要素の強い文も多分に存在する。くだけた言い回し、若者言葉、口頭語において用いられる終助詞や間投助詞の類なども多用される。キーボードの簡単な打ち間違いなども見られ、本来の書き言葉とは違い、それだけ瞬間的・反射的な表現も多いことが窺える。録音資料とまではいかないが、ｗｅｂ上の言語は話し言葉的性格が強く、そこからはいわゆる褻の言語、刻々と変化しつつある生の日本語が垣間見えることがある。

本節では、ｗｅｂ上の言語を大量言語資料とし(18)、格助詞と「コソ」の新しい承接関係である「ガコソ」形式について考察する。具体的には、サーチエンジンgoogleを用いてｗｅｂ上の文字列「がこそ」を検索し(19)、検索結果から主語表示として用いられている助詞複合形式「ガコソ」を取り出し、その特徴と発生過程について考察する。

七・四・二　「ガコソ」形式の許容度

主語表示として「ガ」と「コソ」を複合させて用いる場合、内省によれば「コソガ」は認められるが、「ガコソ」は誤用であると判断されるであろう。しかし、ｗｅｂ上には1、2のような「ガコソ」という形式が認められる。

1　備えあれば憂いなしの言葉どおり、完璧な準備がこそ事故から身を守る方法であると思う。

2　今はバブル時期のようなハイリスク・ハイリターンの時代ではありません。ローリスク・ローリターンがこそ株の王道です。

このような「ガコソ」形式は全部で九六例認められた。検索エンジンによれば「コソガ」形式は約四〇万例あるので、割合的に見れば「ガコソ」形式は誤用であると言えそうである。しかし、あらかじめおこなった準備段階のアンケート調査によれば、「ガコソ」形式は現代日本語表現として誤用であると一概には言えないような結果であった。結果は以下の通りである(20)。

有効回答数二三三。内省により「ガコソ」を使用しないと答え、かつ例文1、2に対しても違和感があると答えた人は一五三名(65・6％)。一方、内省により「ガコソ」を使用すると答えた人は三〇名(12・9％)となっている。この数値だけを見るとやはり「ガコソ」は誤用に近いとも思われる。しかし、内省により使用しないと答えた人の中で、例文1、2に対して「言われてみれば全く自然な表現で、違和感がないと思う」が一二名(5・2％)、「ちょっと違和感があるが日本語の表現として認めてもよいと思う」が三八名(16・3％)となっている。これらを合わせると約35％の人が「ガコソ」形式を認めてもよいと考えていることになり、「ガコソ」形式を誤用であると決めつけるわけにはいかないような結果となっている。

七・四・三　許容度アンケート調査と結果

「ガコソ」形式には「名詞＋ガコソ」「ノ＋ガコソ」「カ＋ガコソ」「サ＋ガコソ」などの各形式が見られる。これらの諸形式が使用されているwｅｂ上の例三例ずつと、「名詞＋コソガ」「ノ＋コソガ」「カ＋コソガ」「サ＋コソガ」が使用されているwｅｂ上の例二例ずつをランダムに並べ、それぞれの例の許容度に関して、◎、〇、△、×の記号で答えてもらった(章末のアンケートを参照されたい)。

アンケートは二〇〇二年七月に実施した。対象者は都内各大学の大学一、二年生、約二〇〇人である。そのうち記入漏れなど不備を含むものを除くと、有効回答数は一三一であった。許容度の目安として、◎を三点、○を二点、△を一点、×を〇点とした。「コソガ」全体の許容度は2・06、「ガコソ」全体の許容度は1・09となった。

アンケート用紙の例文1〜20を許容度の高い順に並べてみる。**（表1）**

表からは以下のことが窺える。

①上位5位までが「コソガ」形式で、許容度は2以上となっている。この結果は内省による「コソガ」の優位と一致するであろう。

②「名詞＋コソガ」「サ＋コソガ」の許容度は2・5以上と高く、それと対照的に「名詞＋ガコソ」「サ＋ガコソ」の許容度は低い。「名詞＋コソガ」「サ＋コソガ」の方が日本語の標準的表現として定着しているということが窺える。

③それに対して「カ＋コソガ」「カ＋ガコソ」には許容度の差があまり見られない。

④「ノ＋コソガ」「ノ＋ガコソ」に関してはいずれも許容度が低く、標準的表現として使用されにくいと考えられる(21)。

七・四・四　「カガコソ」形式の許容度の高さ

「名詞＋コソガ」「サ＋コソガ」は標準的表現として定着しており、「名詞＋ガコソ」「サ＋ガコソ」の許容度は低くなっていた。一方、「カ＋コソガ」と「カ＋ガコソ」に関しては許容度に大きな差は見られなかった。この許容度の差の有無はなぜ見られるのであろうか、その要因について考察する。

表1　許容度平均値による順位

順位	番号	平均値	表現形式
1	7	2.89	さ＋こそが
2	16	2.85	さ＋こそが
3	17	2.76	名詞＋こそが
4	13	2.57	名詞＋こそが
5	5	2.06	か＋こそが
6	15	1.53	か＋がこそ
7	3	1.41	か＋がこそ
8	9	1.31	の＋こそが
9	18	1.28	か＋がこそ
10	20	1.19	さ＋がこそ
11	19	1.15	名詞＋がこそ
12	12	1.11	の＋がこそ
13	11	1.09	名詞＋がこそ
14	4	1.08	の＋こそが
15	1	1.02	の＋がこそ
16	10	0.98	か＋こそが
17	14	0.88	さ＋がこそ
18	8	0.87	さ＋がこそ
19	2	0.78	名詞＋がこそ
20	6	0.77	の＋がこそ

3　一筋縄ではいかないだろうが、この点をどう上手くクリアするかがこそ、その店が繁盛するかどうかということに密接に関わってくる。
4　そういった面が継続的に対応されていけるかがこそコントロールの対象で、監査のポイントになるのでは？
5　どのような場合に「財産上の利益を取得した」と言えるのかがこそ問題となろう。
6　ホームドクターは診療技術の高い内科の良医であるべき。どの病院で、だれの下でどのような訓練をしてきたかこそが重要。
7　当面する問題に対していくつのオプションを用意することができるかこそが、勝ち組と負け組を決める最大の要素であり、だからこそ独創性開発はマネジメントの手腕によるものなのです。

3〜7の主語名詞句は主に疑問語疑問文であり、基本は8、9などのような「疑問語―カガ」形式である。

8　それだけでも同君の味覚と、歯力と、消化力が、いかに素晴らしいものがあるかがわかると同時に同君が一切の事象と、如何に真剣に取り組んでいるかがわかるでしょう。（夢野久作『挿絵と闘った話』）
9　おまえ、この爛漫(らんまん)と咲き乱れている桜の樹の下へ、一つ一つ屍体が埋まっていると想像してみるがいい。何が俺をそんなに不安にしていたかがおまえには納得がいくだろう。（梶井基次郎『桜の樹の下には』）

3〜7は「疑問語―カガ」形式を強調するために「コソ」が付加されたわけであるが、「コソ」を付加する際に、付加可能な場所が二カ所存在する。一つは「カガ」の後、一つは「カ」と「ガ」の間である。しかし、いずれの場合にも日本語史上これまで見られなかった語列を含むことになってしまうという支障があるのである。

「カガ」の後に「コソ」が付加されると、「ガコソ」というこれまでの日本語には見られなかった語列が生じてしまう。「ガ」と「コソ」が承接する場合には「コソガ」が歴史的には正しい形式であり、そのことと「カガコソ」形式は齟齬をきたすのである。

また「カ」と「ガ」の間に「コソ」が付加されたとすると、「カコソ」というこれまでの日本語には見られなかった語列が生じてしまうのである。文法史的に見ると、「カ」「コソ」はもともと係助詞で、直接両者が承接することはなかった。係り結びが衰退した近代語において「誰かが」や「これこそが」などのように「カ」「コソ」は格助詞に前接するようになり副助詞化するが、それでも「カ＋コソ」という承接は見られない。このことと「カコソガ」形式はやはり齟齬をきたすのである。

こうしていずれの表現形式にもマイナス面が存在することが、「カコソガ」「カガコソ」どちらか一方の表現形式に定着することなく、揺れているという状態になっていることの要因であると思われる。ただ、やはり「ガコソ」より「コソガ」の方がより自然な表現であるという意識が強く、「カコソガ」形式が多少優位になっているものと思われる。

七・四・五　「ガコソ」発生のメカニズム

「ガコソ」形式がweb上でどのように用いられているかについて「コソガ」形式と対比させながら見たが、なぜ「コソガ」形式があるにもかかわらず「ガコソ」形式が発生したのであろうか。日本語の表現として定着には至っていないというものの、「ガコソ」を認めてもよいと感じている日本人がいることもまた確かである。本節では、そのメカニズムを史的観点から捉えてみたい。

小松（一九九九）には、以下のような記述がある（傍線は山田）。

新しく形成される表現の多くは、類推による言い誤りに起因している。——(中略)——場面や文脈に支えられて理解が成立しても、不自然な表現は、その場かぎりの言い誤りに終わる。しかし、誤って選択された回路が、たまたま、運用効率を高めると評価されれば、ほかの人たちも、その回路を選択するようになる。ヒョウタンから駒というのが言語変化のカラクリである。(二一五頁)

さらに小松(二〇〇一)では次のようにも述べている。

日本語が刻々と変化するのは、日本語が日本語社会における情報伝達の媒体として効率的に機能しつづけることができるように、社会環境の変化に連動して体系を更新しつづけるからである。(二一五頁)

これを信じれば、「ガコソ」形式が発生するに際して、言語運用上「運用効率を高め」、「情報伝達の媒体として効率的に機能」する何かがあったことになる。ここではそれを史的な観点から考察したい。

七・四・五・一　格助詞と「コソ」の承接の推移

まず格助詞(ここではいわゆる強展叙の連用助詞である「ガ」「ヲ」「ニ」を扱う)と「コソ」との承接関係の推移を確認しておく。

古代語においては主語表示「ガ」は発達しておらず、「コソ」との承接は見られない。また「コソ」は必ず格助詞に後接するので、古代語においては「ヲコソ」「ニコソ」の形式しか認められない。明治期になってはじめて「ガ」と

表２　承接形式の有無（明治期まで）

	格助詞＋コソ	コソ＋格助詞
第一期 古　代	× ヲコソ ニコソ	× × ×
第二期 明治期	× ヲコソ ニコソ	コソガ × ×

「コソ」が承接するようになる。この「コソガ」形式は文法史的にこれまでには見られない特徴を持っている。古代語において格助詞と「コソ」との承接関係は「格助詞＋コソ」であるが、これはその承接順序に反して「コソ＋ガ」なっているのであった(七・三参照)。

明治期までの、格助詞と「コソ」との承接をまとめると**(表2)**のようになる。現代日本語になるとさらに新しい承接関係が認められる。朝日・読売・日経の各新聞のデータベースで「コソヲ」「ヲコソ」を検索すると以下のようになっている**(表3)**。

「ヲコソ」に比べ割合的には低いが、新聞紙面に登場したということから「コソヲ」という新しい形式は日本語の表現として認められていると見てよいであろう。当然、Ｗｅｂ上でも10、11のように「コソヲ」形式は見られる。

10　子どもを「社会を構成する人間」として尊重し、子どもの社会参加をさまざまな場で保障し、自立した大人への育ちを応援することこそを社会のルールとしたいと考えるからです。

11　それは当時の捜査当局が如何に無能であったのかを如実に現わすものであり、かくも無能な捜査当局が石川青年を犯人としたことの信憑性こそを疑うべきであったのではないかとさえ思えます。

表3　新たな承接形式「コソヲ」の割合

	読売新聞	朝日新聞	日経新聞	合　計
コソヲ	52(16.4%)	94(15.0%)	55(25.0%)	201(17.3%)
ヲコソ	266(83.6%)	533(85.0%)	165(75.0%)	964(82.7%)

但し、青空文庫の検索では「コソヲ」形式は見られないことから、この形式は書き言葉としては非常に新しい表現形式であり、まだまだ口頭語的であると言える。

また朝日・読売・日経の各新聞のデータベースには「コソニ」形式も見られる。「コソニ」や「ニコソ」を検索すると、非常に多くの、いわゆるゴミを拾ってきてしまうので正確な数値はわからないが、この形式も「コソヲ」形式と同様、日本語表現として認められていると見てよいであろう。また、12、13のようにweb上で見られるという点においても、また青空文庫の検索では見られないという点においても「コソヲ」形式と同様で、「コソニ」形式も書き言葉としては非常に新しい表現形式であり、まだまだ口頭語的であると言える。

12　本人の意思に関わらずある人がある属性にカテゴライズされるというだけの理由で本来持っている力が十分に発揮できないことがあるとすれば、それはその人が悪いのではなくて、その人を取り巻く環境こそに問題がある。

13　「常識的な手法」「定石としての指導法」を尊重しつつも絶対視はしないという発想です。「単元学習か否か」という問題の立て方はもちろんのこと、「生徒が生き生きと活躍する授業こそ素晴らしい」「教師主導型ではだめだ」等の発想の仕方こそに危惧を感じています。

表４　承接形式の有無（現代まで）

	格助詞＋コソ	コソ＋格助詞
第一期 古　代	× ヲコソ ニコソ	× × ×
第二期 明治期	× ヲコソ ニコソ	コソガ × ×
第三期 現　代	× ヲコソ ニコソ	コソガ コソヲ（口頭語） コソニ（口頭語）

現代語までの格助詞と「コソ」との承接をまとめると（表４）のようになる。

七・四・五・二　言語運用上の効率を求めて

動作主・対象・場所・時などはどのような言語においても文を形成する上で基本的な成分であり、日本語では「ガ」「ヲ」「ニ」などの格助詞がこれらの成分を明示する機能を持っている。「ガ」「ヲ」「ニ」などによって明示された成分を、さらに他の成分から取り立てて強調したい場合に「コソ」が付加されるわけであるが、明治期以降の日本語の標準的表現として、二種の使い分けをしなければならなかった。すなわち「ガ」の成分を強調したい場合には「コソ」を「ガ」の前に付加し、「ヲ」や「ニ」の成分を強調したい場合には「コソ」をその後ろに付加するという使い分けである。

現代に至って、まだ口頭語的ではあるものの、新たに「コソヲ」「コソニ」形式が発生した。「ヲコソ」「ニコソ」形式は古代語から存在していた形式であり、日本語表現の中に登場して千年以上時を経ている。それに対して同じ二語からなる「コソヲ」「コソニ」形式は非常に新しい表現形式で、良い悪いは別にして、使い古された「ヲコソ」「ニコソ」形式よりはその新しさゆえ、表現としての強調度は高くなっていると思われる。当初、「コソヲ」「コソニ」形式は小松の言う「類推による言い誤り」であったと思われる。しかし、これらが発生することによって、格助詞と「コソ」が承接する上で「コソ＋格助詞」という一つの法則で済むようになり、効率的になるのである。まさに「ヒョウタンから駒」であった。というよりむしろ、この効率を目指して「コソヲ」「コソニ」形式が発生したのではないかと考えられる。

七・四・五・三 「ガコソ」形式によるさらなる効率

さて、先に見たようなweb上の「ガコソ」形式は、青空文庫をはじめ読売・朝日・日経の各新聞のデータベースなどには存在しない。したがって、話し言葉としてようやく使用され始めたという萌芽の段階であると言える(22)。今後この表現形式が日本語の中に定着するかどうかは定かではないが、やはり「ガコソ」形式の発生には何らかの要因があるはずである。「コソヲ」「コソニ」形式の発達は、格助詞と「コソ」とが承接する上で「コソ+格助詞」という統一を目指した結果であると考えられた。「ガコソ」形式の発生は、これに加えてさらなる効率化を図った結果ということになる。

現代語における格助詞と「コソ」との承接形式には、話し言葉・書き言葉の差はあるにせよ、「コソガ」「コソヲ」「コソニ」「ヲコソ」「ニコソ」という形式が存在すると考えてよい。残されている空白の表現形式は「ガコソ」形式である。もし、この「ガコソ」形式が将来日本語の表現として定着したとすると(**表5**)のようになる。

これは格助詞と「コソ」との承接に関しては、どちらが前でも後ろでもよいという、いわば非常にいい加減な、しかしそれゆえ使い勝手のよい状態である(もちろん、これらの形式にはそれぞれ位相的な特徴は見られるであろうが)。「ガコソ」形式の発生の背景には、このように表現形式を新たに埋めることによって、さらなる言語運用上の効率を高めようとする意識が潜んでいるのではないだろうか。もちろん、この表現形式が将来にかけて定着するか否かはわからない。現実の言語生活において大した効率が認められなければ、流行語と同様いずれ消滅することになるであろう。

表5　近未来における承接形式

	格助詞＋係助詞	係助詞＋格助詞
第四期 近未来?	ガコソ ヲコソ ニコソ	コソガ コソヲ コソニ

七・四・六　まとめ

本節では、「ガコソ」形式の実例を通して、その背景にある言語運用効率を高めようとする意識に迫ってみた。現時点では、「ガコソ」形式は内省では認められない形式であると多くの人が感じるところであると推測される。しかし、小松(一九九九)も言うように、誤用表現が言語運用の上で重宝されるようになると、内省に適う表現として昇華することもあるのであって、「ガコソ」形式が日本語の中で市民権を得る可能性がないとも言い切れないであろう。

注

(1)　引用は複製本である『捷解新語　本文・国語索引・解題』(京都大学国文学会)による。後に『捷解新語』は改訂され(第一次改訂一七四八年、第二次改訂一七六二年)、一七八一年に第二次改訂版の重刊本『重刊捷解新語』が出されるが、以下、本書では前者を原刊本、後者を改修本(引用は『重刊改修捷解新語　本文・国語索引・解題』(京都大学国文学会)による)と略称する。

(2)　濱田(一九七〇)では以下の例も「変」であるとするが、筆者の内省では現代語的使用として認められる。また青山学院女子短期大学教授出雲朝子氏、同講師の鈴木裕史氏に伺ったところ、やはり違和感がないということであった。小林茂之(二〇〇四)では、濱田が指摘する例を全面的に認めているようだが、疑問である。

①「つしまにてもこなたわしやうくときおよひまるしたほとに、しんしやくめさるな」
「あまりおしらるほとにひとつたひまるせう」
「そなたことはかつしまにてききおようたやうに、ようつうしまるするめてたう御さる」（第一・一八～一九）

②「されいわいつころしまるせうか、はやするやうにさしられ」
「とねきかこのあいたきあいけて御さたに、ちとなおりまるしたほとに、にさんにちのうちにさしらるやうにしまるせう」（第一・二六）

③「あまりりよくわいにそんしてみなたひまるした、まゑにわけしきのものかこのやうに御さなかたに、こんとわせんふさらいけきれいて、くわつりとひものとくいものおみな、くうやうにこしらいたほとに、うれし御さる」（第二・六～七）

④「このあいたいちゑんこちゑわ御さらんほとに、きやうさんにきよくもなし、はらかたちまるする、おしらるかわるわなけれとも、みちかいひに、とねきふさんかいにいきもとて、たいくわんはかいにて、たんかうすることともさうたんすれは」（第二・一二～一三）

⑤「せんれいわそうなけれとも、こんといとてもれいにわなりまるするまいほとに、いとてゆるりとかたりまるせう、」
「御いかたしけなう御さる――（中略）――わたくしらかこれおれいにしまるせうか」（第三・七～八）

⑥「あちからのうゆうても、うけとるしきてわないか、つしまのかみのちからにもとすことかならんとおしらるわ、せめてそなたうけとて、くらうしたるつしまのものともにつかいやり」（第八・八～九）

（3）田窪（一九九〇）は、談話の初期値（対話の際に前もって準備しておく共有知識）として設定される要素に違いがあることによって、現代日本語の「ガ」「ハ」の使い分けと、「ガ」「ハ」と同様の働きをする現代韓国語の「i／ka」「un／nun」の使い分けには微妙なずれがあると述べている。実際、本文の例1～6の文脈ならば、現代日本語では「ハ」を用いる方が自然な表現であると思われるが、現代韓国語では「i／ka」を用いることが可能であるという（南ソウル大学副教授都基禎氏のご教示による）。資料の性質上、このような両言語のずれが一七世紀当時にも存在し、朝鮮語の影響を受けた結果、『捷解新語』の日本語表現が本来の日本語表現法とは異なっているという可能性を考慮すべきであろう。しかし、『捷解新語』と同様の例を一七世紀の口語資料である狂言資料に見いだすことができることから、『捷解新語』において、本来の日本語表現法をねじ曲げてしまうような影響はなかったものと考えたい。

（4）「そちか」は「いて」のみに係り、「ゆうてこい」とは関わっていないとも考えられるが、「ゆうてこい」に係っている可能性も捨てきれない。同様の例が狂言資料にも存在するので、一七世紀の日本語における主語表示「ガ」の一性質として捉えておきたい。

（5）現代日本語として認められない「変」な「ガ」は、管見によれば以下の二例である。本文は『エソポのハブラス　本文と総索引　本文篇』大塚光信・来田隆編（清文堂、一九九九）によった。

①地下の宿老若輩の者まで「この儀はシャントより外に知る人があるまじい」と言うて　（三九頁）

②国王この奏聞を感じさせられて、「汝に咎がない、天道もこれを赦させらるれば、我も亦赦免するぞ」　（四九頁）

（6）安田章（二〇〇三）は属格（連体格）の「ガ」「ノ」の使用法を通して、『捷解新語』の日本語は当時の「現代語」であったと述べている。

（7）テキストは『あゆひ抄』（勉誠社文庫一六）を用いた。引用は本文の頁数を示す。

（8）「こそ」の里言には「ガ」「ハ」は用いられていない。

（9）引用した『あゆひ抄』の術語に関して、以下、その読み方と、それに相当する文法用語をあげておく。名(な)…名詞。装(よそひ)…用言。引靡(ひきなびき)…連体形。頭(かざし)…代名詞・副詞・接続詞・感動詞・接頭語。脚(あゆひ)…助詞・助動詞・接尾語。往(きしかた)…連用形。

（10）「古今集遠鏡例言」において宣長は、「こそ」に関してであるが、「対比」の意味で「むかへていふ」を用いている。

花こそちらめ根さへかれめやなどやうに、むかへていふ事あるは、さとびごとも同じく、こそといへり

（『本居宣長全集　第三巻』（筑摩書房）九頁）

（11）「な」は間投助詞か。「な」が添加されているのは、「なむ」が原則として歌では使われないため、成章が里すに際して注意を払ったものと考えられる。

（12）管見によれば、「ばかりが」は早く中世の資料に見える。

名残おしさに、いでゝみれば、山中に、笠のとがりばかりが、ほのかに見え候

（閑吟集・一六四頁）

（13）付言すれば、そもそも「ノミ」は以下のように格助詞に後接する助詞であったにもかかわらず、それが格助詞「ガ」と承接する場合には「ノミガ」となっている。「コソ」がそれと同じ道筋を歩んでいることは興味深い。

朝夕の宮仕につけても、人の心をのみ動かし

（源氏物語・一・九八頁（桐壺））

今は内裏にのみさぶらひたまふ　　（源氏物語・一・一一四頁（桐壺））

(14) 例4の「ほかならない」は形容詞とも考えられるが、「他ではない」が原義であり、他の例と同じく名詞述語文と捉える。また3〜5は、小泉八雲の例であり、八雲の日本語の習熟度の問題もあろうが、八雲よりも以前に「コソガ」の使用が見られるので、これらの例も当時の日本語を反映しているものと考えてよいであろう。

(15) 実は例3も「ノダ文」ではあるが、名詞述語文が「ノダ文」になっているので名詞述語文とした。

(16) 但し、成立時の「コソガ」と現代の「コソガ」とは、やはり違いがあるように思える。例えば、1の「此鳥こそが彼れの霊の化身なり」などは、表現として多少違和感を覚え、現代日本語の表現としては「此鳥が彼れの霊の化身なり」の方が自然であると思われる。

(17) 近藤（一九九三b、一九九七）等参照。また、荻野綱男の連載『日本語学』第一九巻第三号〜第九号なども参考になるであろう。

(18) Ｗｅｂ上の用例の調査、及びその利点・欠点等に関しては岡島（一九九七）、田野村（二〇〇〇）を参照。

(19) 本節では二〇〇二年一月一八日の検索結果を用いている。

(20) 二〇〇一年一〇月実施、回答者は神奈川県立湘南高等学校の当時高校一年生。アンケート調査においては堀籠先生に大変お世話になった。この場を借りて感謝申し上げる。

(21) 「活用語連体形＋ノ＋コソガ」は検索エンジンによれば約一〇〇例であるが、「活用語連体形＋コト＋コソガ」は約四五〇〇例である。準体句は「コト」で承ける方が標準的であるということが窺える。そのことが、「ノ＋コソガ」「ノ＋ガコソ」の許容度の低さにつながっていると思われる。

(22) しかし、以下のように、正確な記述を要する学術論文において用いられる場合も見られる。

たとえ同じ状況を全く別々に解釈しているもの同士であっても，互いに相手の行為が納得しうる限り，相手の行為が予想を裏切ることが起きないかぎり，相互行為を続けられる。この最低限の状況がこそ自由な合意が確保する調整である。

（田中求之「合意と目的」『経済論叢』（京都大学経済学会）第一五二巻第三号）

【付録】実施したアンケート様式は以下の通りである。

以下の1～20の文の中でおかしいと思われるところがあれば、その部分にしるしを付け、○、△、×のうちどれかを番号に付けてください。おかしいところがなければ、◎を番号に付けてください。

◎　ぜーんぜん問題ないしー、いけてると思うけどなー、自分でも使うと思うよー
○　ちょっとここおかしいかもー、でもまぁいっかなー、うん、許せる、使っちゃうかもー
△　うーん、ここ今一じゃない？　私的にはちょっとだめかもー、使わないなー
×　だめだめ、さすがにここはだめでしょ？

1　ジョージ・A・ロメロと言えばゾンビ。『ナイト・オブ・ザ・リビングデッド』（一九六八）、『ゾンビ』（一九七八）、『死霊のえじき』（一九八五）のいわゆるゾンビ三部作により、ブードゥー教の呪術によって甦り使役される死体にカニバリズムと伝染性という現在のイメージを定着させたのがこそロメロであり、もはやゾンビと言えばロメロといった感すらある。

2　備えあれば憂いなしの言葉どおり、完璧な準備がこそ事故から身を守る方法であると思う。

3　一筋縄ではいかないだろうが、この点をどう上手くクリアするかがこそ、その店が繁盛するかどうかということに密接に関わってく

る。

4　戦争というものが、何を引き起こすのか。そういう想像力が欠如しているのこそが平和ボケだと思うんですよね…

5　ホームドクターは診療技術の高い内科の良医であるべき。どの病院で、だれの下でどのような訓練をしてきたかこそが重要。

6　変な雪型のように見えたものはやはり雪ではなかったと訂正しておいた方がよいですね。今日のがこそ妙高の初冠雪の自然な姿…変な雪型は岩壁に反射したひかりででもあったのでしょう。

7　文化の押しつけは絶対にいけません、あらゆる価値観を受け入れる寛容さこそがこれからの人類に求められていることではないでしょうか。

8　ありのままの自分とゲームの中の女の子。この、不思議な距離感の短さがこそ抵抗があったり恥ずかしさがあったり違和感があったりと…、ここがこのソフトが人を選ぶ所以かもしれません。

9　なぜ貧富の格差や社会的不正が解消されない社会なのか、そのメカニズムを探求するのこそが経済学という分野なのだと思うようになりました。

10　当面する問題に対していくつのオプションを用意することができるかこそが、勝ち組と負け組を決める最大の要素であり、だからこそ独創性開発はマネジメントの手腕によるものなのです。

11　今はバブル時期のようなハイリスク・ハイリターンの時代ではありません。ローリスク・ローリターンがこそ株の王道です。

12　人間である限り誰しもそうであろうしtransistasisとhomeostasisの間でバランスをとれずにジレンマにさいなまれるのがこそ人なのだろう。

13　ルールは簡単です。自分こそが深田恭子だと思ってるあなたが、自分がどれだけ深田恭子なのかをメールで送ってください。

14　ただし、わがままだけを主張すればいいというものではない。民主国家というのは自分の国の主張をするときに、相手側の主張で自分の主張をチェックする寛容さがこそ必要だ。

15 そういった面が継続的に対応されていけるかがこそコントロールの対象で、監査のポイントになるのでは？

16 事件の謎が気になるのは勿論なのだが、この人間ウオッチングの面白さこそが本作品の最大の魅力と言えよう。

17 何度もいいますが、うちの伊勢うどんこそが本当の伊勢うどん、なんてことはいいませんでも伊勢うどんにかける情熱は市内の他メーカーさんには負けへんつもりです。

18 どのような場合に「財産上の利益を取得した」と言えるのかがこそ問題となろう。

19 有名な絵画はどれもはじめは美術館に飾られるのを目的にして描かれたものではない。それを愛する人がこそ、場所を与える。

20 いろんな人がいろんな立場でいろんな思いを抱いていろんなことをし、そういう人と人の間に生ずるドラマの面白さがこそ∀ガンダムだったのでは？

第八章　まとめと課題

主語表示「ガ」は係助詞との関わりにおいて、無助詞主語との関わりにおいて、「ノ」との関わりにおいて発達拡大してきた。その過程においては、現代日本語の主語表示「ガ」には見られない用法も存在した(四・四・五及び七・一参照)。このような主語表示「ガ」の発達段階には第一期発達期と第二期拡大期を認めることができる。

第一期は、係助詞との関わりにおける主語表示「ガ」の発達である。この発達は平安鎌倉期から始まり、最終的に係助詞から主語表示「ガ」を用いた表現形式への交代が完了するのは一七世紀であった(三・一から三・三参照)。しかし、平安鎌倉期における主語表示「ガ」の活動力はいまだ大きなものではなかった。主語表示「ガ」の運用上の拡がりは次の第二期をまたなければならなかった。

第二期における主語表示「ガ」の拡大は、無助詞主語との関わりにおいて(四・三及び四・四参照)、「ノ」との関わりにおいて(五・一及び五・二参照)見られた。主語表示システムの変化(第六章参照)に伴う主語表示「ガ」の使用拡大は、格助詞「ガ」の中心的機能を連体表示から主語表示へと変えた(二・二及び四・二参照)。

第一期に見られた、「ゾ」から「ガ—ゾ」形式へ、「ヤ」「カ」から「ガ—カ」形式へという表現形式の変化は、総合的で未分化な表現形式から分析的な表現形式への移行の例として認めることができた。その結果、主語表示「ガ」は次第に主節において活動するようになった(もちろん、ここには「ゾ」から「ガ(プロミネンス)」への移行も関わっている)。主語表示「ガ」が主節において活動できるようになると、鎌倉期以降生じた異種方言話者間における無助詞名詞句によるコミュニケーション上の支障を取り除くためにも、さらに積極的に主語を「ガ」で表示するようになる。この主語表示「ガ」使用上の変化は格的論理関係の明示化として捉えることができる。そして、この主語表示「ガ」の使用拡大は、主語表示における「ノ」から「ガ」への移行にも影響した。主語表示における「ノ」「ガ」の選択には、上接語の語性、待遇性、構文的条件、場面性などの諸条件が複雑に絡み合っていたが、主語表示には「ガ」、連体表示には「ノ」という非常にシンプルなシステムへと移行を始めた。これは複雑なシステムから単純なシステムへの移行である。

このように見てくると、主語表示「ガ」の発達拡大に関しては、分析的形式への変化、格的論理の明示化、システムの単純化などをキーワードとしてあげることができるであろう。

古代語における無助詞名詞句には多様な成分が見られるが、その名詞句の多くは文中でどのような振る舞いをするのか明らかであり、その振る舞いを明示する必要があれば助詞表示によって明らかにすることができた。しかし、唯一その振る舞いを助詞で明示できない成分があった。それが主節における主語成分である。古代語の主節における無助詞名詞句の中には、情報構造的に主題と見られる成分や文法機能的に主語と見られる成分などが含まれている。主題成分であることを明示するには「ハ」を用いればよいが、主語成分であることを明示する形態的方法はない。主語表示「ガ」の拡大の様相の一部は、その明示できない空白部を形態的に埋めていく過程であると言ってもよいであろう。

では、その過程は日本語史においてどのようなことを示唆するのであろうか。

古代語の主節において形態的な主語表示法がなかったということは、現代日本語から見た主語的な無助詞名詞句に対して、文法的機能を担う成分としてのあり様を認識していなかったか、あるいは、主語的な成分として認識してはいたものの、その成分をあえて形態的に表示するほどの重要性を認めていなかった、ということに繋がるであろう。本書では後者の立場を取って分析を進めてきたが(1)、いずれにしても、格助詞「ガ」によって空白部を形態的に埋めていく過程は、日本人が現代日本語的主語の必要性を認識してきた過程であると考えられ、日本語史において、主語という文法的成分が意識化され定着する過程を示しているとも言えるであろう。

本書では主語表示「ガ」の発達拡大の様相を中心に考察をした。しかし、主節における様相を中心としており、従属節における言及はわずかである。また係助詞との関わりについては考察したが、副助詞との関わりについても言及はわずかである。これらはすべて今後の課題となる。

また第一章で、本書において分析対象とする主語について暫定的な定義はしたものの、日本語における主語とは何かという問いには答えていない。本章において可能性として指摘したように、古代語において、主語は認識されていたものの、形態的表示の必要性に迫られていなかったのか、あるいは文法的機能を担う成分としての主語を認識していなかったのか、などを含めて、改めて日本語における主語とは何かが問わなければならないであろう。

以上、今後の課題と主語の問題点を指摘して、本書の結びとしたい。

注

（1）再度、松本克己（二〇〇六）の記述をあげる（本書一頁参照）。

> 結局のところ、ＳＡＥ（山田注 Standard Average European 標準ヨーロッパ語）で主語と呼ばれているものの正体は、談話機能的な「主題」、名詞の格標示としての「主格」、そして動詞の最も中心的な意味役割としての「動作主」（ないし「主役」）という3つの違ったレベルに属する言語事象がただひとつの統語的カテゴリーの中に収斂し、分かち難く融合してしまったものと言えるであろう。――（中略）――ここから、主語について当面の結論を導くとすれば、まず、主語は「普遍文法」にとって、おそらく、必要不可欠なカテゴリーではない。少なくともＳＡＥの主語現象から判断するかぎり、それは一部の言語の表層的統語現象として現れた歴史的所産にすぎないと見られるからである。従って、このような言語に基づいて築き上げられた文法理論は、もしそれが個別文法の枠をこえた一般性と普遍性を目指すならば、根本的に再検討されなければならない。（二五七〜二五八頁）

松本の言う主語は、本書で対象としてきた主語と性質を異にするが、ここでは、ＳＡＥの主語が「歴史的所産にすぎない」という記述に注目したい。この記述は、それまで見られなかった文法的成分が、ある時期から発生したという言語学的現象を示すものである。これに倣ってみれば、主節において主語表示「ガ」が拡大していく過程は、もしかすると日本人が主語というものを認識するようになった過程であり、主語という文法的成分の発生と定着の過程でもあるという見方も可能性としては残されている。

【参考文献】

我妻多賀子（一九七二）「主格助詞『が』の発達」『学習院大学国語国文学会報』一五

秋元実治（二〇〇二）『文法化とイディオム化』ひつじ書房

淺山友貴（二〇〇四）『現代日本語における「は」と「が」の意味と機能』第一書房

安達隆一（一九九二ａ）「係助詞『ゾ』の構文史―近代日本語構文の成立に関連して」『神戸外大論叢』（神戸市外国語大学研究会）四三―一

安達隆一（一九九二ｂ）「国語構文史の一側面―主格無標示構文から主格標示構文へ」『古代語の構造と展開継承と展開１』和泉書院

天野みどり（二〇〇一）「格助詞―主格表示と焦点表示」『国文学　解釈と教材の研究』四六―一二

伊坂淳一（一九九三）「仮名文における話線の断続と終止形・連体形の機能」『小松英雄博士退官記念　日本語学論集』三省堂

石垣謙二（一九五五）『助詞の歴史的研究』岩波書店

井島正博（一九九八）「名詞述語文の多層的分析」『成蹊大学文学部紀要』三三

有近列子（一九八二）「古今和歌集古注より見た主格意識―「の」と「が」について」『国文白百合』一二

内田賢徳（一九八五）「主語的なる現象」『日本語学』四―一〇

内間直仁（一九九四）『琉球方言助詞と表現の研究』武蔵野書院

内間直仁・新垣公弥子（二〇〇〇）『沖縄北部・南部方言の記述的研究』風間書房

江口正弘（一九八六）『天草版平家物語対照本文及び総索引』明治書院

江口正弘（一九九五）「天草版平家物語の「が」・「の」について」『国文学攷』（広島大学国語国文学会）一四六
大槻文彦（一八九七）『広日本文典』大槻文彦
大野晋（一九七七）「主格助詞ガの成立」『文学』四五―六・七
大野晋（一九九三）『係り結びの研究』岩波書店
大堀壽夫（二〇〇二）『認知言語学』東京大学出版会
大堀壽夫（二〇〇四）「文法化の広がりと問題点」『言語』三三―四
大堀壽夫（二〇〇五）「日本語の文法化研究にあたって―概観と理論的課題」『日本語の研究』一―三
岡島昭浩（一九九七）「インターネットで調べる」『日本語学』一六―一一
奥津敬一郎（一九七五）「主語とは何か―無主語文・主語省略文・有主語文をめぐって」『言語』四―三
小田勝（一九八九）「出現位置からみた係助詞「ぞ」」『国語学』一五九
小田勝（一九九七）「源氏物語のおける無助詞の名詞」『聖徳学園岐阜教育大学紀要』三三
尾上圭介（一九七三）「文核と結文の枠―「ハ」と「ガ」の用法をめぐって」『言語研究』六三
尾上圭介（一九七七）「語列の意味と文の意味」『国語学と国語史―松村明教授還暦記念』明治書院
尾上圭介（一九八二）「文の基本構成・史的展開」『講座日本語学2　文法史』明治書院
尾上圭介（一九九七）「国語学と認知言語学の対話―主語をめぐって」『言語』二六―一二
尾上圭介（二〇〇四）「主語と述語をめぐる文法」『朝倉日本語講座6　文法Ⅱ』朝倉書店
影山太郎（一九九三）『文法と語形成』ひつじ書房
風間力三（一九七〇）「「が」「の」の変遷」『月刊文法』二―一一
金沢裕之（二〇〇三）「特立のとりたての歴史的変化―近世以降」『日本語のとりたて―現代語と歴史的変化・地理的変化』くろしお出版

亀井孝（一九五三）「狂言のことば」『能楽全書四』創元社
川端善明（一九九七）『活用の研究　II』清文堂
菊地康人（一九九七ａ）「「が」の用法の概観」『日本語文法　体系と方法』ひつじ書房
菊地康人（一九九七ｂ）『敬語』講談社
北原保雄（一九八一）『日本語の世界６　日本語の文法』中央公論社
北原保雄（一九八四）『文法的に考える』大修館書店
清瀬良一（一九八二）『天草版平家物語の基礎的研究』渓水社
久島茂（一九八六）「格助詞ガの意味の分化について」『静岡大学教育学部研究報告人文社会』三六
工藤真由美（二〇〇七）「複数の日本語という視点から捉えるアスペクト」『言語』三六―九
久野暲（一九七三）『日本文法研究』大修館書店
クリモフ、Ｇ・Ａ（一九九九）『新しい言語類型学　活格構造言語とは何か』（石田修一訳）三省堂
桑原淑子（一九六三）「古代における待遇表現―格助詞「の・が」の研究」『岐阜大学国語国文学』一
桑山俊彦（一九七二）「室町・江戸初期における『の』と『が』―待遇表現を中心に（上）（下）」『文芸と批評』（「文芸と批評」同人）三―九・一〇
桑山俊彦（一九七三）「室町・江戸期における『の』と『が』―文構造を中心に」『国文学研究』（早稲田大学）四九
桑山俊彦（一九七六）「江戸後期における格助詞『の』と『が』の待遇価値」『国語学』一〇四
桑山俊彦（一九七九）「江戸後期における格助詞『の』と『が』―文構造面を中心に」『群馬大学教育学部紀要　人文』二八
小池清治（一九六七）「連体形終止法の表現効果―今昔物語集・源氏物語を中心に」『国文学　言語と文芸』（東京教育大学国語国文学会）五四

小泉保(一九八二)「能格性―能格言語と対格言語」『言語』一一―一一
碁石雅利(二〇〇一)『平安語法論考』おうふう
此島正年(一九六六)『国語助詞の研究―助詞史の素描』桜楓社
小林賢次(一九八二)「版本狂言記における二段活用の一段化について」『新潟大学教育学部高田分校研究紀要』二五
小林茂之(二〇〇〇)「中世における主格助詞表出の一変化について」『国語と国文学』七七―一二
小林茂之(二〇〇四)「外国資料からみた中世・近世初期日本語における主題主語の有助詞化」『聖学院大学論叢』一七―一
小松英雄(一九九九)『日本語はなぜ変化するか　母語としての日本語の歴史』笠間書院
小松英雄(二〇〇一)『日本語の歴史　青信号はなぜアオなのか』笠間書院
近藤泰弘(一九八六)「〈結び〉の用言の構文的性格」『日本語学』五―二
近藤泰弘(一九九三a)「日本語における異主語省略と能格性」『国語研究』明治書院
近藤泰弘(一九九三b)「文法研究における大量言語データ―副助詞研究を例にして」『武蔵野文学』四〇
近藤泰弘(一九九七)「『の』『こと』による名詞節の性質―能格性の観点から」『国語学』一九〇
近藤泰弘(二〇〇〇)『日本語記述文法の理論』ひつじ書房
近藤泰弘(二〇〇一)「コンピュータによる文学語学研究にできること―古典語の「内省」を求めて」『文学・語学』一七一
近藤泰弘(二〇〇三)「とりたての体系の歴史的変化」『日本語のとりたて―現代語と歴史的変化・地理的変異』くろしお出版
佐伯梅友(一九七五)「「は」と「ぞ」」『国文学　言語と文芸』(東京教育大学国語国文学会)八一
阪倉篤義(一九七〇)「「開いた表現」から「閉じた表現」へ―国語史のありかた試論」『国語と国文学』四七―一〇
阪倉篤義(一九九三)『日本語表現の流れ』岩波書店
桜井光昭(一九八九)『三本対照　宇治拾遺物語』武蔵野書院

佐々木冠（二〇〇四）『水海道方言における格と文法関係』くろしお出版
佐々木冠（二〇〇七）「方言統語論へわけいる」『国文学　解釈と鑑賞』七二―七
定延利之（二〇〇七）「話し手は言語で感情・評価・態度を表して目的を達するか？―日常の音声コミュニケーションから見えてくること」『自然言語処理』一四―三
佐藤定義（一九七四）「助詞「の」「が」の一考察―栄花物語「月の宴」を分析して」『相模女子大学紀要』三八
佐藤俊子（一九六七）「格助詞「が」の尊卑関係―枕草子・源氏物語を中心に」『藤女子大学国文学雑誌』二
柴谷方良（一九八五）「主語プロトタイプ論」『日本語学』四―一〇
城田俊（一九八二）「格助詞の意味」『国語国文』五〇―四
寿岳章子（一九五八）「室町時代の「の・が」―その感情価値表現を中心に」『国語国文』二七―七
鈴木重幸（一九七五）「主語論の問題点」『言語』四―三
砂川有里子（一九九六ａ）「日本語コピュラ文の類型と機能―記述文と同定文」『言語探究の領域　小泉保博士古稀記念論文集』大学書林
砂川有里子（一九九六ｂ）「日本語コピュラ文の談話機能と語順の原理―「ＡがＢだ」と「ＡのがＢだ」構文をめぐって」『筑波大学文芸言語研究言語篇』三〇
高橋俊三（二〇〇七）「『おもろさうし』の言語の特徴」『日本語学会二〇〇七年度秋季大会予稿集』日本語学会
高山道代（二〇〇五）「古代日本語のヲ格があらわす対格表示の機能について―ハダカ格との対照から」『国文学　解釈と鑑賞』七〇―七
田窪行則（一九九〇）「対話における知識管理について―対話モデルからみた日本語の特性」『アジアの諸言語と一般言語学』三省堂
田中章夫（一九六五）「近代語成立過程にみられるいわゆる分析的傾向について」『近代語研究一』武蔵野書院
田野村忠温（二〇〇〇）「電子メディアで用例を探す―インターネットの場合」『日本語学』一九―六
角田太作（一九八四）「能格と対格」『言語』一三―三

角田太作（一九九一）『世界の言語と日本語』くろしお出版
寺村秀夫（一九九一）『日本語のシンタクスと意味　第Ⅲ巻』くろしお出版
東郷吉男（一九六八）「平安時代の「の」「が」について—人物をうける場合」『国語学』七五
時枝誠記（一九五〇）『日本文法口語篇』岩波書店
土岐留美江（二〇〇五）「平安和文会話文における連体形終止文」『日本語の研究』一—四
中川祐治（二〇〇四）「「コソ」「ゾ」による係り結びと交替する副詞「マコトニ」について—原拠本『平家物語』と『天草版平家物語』の比較を手がかりに」『文学・語学』一七八
中西宇一（一九八六）『日本文法入門　構造の論理』和泉書院
中西久実子（一九九五）「コソとガ—総記的用法」『日本語類義表現の文法(上)単語編』くろしお出版
南里一郎・竹田正幸・福田智子（二〇〇二）「文字列分析ツールを用いた散文作品の解析」『国語学会二〇〇二年度秋季大会予稿集』
仁田義雄（一九九二）「格表示のあり方をめぐって—東北方言との対照のもとに」『日本語学』一一—六
仁田義雄（二〇〇七）「日本語の主語をめぐって」『国語と国文学』八四—六
丹羽哲也（一九九七）「現代語「こそ」と「が」「は」」『日本語文法体系と方法』ひつじ書房
野田尚史（一九九六）『新日本文法選書一　「は」と「が」』くろしお出版
野田尚史（二〇〇三）「現代語の特立のとりたて」『日本語のとりたて—現代語と歴史的変化・地理的変化』くろしお出版
野村剛史（一九九三a）「上代語のノとガについて(上)(下)」『国語国文』六二—二・三
野村剛史（一九九三b）「古代から中世の「の」「が」」『日本語学』一二—一一
野村剛史（一九九五）「カによる係り結び試論」『国語国文』六四—九
野村剛史（一九九六）「ガ・終止形へ」『国語国文』六五—五

野村剛史（二〇〇一）「ヤによる係り結びの展開」『国語国文』七〇—一
野村剛史（二〇〇五）「中古係り結びの変容」『国語と国文学』八二—一一
橋本治（一九八七）『桃尻語訳　枕草子（上）』河出書房新社
蜂谷清人（一九七七）『狂言台本の国語学的研究』笠間書院
蜂谷清人（一九八〇）「狂言のことば（補）」『綜合新訂版　能楽全書　第五巻』東京創元社
濱田敦（一九七〇）「「が」と「は」の一面」『朝鮮資料による日本語研究』岩波書店
日高水穂（二〇〇〇）「秋田方言の文法」『秋田のことば』秋田県教育委員会
彦坂佳宣（二〇〇六）「準体助詞の全国分布とその成立経緯」『日本語の研究』二—四
舩城俊太郎（二〇〇三）「でさのよツイスト—〈かかりむすび〉の再生」『人文科学研究』（新潟大学人文学部）一一二
ホッパー、P・J／E・C・トラウゴット（二〇〇三）『文法化』（日野資成訳）九州大学出版会
堀尾香代子（二〇〇五）「カからヤへの移行過程における初期段階の様相」『表現研究』八一
益岡隆志（二〇〇〇）『日本語文法の諸相』くろしお出版
松下大三郎（一九三〇）『改撰標準日本文法』中文館書店（但し、一九七四年復刊（勉誠社））
松本克己（二〇〇六）『世界言語への視座—歴史言語学と言語類型論』三省堂
松本泰丈（一九九〇）「「能格」現象と日本語—琉球方言のばあい」『国文学　解釈と鑑賞』五五—一
松本泰丈（二〇〇六）『連語論と統語論』至文堂
松本曜（一九九五）「言語類型論（Ⅱ）—文法化」『海外言語学情報第8号』大修館書店
三上章（一九五三）『現代語法序説』くろしお出版・一九七二年復刻版
森重敏（一九五九）『日本文法通論』風間書房

森野崇(一九八七)「情報伝達と係助詞―「は」及び「ぞ」「なむ」「こそ」の場合」『早稲田大学教育学部学術研究　国語・国文学編』三六
森野崇(二〇〇二a)「係助詞「こそ」の機能とその変容の要因に関する考察」『国語学　研究と資料』二五
森野崇(二〇〇二b)「〈特立〉を行う「こそ」の変容をめぐって」『早稲田日本語研究』一〇
安田章(一九七七)「助詞2」『岩波講座日本語7　文法Ⅱ』岩波書店
安田章(二〇〇三)「格助詞の潜在」『国語国文』七二―四
安田喜代門(一九五六)「助詞ガの研究―勅撰集の詞書の中から」『国学院雑誌』五七―七
柳田征司(一九八五)『室町時代の国語(国語学叢書5)』東京堂出版
柳田征司(二〇〇一)「日本語音韻史」『叙説』(奈良女子大学国語国文学会)二九
山内洋一郎(一九六三)「奈良時代の連体形終止」『国文学攷』(広島大学国語国文学会)三〇
山内洋一郎(一九八九)『中世語論考』清文堂
山内洋一郎(一九九二)「平安時代の連体形終止」『〈継承と展開1〉古代語の構造と展開』和泉書院
山口明穂(二〇〇〇)『日本語を考える―移りかわる言葉の機構』東京大学出版会
山口巌(一九九四)「格活言語・能格言語・対格言語」『言語』二三―九
山口堯二(一九九〇)『日本語疑問表現通史』明治書院
山田潔(一九九四)「『玉塵抄』の主格表現―「ノ」「ガ」の用法」『国語国文』六三―七
山田瑩徹(一九七〇)「醒睡笑における『が』と『の』」『語文』(日本大学)三三
山田瑩徹(一九八〇)「三代集の詞書を通して見た格助詞「が」と「の」」『日本大学人文科学研究所研究紀要』二三
山田昌裕(一九九六)「室町時代語の動詞述語文における無助詞と格助詞「ガ」との関係について―「虎明本」を中心に」『国語学会平成八年度春季大会要旨集』

山田昌裕(一九九七a)「『大蔵虎明本狂言』における主語表示の「ガ」と「ノ」—待遇・構文・述語の観点から」『青山語文』二七

山田昌裕(一九九七b)「連体節内における「ガ」の主格用法拡大—八代集を資料として」『茨女国文』九

山田昌裕(一九九八)「『狂言記』における主語表示「ガ」の「ノ」領域への進出—『大蔵虎明本狂言』との比較による」『青山語文』二八

山田昌裕(一九九九)「『続狂言記』における主語表示の「ガ」と「ノ」—『大蔵虎明本狂言』『狂言記』との比較による」『青山語文』二九

山田昌裕(二〇〇〇a)「主語表示「ガ」の勢力拡大の様相—原拠本『平家物語』と『天草版平家物語』との比較」『国語学』五一—一

山田昌裕(二〇〇〇b)「主語表示「ガ」と「ノ」—原拠本『平家物語』と『天草版平家物語』との比較」『立正大学国語国文』三八

山田昌裕(二〇〇一a)「主語表示「ガ」の強調表現における勢力拡大の様相—「ゾ」との関連性において」『国語国文』七〇—八

山田昌裕(二〇〇一b)「主格表示「ガ」の名詞述語文への進出と表現効果—原拠本「平家物語」と『天草版平家物語』との比較」『表現研究』七四

山田昌裕(二〇〇三a)「室町末期から江戸初期における主格表示「ガ」の活動領域拡大の様相—『天草版平家物語』と『大蔵虎明本狂言』との比較」『文学・語学』一七五

山田昌裕(二〇〇三b)「名詞述語文「AガBダ」型の発生とその拡大の様相—主格表示「ガ」と係助詞「ゾ」「コソ」との関連性」『国語学』五四—二

山田みどり(一九八八)「「それこそが期待される」語法の誕生」『同朋大学論叢』五八

山田孝雄(一九〇八)『日本文法論』寶文館

山田孝雄(一九三六)『日本文法学概論』宝文館出版

山田孝雄(一九五二)『平安朝文法史』寶文館

李昌烈(一九八九)「日本語に見られる能格性」『文化』(東北大学文学会)五三—一・二

Dixon, R.M.W.(1994) *Ergativity*. Cambridge: Cambridge University Press

Langacker, R.W. (1991) *Foundations of Cognitive Grammar*. Vol. II. Stanford: Stanford University Press

【主要資料一覧】

ここで提示しているのは、本書の中で特に言及しなかったテキスト資料を中心とする。口語資料とされるものは遡れても室町期までである。本書では、それを補うものとして各時代の散文資料の会話文(心話文を含む)を口語資料として代用している。但し、奈良期に限っては韻文資料を用いている。

引用は以下の各テキストの資料名と翻刻されたテキストの頁数を示した。また、引用に際しては、文意を明らかにするため私に表記を改めたところもある。

【奈良期】

『万葉集』(新日本古典文学大系)

【平安期】

『竹取物語』『落窪物語』『狭衣物語』『夜の寝覚』『浜松中納言物語』『堤中納言物語』『土佐日記』『蜻蛉日記』『和泉式部日記』『紫式部日記』『更級日記』『今昔物語』『栄花物語』『大鏡』『枕草子』(以上、日本古典文学大系)

『宇津保物語　本文と索引』『多武峯少将物語　本文及び総索引』『篁物語　校本及び総索引』『とりかへばや物語の研究』『古本説話集　総索引』『今鏡　本文及び総索引』(以上、笠間書院)

『源氏物語』（日本古典文学全集）
『歌物語　伊勢物語・大和物語・平中物語　総合語彙索引』（勉誠社）
『讃岐典侍日記　本文と索引』（おうふう）
『三宝絵詞　上下』（現代思潮社）
『打聞集の研究と総索引』（清文堂）
『法華百座聞書抄総索引』（武蔵野書院）

【鎌倉期】

『愚管抄』『宇治拾遺物語』『古今著聞集』『沙石集』『保元物語』『平治物語』『平家物語』『増鏡』（以上、日本古典文学大系）
『東関紀行　本文及び総索引』『十六夜日記　校本及び総索引』『うたゝね　本文および索引』『閑居友　本文及び総索引』『十訓抄　本文と索引』『水鏡　本文及び総索引』『唐物語　校本及び総索引』『とはずがたり総索引（本文編）』（以上、笠間書院）
『宮内廳書陵部蔵本　寶物集総索引』（汲古書院）
『広本略本　方丈記総索引』（武蔵野書院）
『松浦宮物語』（角川文庫）
『たまきはる（健御前の記）総索引』（明治書院）
『徒然草総索引』（至文堂）

【南北朝室町期の資料】

『曽我物語』『御伽草子』（以上、日本古典文学大系）

『湯山聯句抄本文と総索引』（清文堂）

【室町末期から江戸期までの資料】

『天草版平家物語対照本文及び総索引』（明治書院）

『醒睡笑静嘉堂文庫蔵　索引編』（笠間書院）

仮名草子『恨の介』『きのふはけふの物語』『竹斎』『浮世物語』

西鶴『好色一代女』『好色一代男』『好色五人女』『世間胸算用』『日本永代蔵』

近松『曾根崎心中』『堀川波鼓』『重井筒』『丹波與作待夜の小室節』『五十年忌歌念佛』『冥途の飛脚』『夕霧阿波鳴渡』『大經師昔暦』『鑓の權三重帷子』『山崎與次兵衛壽の門松』『博多小女郎波枕』『心中天の網島』『女殺油地獄』『心中宵庚申』

黄表紙『金々先生栄花夢』『御手料理御知而巳大悲千禄本』『孔子縞于時藍染』『江戸生艶気樺焼』『高漫斉行脚日記』『手前勝手御存商売物』『巡廻能名題家莫切自根金生木』『大極上請合売心学早染艸』『敵討義女英』『文武二道万石通』『榮花程五十年蕎麦価五十銭見徳一炊夢』

洒落本『辰巳之園』『卯地臭意』『傾城買四十八手』『軽井茶話道中粋語録』『傾城買二筋道』『青楼昼之世界錦之　裏』『通言総籬』『遊子方言』

滑稽本『東海道中膝栗毛』『浮世風呂』

人情本『春色辰巳園』『春色梅兒譽美』

（以上、日本古典文学大系）

『捷解新語　本文・国語索引・解題』（京都大学国文学会）

『大蔵虎明本狂言集の研究　本文篇（上中下）』（但し、巻8は除く）（表現社）

「虎清本狂言」『近代語研究3』（武蔵野書院）

『狂言記の研究』上下巻（勉誠社）

【明治期以降】

〈CD-ROM〉

『新潮文庫 明治の文豪』『新潮文庫 大正の文豪』『新潮文庫の絶版100冊』『新潮文庫の100冊』（以上、新潮社）

『太陽コーパス』（博文館新社）

『国定読本用語総覧』（三省堂）

〈Ｗｅｂ上の公開電子資料〉

青空文庫（http://www.aozora.gr.jp/）

明星大学柴田雅生氏のＨＰ（http://jcmac5.jc.meisei-u.ac.jp/etext-i.htm）で紹介されている電子資料

あとがき

研究を本にまとめる話をいただいてから、漠然と思い描いていた研究目標を具体化し、ばたばたとまとめに入った。これまでまとめてきたものに修正を加え統一を図ったが、それでもつなぎが悪い部分もあることと思う。御叱正を真摯に受け止めたい。

口語資料とされるものは、遡れても室町期までである。それ以前に関しては、口語的要素が反映されているであろうという推測のもと、古典語散文資料の会話文・心話文を中心に調査対象とした。本来ならばそれぞれの資料にはそれぞれの成立事情があるわけであるが、本研究ではそれを捨象して均一的に取り扱っている。このことに関しても御叱正を乞いたい。

格助詞「ガ」の研究を始めたきっかけは、卒業論文や修士論文において「ハ」と「ガ」の使い分けをテーマにしたことによる。しかし、今から思えば卒業論文や修士論文は形ばかりのもので、研究というにはおこがましい代物であった。研究の面白さに目覚めたのは青山学院大学大学院博士後期課程に進学してからであった。

近藤泰弘先生には多大なる学問的な教えを受けたことは言うまでもないが、機械にはとんと縁のなかった私にコンピュータを用いた研究方法を御指導くださった。このことは以後の研究生活の大きな転機となった。安田尚道先生には学問的な教えはもちろんのこと、研究することに対する心構えを教わった。研究対象となる資料の選択やテキストの読み方など細かな点に配慮が必要であることを学んだ。お二人の先生に出会うことがなければ、これまでの私の研究はこの世に存在しなかったことであろう。この場を借りてお二人の先生に心よりお礼を申し上げたい。

また、学外の研究会においても多大なるご指導を賜った。大きな学会発表では得ることのできないような、本当にいろいろなことを教えていただいた。特に青葉ことばの会における研究発表はまさしく修練の場であった。核心をつく質問、忌憚のない意見、盲点の指摘、研究の方向性の是非、快感を伴うほどのダメ出しなど、発表をするたびに研究の新たな切り口や研究課題が発見でき、研究の厳しさそして楽しさを教えていただいた。そのほかにも近代語研究会、表現学会東京例会、月末金曜の会など、多くの研究会において鍛えられたおかげでここまで研究を進めることができたと言っても過言ではない。この場を借りて御指導くださった諸先生方、諸先輩方に心よりお礼を申し上げたい。

本書を世に出す機会を与えてくださったひつじ書房の松本功氏にもお礼を申し上げたい。出版に関する知識が全くない私を丁寧にご指導くださった。そして編集担当の板東詩おり氏にもお礼を申し上げなければならない。原稿の細部に至るまで目を通してくださり、的確なアドバイス、緻密な校正をしてくださった。

父が他界してちょうど一〇年が経った。同じ研究の道を歩む者として、遅々として進まない息子の研究を歯がゆい思いで見ていたことと思う。本書を父の墓前に捧げたい。

本書と筆者の既発表論文との関係

第一章　主語の定義……書き下ろし
第二章　格助詞「ガ」の文法化……「格助詞「ガ」の文法化とその背景にあるもの」『言語文化研究』(静岡県立大学短期大学部)七(二〇〇八年)をもとに改編
第三章　主語表示「ガ」の拡がり――各種表現における――
三・一　強調表現における「ガ」――「ゾ」から「ガ」へ――……「主語表示「ガ」の強調表現における勢力拡大の様相――「ゾ」との関連性において――」『国語国文』七〇―八(二〇〇一年)に加筆
三・二　名詞述語文における「ガ」――「ゾ」「コソ」から「ガ」へ――……「名詞文「AガBダ」型の発生とその拡大の様相――主格表示「ガ」と係助詞「ゾ」「コソ」との関連性――」『国語学』五四―二(二〇〇三年)に加筆
三・三　疑問表現における「ガ」――「ヤ」「カ」から「ガ」へ――……「疑問表現における主格表示「ガ」拡大の様相――係助詞「ヤ」「カ」との関わり――」『国語と国文学』八二―一一(二〇〇五年)に加筆
三・四　「ガ――連体形終止」文の表現効果……書き下ろし
第四章　「ガ」の変質と主節における拡がり
四・一　「ガ」の連体性の後退――平安期から鎌倉期――……「連体節内における「が」の主格用法拡大――八代集を資料として――」『茨女国文』九(一九九七年)に加筆
四・二　「ガ」の連体性の後退――鎌倉期から江戸期――……書き下ろし
四・三　「ガ」の主語表示の拡がり――鎌倉期から室町末期――……「主語表示「ガ」の勢力拡大の様相――原拠本

四・四　『平家物語』と『天草版平家物語』との比較――」『国語学』五一―一(二〇〇〇年)に加筆
「ガ」の主語表示の拡がり――室町末期から江戸初期――……「室町末期から江戸初期における主格表示「ガ」の活動領域拡大の様相――『天草版平家物語』と『大蔵虎明本狂言』との比較――」『文学・語学』一七五(二〇〇三年)に加筆

第五章　主語表示「ガ」と「ノ」
五・一　主語表示「ガ」の拡がりと「ノ」――鎌倉期から室町末期――……「主語表示「ガ」と「ノ」――原拠本『平家物語』と『天草版平家物語』との比較――」『立正大学国語国文』三八(二〇〇〇年)に加筆
五・二　主語表示「ガ」の拡がりと「ノ」――江戸期――……『狂言記』における主語表示「ガ」の「ノ」領域への進出――『大蔵虎明本狂言』との比較による――」『青山語文』二八(一九九八年)に加筆
五・三　「ガ」「ノ」の表現価値……「狂言記から――仮想的追体験――」『国文学　解釈と教材の研究』一五年三月号(二〇〇三)に加筆

第六章　主語表示システムの変化と「ガ」の発達……「言語接触による主語表示システムの変化」『言語文化研究』(静岡県立大学短期大学部)八(二〇〇九年)をもとに改編

第七章　「ガ」の周辺の問題
七・一　現代語には見られない「ガ」……「原刊本『捷解新語』の「変」な主格表示「ガ」――一七世紀の日本語における位置づけ――」『日本近代語研究四――飛田良文博士古稀記念――』(ひつじ書房)所収(二〇〇五)に加筆
七・二　『あゆひ抄』における「ガ」と「ハ」の使い分け意識……「『あゆひ抄』における「が」「は」使い分けの意識」『解釈』四〇―八(一九九四年)に加筆

七・三　「コソガ」の発生……「「コソガ」の発生とその用法」『恵泉女学園大学紀要』一九(二〇〇七年)に加筆
七・四　「ガコソ」の発生……「表現形式「ガコソ」発生のメカニズムと許容度――web上の日本語を中心に――」『相模女子大学紀要』(人文・社会系)六六A(二〇〇三年)に加筆
第八章　まとめと課題……書き下ろし

索引

【著者紹介】

山田昌裕（やまだ まさひろ）

〈略歴〉1963年生まれ。東京都出身。
青山学院大学大学院博士後期課程満期退学。
現在、恵泉女学園大学人文学部准教授。

〈主な著書・論文〉「助詞「が」の今むかし」『日本語学』25–14（明治書院、2006年）、「疑問表現における主格表示「ガ」拡大の様相―係助詞「ヤ」「カ」との関わり」『国語と国文学』82–11（至文堂、2005年）、「原刊本『捷解新語』の「変」な主格表示「ガ」―17世紀の日本語における位置づけ」『日本近代語研究4―飛田良文博士古稀記念』（ひつじ書房、2005年）。

ひつじ研究叢書〈言語編〉第76巻

格助詞「ガ」の通時的研究

発行　2010年2月15日　初版1刷
定価　6800円＋税

発行者　松本 功
本文フォーマット　向井裕一（glyph）
印刷所　富士リプロ株式会社
製本所　田中製本印刷株式会社
発行所　株式会社 ひつじ書房
〒112-0011 東京都文京区千石2-1-2 大和ビル2階
Tel.03-5319-4916　Fax.03-5319-4917
郵便振替 00120-8-142852
toiawase@hituzi.co.jp　http://www.hituzi.co.jp

ISBN978-4-89476-455-2　C3080